U0960244

英语教师
胜任力提升策略研究

耿艳梅　著

天津大学出版社
TIANJIN UNIVERSITY PRESS

内容简介

现如今，越来越多的学者将胜任力的研究范畴拓展到了教师这一职业，因此有必要对英语教师胜任力进行研究，从而科学地提升英语教师的教学能力与水平，以利于改善和提高英语课堂教学质量。本书首先探讨了英语教学的特色、英语教师的角色和素质要求，进而分析了英语教师教学胜任力模型，最后重点论述了英语教师胜任力的提升策略，即内容设计能力、文化融入能力、课堂管理能力、教学组织设计能力、创新思维能力、信息技术应用能力和专业发展能力。总体而言，本书内容翔实，条理清晰，有理有据，具有较高的实用性，对于英语教师胜任力的研究者、英语教师能力考核与发展而言有较大的意义。

图书在版编目(CIP)数据

英语教师胜任力提升策略研究 / 耿艳梅著. -- 天津:
天津大学出版社, 2023.6
ISBN 978-7-5618-7484-4

Ⅰ. ①英… Ⅱ. ①耿… Ⅲ. ①高等学校－英语－教师－师资培养－研究－中国 Ⅳ. ①H319.3②G645.12

中国国家版本馆CIP数据核字(2023)第094076号

出版发行	天津大学出版社
地　　址	天津市卫津路92号天津大学内(邮编:300072)
电　　话	发行部:022-27403647
网　　址	www.tjupress.com.cn
印　　刷	北京盛通数码印刷有限公司
经　　销	全国各地新华书店
开　　本	710mm×1010mm　1/16
印　　张	14.25
字　　数	256千
版　　次	2023年6月第1版
印　　次	2023年6月第1次
定　　价	58.00元

前 言

当今经济全球化进程日益推进，这为我国带来了新的机遇和挑战，同时也对我国的英语教学提出了新的要求。尤其在英语教师队伍的建设上，虽然现代人力资源思想已经应用到了英语教师的管理工作中，但是就整体而言，英语教师在组织管理上仍然停留在人事管理层面。推进英语教师队伍的建设应该不断深化新型人力资源管理，将胜任力模型理论应用于英语教师的入职选拔、教学组织、绩效考评、专业发展等环节之中。国外对于胜任力在教育领域的研究已经有很长的历史，而国内对教师胜任力的研究虽然取得了一定成效，但是大多都止步于胜任力模型的构建与验证上，显然胜任力模型理论对于英语教师的发展不仅于此，其还体现在教师的专业发展层面。

随着我国对外开放的不断深化，英语已经成为学生必须掌握的第二语言。同时，随着全球化的加速和互联网的快速发展，英语作为全球通用语言的地位也不断增强。因此，培养具有良好英语能力的人才已成为当今社会共同的愿望和需求。英语教师作为英语教育的关键人物，在这一过程中具有不可替代的作用。他们的工作涉及学生的全面发展和未来出路，其工作的质量和效果直接影响学生的学习成果和事业发展。面对新形势下国际化发展潮流，在教育部英语教学政策的引导下，不少英语教学开始寻找新颖的教学方式来弥补传统英语教学中的不足，打开了国内英语教学的新篇章。

本书共包含九章。第一章探讨了英语教学的特色、英语教师角色与素质以及中外英语教师课堂教学差异与教学能力比较。第二章研究了英语教师教学胜任力模型构建、验证与提升对策。第三章至第九章为本书的重点，无论对于外国教师还是中国教师而言，都需要不断提高自身的能力、促进自身的发展，因此本书运用 7 章的内容研究了英语教师胜任力的提升策略，即内容设计能力、文化融入能力、课堂管理能力、组织设计能力、创新思维能力、信息技术应用能力、专业发展能力。

本书在理论上延伸了教师胜任力特征模型的范畴，注重对实践层面的探讨，把理论转化成现实应用，具体体现在英语教学实践中，为学校更科学地选拔英语教师提供了重要依据。本书注重教师的潜在素质，关注英语教师的发展，旨在为英语教师教育教学实践和职业生涯发展提供指导，同时也为英语教师管理工作的科学化和规范化提供理论与实践依据。

本书可作为教材或参考书，供英语专业、教育学专业和英语教育专业的本科生和研究生使用，也可作为英语教师教学研究的指导用书或培训用书，还可作为教育管理者、语言教材开发者、跨文化交流者的参考用书。研习本书，有助于读者了解国际化视阈下国内外英语教师的研究状况，尤其是英语教师的胜任力研究进展；有助于英语教师对自身及其职业进行自主研究，激发在本领域可持续发展的潜能，实现专业化成长；也有助于英语教师的招聘、甄选、培训、绩效提升、职务和职称的晋升。

本书是天津大学自主创新基金项目“贯通模式下英语教师胜任特征模型构建研究”（2018XSC—0065）的阶段性成果，也得到了天津大学新工科通识课程立项教改项目“英语科技论文写作”和天津大学外国语学院的资助。

本书在撰写过程中，参阅了大量与教师能力、教师胜任力等相关的资料或文献，同时为了保证论述的全面性与合理性，本书也引用了许多专家、学者的观点。在此，谨向以上相关作者表示最诚挚的谢意，并将相关参考文献列于书后，如有遗漏，敬请谅解。由于作者写作水平有限，书中难免存在疏漏之处，恳请广大读者不吝指正。

作 者

2023 年 3 月

目　录

第一章　英语教学与英语教师

随着我国对外开放的不断深化，英语已经成为学生必须掌握的第二语言。同时，随着全球化的加速和互联网的快速发展，英语作为全球通用语言的地位也不断增强。因此，培养具有良好英语能力的人才已成为当今社会共同的愿望和需求。英语教师作为英语教育的关键人物，在这一过程中具有不可替代的作用。

第一节　英语教学的特色

21 世纪是信息化、全球化的时代，为迎接新世纪的挑战，我国外语教学经过多次调整，英语已恢复了主要外语地位。当今在英语教学研究和实践中出现了一些新的理念，英语教学呈现出以下几个新的特点。

首先，当代的英语教学以创新作为教学理念。创新型人才培养是我国目前大力提倡并实施的教育策略之一。以“创造学”和“教育学”的原理为基础的创新教育包括创新意识与动机创造精神、创造能力和创造个性等要素。创造性思维能力和实践性技能训练是创新素质教育的核心。英语教学研究者和教师们面向学生，因人而异，注重培养语言能力，引导激发他们的兴趣，并不断地反思，以增强教学效果。在这种理念的推动下，学生在学习外语的同时，也了解了外国文化。外语从一种工具变为一种思想，从而影响了学生的人生观和世界观。

其次，英语教学更加注重提升学生的跨文化意识。语言是交流、传播、延续和发展文化的工具，基于这样的认识，人们在英语教学中逐渐提升跨文化意识，这是语言功能本身的要求，更是时代对外语教学的要求。21 世纪对外语人才有了更高的要求：他们要具备扎实的专业知识，敏锐的信息洞察力以及用外语进行交流、沟通、传达和获取信息的能力。时代的要求使得外语教学的目的不再是单纯地传授语言知识，更重要的是提升学生运用外语进行跨文化交际的能力。跨文化意识的形成是良好的交际能力的前提。因此，教师和学生们自觉提升跨文化意识，提高对语言差异的敏感性，逐渐从强调语言基础知识转变到注重跨文化理解，提升跨文化沟通技能。在语言教学中，把文化传输和语言的学习有机结合起来，在训练学生语言驾驭能力的同时，鼓励学生逐步了解异域国家不同的世界观和价值观、不同的文化渊源和历史传统，以及不同的宗教文化和风土人情，了解不同的言语行为中蕴涵的文化特性，自觉接受异域文化的熏陶。

最后，英语教学注重与互联网相结合。互联网英语教学是以现代互联网技术为依托，为学生提供全方位立体化的英语教学与学习环境，以提高学生的语言应用能力。互联网和英语教学利用丰富的网上资源和网络技术，在教学实践中充分显示了其灵活性、针对性、实时性和自主性的个性化教学特征，这是传统英语教学所不具备的。

第二节　英语教学中教师的角色与素质要求

一、英语教学中教师的角色

（一）英语学习指导者和促进者

在新形势下，学生的学习方式发生了改变，从传统的接受学习转向自主学习、探究学习，这就需要教师也转变自身的角色，从知识的传授者转向学生学习的指导者。这是教师角色转变的跨越。也就是说，过去的教师仅作为知识传授者的身份，是知识的唯一拥有者；现在，学生可以从多个渠道获取知识，因此教师不再是单独的知识拥有者，这就要求他们转变角色来促进学生的学习，具体要求做到如下几点：辅助学生确定学习目标，并分析如何达成目标；辅助学生养成良好的学习习惯，对学习策略进行把握；为学生创设良好的学习环境，激发学生的学习动机与积极性；服务于学生的学习；为学生营造宽容、和谐的学习氛围；与学生一起探索真理，并承认自己存在的一些错误。

随着科技的迅猛发展，知识增长的速度越来越快，学生在校期间学得的知识随着时间的推移很可能已经过时了，人们在大学阶段也不可能掌握所有的知识，因此需要不断进行终身学习，这就要求教师教授学生终身学习的能力，让他们学会自主学习。

（二）英语学习帮助者与协调者

英语教师应该扮演学生英语学习的协调者的角色，调节他们在语言学习中出现的社会关系与人际关系，营造出一种和谐的学习氛围，从而使学生的英语学习氛围更浓厚。一般来说，英语教师需要做到如下几点。

第一，在英语教学中，教师应该组织各种形式的互动交流，当然在交流中难免会出现争议甚至矛盾，这时候教师需要判别各方的意见，给出合理有效的评价。当然，教师不能给学生一种亲疏有别的感觉，应以一种平等的姿态对待学生，实现教学目标效益的最大化。

第二，在课堂中，师生互动、生生互动的过程都需要协调，减少学生英语学习中出现的焦虑情绪，使学生处于良好的学习氛围中，轻松地发挥他们学习的想象力。

第三，英语教师作为协调者，其中不免需要为学生解决一些实际问题，当学生分组展开讨论时，教师应该注意聆听他们的发言，适当给予一些帮助，避免学生出现挫败感而放弃学习英语。例如，当学生在单词学习、篇章理解上出现困难时，教师应该给予学生关于词汇学习技巧、篇章理解技巧等方面的指导。教师要充分地利用有限的时间，协调好知识传授与策略传授的关系，鼓励学生探索一条适合自己的学习策略之路。

（三）课程研制者与教育研究者

长久以来，我国教师在英语课程改革中扮演执行者的角色。英语课程改革要求生成动态开放的课程，并且以学生生活为中心，这样的课程就不仅仅是文本类课程，即包含教学大纲、教学计划等在内的课程，而是一种体验类课程，即教师与学生都需要进行体验。简单来说，英语课程不仅仅是知识的载体，还是师生共同探求知识的过程。教师与文化课程相结合，成为文化课程的研制者，教师也不仅仅是计划的执行者，而是文化课程内容的生成者、转化者和意义建构者。在这种新的理念下，教师的创造空间也逐渐扩大。

在课程研制中，教师主要承担如下几点任务。第一，教育部门颁布的教学计划、课程标准往往比较抽象，是宏观层面的标准，因此不能直接进入课堂，教师需要将这些教学计划、课程标准等具体化、细化。第二，学校承担着一定的课程开发责任，教师往往是主要的承担者。第三，教师需要对课程进行评价，教学计划是否真正地实现了可靠性，是否与课程目标的要求相符，是否能够把学生的学习兴趣和积极性调动起来，都是教师作为课程研制者需要做的工作。

另外，作为研究者，教师在具体的文化教学实践中遇到新问题之后，就需要对这些新的问题进行研究，找寻具体的答案。教师教学研究可以使课程、教师和教学融合在一起。我国的英语教学改革要求对课程功能进行调整，对课程结构加以优化，对课程内容进行更新，对教学方式进行变革，对课程管理模式加以更换等。英语教学不仅改变了学生的学习生活，也改变了教师的生活。教师要对英语课程进行充分的接受与理解，并不断对其中的问题加以改革与完善，这些都需要教师自己主动探究，尤其是校本课程，更需要教师深入探究，这样才能真正地落到实处。教师的文化教育研究还有助于推进教师的专业化发展，从而不断提升他们的素质与能力，提升教师的价值观与学习乐趣。教师也真正成为有能力、有思想的实践主体。教师主要在第一线工作，因此他们获得的资料也是鲜活的资料，教师的文化教育研究主要是在实践层面展开的，可以对教学内容加以丰富与充实。

（四）信息资源的查询者和设计者

教学资源涉及教师、学生、教学媒介、教学内容等层面，是一个复杂的系统。要想提升教学的效果，就必须从教学设计原理出发，科学地设计教学资源与过程。当前，教师应该学会运用信息技术手段，为学生创设良好的学习情境，使自身从知识传授者的角色转向教学信息的制作、加工与处理的角色。为了让学生能够主动探索与建构意义，教师在教学中应该为学生提供各种学习资源，而要想设计这些信息资源，就需要教师运用自身的信息素养，即将技术与教学资源紧密融合。另外，教师还要学会运用教学课件，包括制作网络课件脚本，帮助教育技术人员制作课件，对教学信息加以浏览下载等，从而帮助学生自主学习。

二、英语教学中教师的素质要求

（一）专业素质

英语教师除了应该具备全面扎实的听、说、读、写、译五项语言基本功之外，还应具备较强的专业化教学素质。具备全面扎实的专业知识和技能是从事教学的必要条件，但是并不能保证专业教学一定能够获得很大的成功。其原因在于教学工作本身也是一项专业性很强的工作，有其内在的规律和框架体系。英语教师要想使自己的教学工作达到专业化水准，还需在具备全面扎实的英语语言知识和技能基础之外，明确树立和逐渐深化高级英语课程意识，不断提高英语教学设计能力。英语课程意识意指任课教师应该明确了解英语课程的总体教学目标，清楚地认识本门课程在英语语言知识 / 能力的学习培养方面所应达到的阶段性层次和水平，以及在教学实施过程中所要确定的教学内容，所应遵循的教学组织、讲授和操练原则。其中高级英语课程总体教学目标不仅包括英语语言知识 / 技能本身的教学，还包括综合素质方面的培养发展理念。近年来，英语界专家反复强调英语教学内容决不能简单地等同于，甚至降低到外语技能培训班的境地。英语教学内容首先以英语语言知识 / 技能的学习发展为专业教学内容之本，同时还要以此为圆心向外扩展专业教学培养的内容范围，是语言知识 / 技能的学习发展之“核”包以内容内涵丰富的教学之“果肉”，这样才能培养出英语素质 / 能力高、综合素质 / 能力好的复合型英语人才。

英语课程设计的总体教学目标也不能背离这一内涵丰富的英语语言教育大方向，要根据新世纪信息社会和知识经济社会对人才的专业技能和综合素质提出的要求，综合设置专业素质 / 能力目标和综合素质 / 能力目标。例如，英语教材中描写文（Description）、议论文（Argumentation）、说明文（Exposition）、叙述文（Narration）等不同体裁的课文及其思想内容，也是进一步培养和发展学生的观察力、想象力和逻辑思维能力的教学素材，把综合素质的提升贯穿在英语专业素质的培养发展过程中。因此，英语课程意识关系到本门课程的宏观教学目标，同教学实施过程的大方向密切相关。

（二）师德素质

师德，即教师道德，主要指教师的职业道德。人生百年，立于幼学。英语教学对一个人的成长和发展至关重要。英语教师作为英语教学的专任教师，是英语教学活动的设计者、实施者、传授者、组织者、管理者和领导者，优良的师德也是提高英语教学质量的灵魂和保证。英语教师只有具有强烈的社会责任感和使命感，有爱心、耐心、事业心，才能全身心地投入英语教育中。教师爱岗敬业、乐于奉献，自觉完成教育使命，从而推动我国英语教学的全面发展。师德素养贯穿英语教师专业发展全过程，是引领英语教师职业行为的内在灵魂，是英语教师职业的行动基石。.

（三）文化素质

语言与文化密切相关。学生在英语学习中不仅需要学习英语语言知识，还需要学习英语语言背后的文化知识。因此，在英语教学中，教师需要对语言知识、文化知识进行掌控，具备文化素质，展开跨文化交际教学，提升学生的跨文化交际能力。英语教师需要掌握英语国家的风俗习惯、风土人情、历史地理、人物典故、文学知识等。当然，教师也需要引导学生对中西文化差异进行对比，通过对比让学生坚定树立文化自信、增添民族自豪感，并且能够让学生去粗取精，提升对不同文化的辨识度。

（四）创新素质

创新素质是英语教师应该具备的一项重要素质。在英语教学中，教师是否具备创新素质，对教师自身发展、教学效果的呈现、学生的英语学习都有直接的影响。英语教师的创新素质体现在多个层面，如能否创造性地处理和改善教师和学生的关系、能否创造性地组织英语教学、能否创造性地使用英语教材或者网络资源、能否创造性地展开测试与评价等。如果英语教师仅仅采用一种方式展开教学，很难培养学生的创新思维，也阻碍学生的创新性发展。

（五）技术素质

随着科技进步，现代科技手段被广泛应用于英语教学中。网络手段的应用使得真实素材进入英语课堂。同时，网络的储存量大、功能性强，具有广泛的交际性，这些为英语教学提供了契机。因此，英语教师需要掌握这些技术手段，可以利用多媒体、网络以及社交媒体展开线上线下教学。

（六）科研素质

以前，英语教学要求教师具备一定的语言知识和教学能力就可以了，但随着时代的进步，英语教学对教师提出了更高的要求。除了语言知识与教学能力外，英语教师还需要具备较高的科研意识与能力。一名优秀的教师，除了是教学的实践者外，还应该是科研的参与者，即对英语教学规律与学生的学习规律加以研究。在很长一段时间里，我国的英语教学都是照搬其他国家的教学理论与教学方法，虽然这从一定程度上促进了我国的英语教学，但是这些教学理论与教学方法大多针对的不仅仅是英语，准确来说针对的是第二语言教学，而且我国的英语教学有着自己独特的语言文化背景，学习者也有着独特的心理，因此很多教学理论与教学方法对于我国的英语教学来说并不合适。

为了进一步提升我国的英语教学水平，不仅要借鉴国外的教学理论与教学方法，还应该不断探寻具有我国特色的英语教学之路。因此，英语教师应该从自身的教学经验出发，通过不断的研究实践，对英语教学进行总结和归纳，从而将其上升为理论，以充实我国的英语教学理论，促进我国英语教学的发展。在此方面，北京外国语大学文秋芳教授团队构建的“产出导向法”（Production-oriented Approach，POA），形成了具有中国特色的理论体系，推动了中国外语教育走向国际，为国际外语教育领域贡献了中国学者的原创思想。

第二章　英语教师教学胜任力研究

自 1973 年哈佛大学教授戴维·麦克利兰（David McClelland）在《美国心理学家》（*American Psychologist*）杂志上发表《测量胜任力而非智力》（*Testing for Competency Rather than Intelligence*）一文至今，其提出的“胜任力”概念已经风靡整个管理学界，被广泛运用于企业人力资源管理实践。近年来，胜任力思想同样开始渗入教师人力资源管理中，为改进和完善新时期的教师人力资源管理工作提供了新视角。本书以英语教师为研究对象，在引入教师胜任力模型的基础上，对英语教师教学胜任力展开研究，并分析提升英语教师教学胜任力的对策。

第一节　教师胜任力研究

一、胜任力的源起

胜任力（Competency）一词，最早起源于拉丁语“Competere”，其意为“恰当的、合适的”。胜任力的思想起源最早可以追溯到古罗马时代，当时人们为了阐明“一名优秀的罗马战士”的属性而建构了胜任剖面图（Competency Profiling）。后来，“胜任力运动”兴起，人们为了更有效地评定工人的工作绩效，从最早、最简单的人体机械运动效率测定到关键事件评定，直到现在已走上系统化的胜任力研究①。

早在 20 世纪初，“科学管理之父”泰勒（Taylor）就曾运用“时间—动作研究”（Time and Motion Study）范式区分优秀工人与较差工人在工作过程中的差异性，试图找出促成优秀工人高质量、高效率的工作过程及理想工作结果的关键影响因素；泰勒还尝试通过系统的培训活动提高工人的胜任力水平，进而提高组织效能②。泰勒的科学研究和实践尝试对后续的管理学界影响深远，后人将其所开展的研究称为“管理胜任力运动”（Management Competencies

① 时勘. 基于胜任特征模型的人力资源开发 [J]. 心理科学进展，2006（4）：586-595.

② 马红宇，唐汉瑛，刘腾飞. 中小学教师胜任特征研究及应用 [M]. 北京：教育科学出版社，2013.

Movement）。同时，泰勒开创的“时间一动作研究”范式也对后来的工作分析方法的发展产生了重要影响。目前使用最普遍的胜任力模型构建方法——行为事件访谈法（Behavioral Event Interview，BEI）就是综合工作分析、关键事件访谈及心理投射测验等的产物。

虽然胜任力思想由来已久，但是胜任力概念的正式提出仅有半个世纪。1973 年，哈佛大学教授麦克利兰在《美国心理学家》杂志上撰文 *Testing for Competence rather than for Intelligence*，文中明确指出传统的智力测量（如智商测验）虽然具有一定的信度，但在预测员工的工作绩效水平或职业生涯成功时，不但准确性较差，有时甚至还会产生严重的偏差，并且往往在妇女、社会底层人士及少数民族等群体上显现出不公平性①。他进一步指出，武断地通过这些智力测验来评判个人的能力水平是不合理的，那些在工作中的成功者之所以卓尔不群，不是因为他们的智商或学习能力出色，而在于他们具有自我约束、积极主动、良好的人际沟通和团队协作等倾向和行为特征。因此，他提出应该用“胜任力”评估来取代传统的智力测验。麦克利兰还认为，要从实践出发，直接挖掘出那些真正能影响工作绩效的个人特质与特征，那些直接影响员工绩效的个人特质和行为特征就是“胜任力”。值得一提的是，麦克利兰本人也是积极地将胜任力思想推向管理实践的先行者，他曾担任过美国驻外信息情报官（Foreign Information Service Officer）的选拔工作，他们通过对优秀情报官的访谈，找出优秀情报官与一般情报官的不同之处，从而确定优秀情报官的核心胜任力并将其作为情报官选拔的重要依据。与此同时，麦克利兰还提出了对胜任力进行有效测量的“六原则”，即选取最佳的效标、测量要能反映个体学习后的变化、应该公开那些被测量的特征或属性、测量应该评价与实际工作绩效密切相关的素质、测量应该同时包含操作性行为和反应性行为、测量应对各类主要的操作模式进行总结和提炼，以最大程度地概括各种行为②。正是基于这些测量原则，麦克利兰还开创性地提出了依据个体正在从事的具体工作任务来评估其能力水平的方法，即行为事件访谈法，该方法后来成为胜任力测评的主要方法之一。

---

① MCCLELLAND D C. Testing for competency rather than for “intelligence” [J]. American psychologist，1973（28）：1-14.

② MCCLELLAND D C. Identifying competencies with behavioral event interviews[J]. Psychological science，1998（9）：331-339.

1982 年，伯亚茨斯（Boyatzis）出版了《胜任的经理：一个优秀绩效的模型》（*The Competent Manager*：*A Model for Effective Performance*）一书，对优秀管理者的胜任力模型进行了系统的归纳和分析，在将“胜任力”这个学术性概念引入管理实践方面迈出了重要一步①。其后，斯宾塞夫妇（Spencer & Spencer，1993）在整合前人研究成果的基础上出版了《工作中的胜任特征：卓越绩效模型》（*Competence at Work*：*Models for Superior Performance*）一书，进一步地推动了胜任力研究从学术研究走上管理实践的通路。此后，胜任力模型构建和测评开始广泛地应用于美国各种企业组织、政府单位、军队以及非营利性事业单位（如学校、医院）等的人力资源管理实践②。

二、胜任力的界定

如前所述，“Competency”是从西方引进的概念，国内对“Competency”的翻译并不统一。目前在国内存在多种译名，如胜任力、胜任素质、胜任特质、胜任特征、素质、胜任能力等。追溯胜任力的外文原文可知，胜任力最初对应的英文单词是“Competence”，后来“Competency”开始出现在相关文献中并逐渐占据上风。就最初的含义来说，两者确实存在一定的差异。根据《美国大词典》的释义，“Competence”主要指“具备或完全具备某种资质的状态或品质”③，它强调的是整合功能，相当于一种特定的能力标准，而“Competency”则是指个体履行工作职责时的行为表现或特征，主要用于识别优秀绩效、行为与功能性技能等。麦克利兰（2001）也认为“Competence”是指个体履行其工作任务和职责并取得工作绩效的能力，而“Competency”则聚焦于个体在某种特定情境中的实际行为表现和绩效。当然，也有学者认为这两个术语从字面上进行区别并没有特别大的意义，现在两者有开始合并的趋势。总体而言，鉴于“Competency”并不局限于能力的范畴，其内涵较“Competence”应更广泛一些。笔者在本书中使用“胜任力”这一翻译。

迄今，有关胜任力概念的界定并不完全一致。从历史的角度来看，胜任力最早可以追溯到中世纪的行业协会，主要指学徒跟随师傅学习而掌握的技能。

---

① BOYATZIS R E. The competent manager：a model for effective performance[M]. New York：John Wiley & Sons，1983.

② SPENCER L M，MCCLELLAND D C，SPENCER S M. Competency assessment methods：history and state of the art[M]. Boston：Hay McBer Research Press，1994.

③ 薛琴，林竹 . 胜任力研究溯源与概念变迁 [J]. 商业时代，2007（31）：4-5，61.

最早明确提出并完整定义胜任力概念的是麦克利兰，他认为，胜任力就是能够区分个体在特定工作岗位和组织环境中的绩效水平的个人特征，可以是个体的动机、特质、自我概念、态度或价值观、某领域的知识或行为技能等。它们既是判断一个人能否胜任某项工作的起点，也是决定并区别绩效差异的个体特征的综合①。

在此基础上，仲理峰和时勘（2003）指出，胜任力是能够把某职位中表现优异者与表现平平者区分开来的个体潜在的、较为持久的行为特征，这些特征可以是认知的、意志的、情感的、动力的或倾向性的等②。

目前，研究者们在有关胜任力包含的具体内容方面仍然存在一些争议。

三、教师胜任力

目前，国内外对教师胜任力的界定还存在一定的争议，不同研究者基于不同的视角，对教师胜任力的理解也可能不同。例如，奥尔森和维特（Olson & Wyett，2000）也持相似观点，认为教师胜任力是指教师个体所具备的、与成功教学实施相关的一种专业知识、专业技能和价值观，既是教师自身的个性特征，也是教师成功教学的必要条件③。在这一定义的基础上，蒂内克（Dineke，2004）提出了一种相对更为综合的观点，认为教师胜任力是教师的人格特质、知识及在不同教学背景下所需教学技巧和教学态度的综合体④。

国内学者对教师胜任力的界定与国外基本一致。例如，徐建平（2004）认为教师胜任力是指在教育教学中，能把高绩效表现优秀的教师与一般普通教师区分开来的个体潜在特征，主要包括能力、自我认识、动机及相关人格特质等个人特性⑤；曾晓东（2004）则认为教师胜任力是指教师知道的（知识）、能做的（技能）和信仰的（价值观）具体内容⑥；刘吉良（2009）认为教师胜任力是指在学校教育教学工作中，能将高绩效表现优秀的教师与一般普通教师区分开

① MCCLELLAND D C. Identifying competencies with behavioral evente interviews [J]. Psychological science，1998（9）：331-339.

② 时勘 . 基于胜任特征模型的人力资源开发 [J]. 心理科学进展，2006（4）：586-595.

③ OLSON C D，WYETT J L. Teachers need affective competencies[J]. Project innovation summer，2000（7）：741.

④ TIGELAAR D E H，DOLMANS D H J M，WOLFHAGEN I H A P，et al. The development and validation of a framework for teaching competencies in higher education[J]. Higher education，2004（48）：258-268.

⑤ 徐建平 . 教师胜任力模型与测评研究 [D]. 北京：北京师范大学，2004.

⑥ 曾晓东 . 对中小学教师绩效评价过程的梳理 [J]. 教师教育研究，2004（1）：47-51.

来的个体特征，包括潜在特征和显现特征①。

综上所述，虽然不同学者对教师胜任力内涵的理解存在一些差异，但是在一些核心内容的认识上还是比较一致的。首先，大家都认为教师胜任力应能够区分优秀绩效的教师与一般绩效的教师；其次，大家都认可教师胜任力应该包括与成功教学有关的专业知识和专业技能。学者们对有关教师胜任力内涵的争议主要在其表现方式上，即教师胜任力究竟通过教师的教学技能表现出来，还是通过教师的专业价值观，即个人品德、职业道德表现出来。有学者认为这种不一致背后的本质是“作为工具性行为的胜任力”与“作为实践行动的胜任力”之间的矛盾与冲突②。持“作为工具性行为的胜任力”观点的人认为教学的基本技能和策略是课堂教学的关键；持“作为实践行动的胜任力”观点的人则把教师视为“演员或行为的反射者”，或者把教学视作“行为或在社会情境中与他人的相互作用”，不再把教师胜任力仅仅局限于课堂管理、提问、行为调整等技能上③。这两种不同观点背后的参照框架也不同，因此也导致了不同研究者对教师胜任力的理解与界定有所不同。但我们也不能简单地对比评定哪种观点更好或较差，因为基于两种角度出发的对于教师胜任力的研究都有丰富的实践证据支持，也都能将优秀教师与普通教师区分开来，即这些教师胜任力模型都是有效的。在未来的研究中，我们可以根据自身研究的需要选择恰当的视角与方法进行研究，这些理论研究归根结底是要运用于实践中，因此选择适用于该研究实践情境的观点与工具显得更为重要。

第二节　英语教师教学胜任力模型构建

一、英语教师教学胜任力模型构建的方法

根据英语教师教学胜任力模型构建过程中使用的资料收集方法的不同，可以将英语教师教学胜任力模型构建方法分为以下三种不同类型，分别是自下而上的模型构建方法、自上而下的模型构建方法以及上下结合的模型构建方法。下面将重点就这三种英语教师教学胜任力模型构建方法的主要特点、使用流程

---

① 刘吉良．我国高校教师胜任力评价体系研究 [D]．长沙：湖南师范大学，2009.

② 李昌庆，何木叶，姚元全．我国教师胜任力研究纵横 [J]．牡丹江教育学院学报，2009（5）：73-74，128.

③ 王玉芬．关于教师胜任力的两种不同观点的分析 [J]．呼伦贝尔学院学报，2007（5）：90-93.

及注意事项等进行详细介绍。

（一）自下而上的模型构建方法

自下而上的模型构建方法是指通过面向一线教师总结其直接经验的途径收集模型构建所需资料，在此基础上构建英语教师教学胜任力模型的一类胜任力模型构建方法的总称。在自下而上的模型构建方法中，使用率最高的模型构建资料收集方法是行为事件访谈法。

行为事件访谈法最早由麦克利兰等人提出，后来经斯宾塞等人发展得来，以获取访谈对象的重要行为事件信息为主要目标，适合于全面深入收集一线英语教师的直接经验。

行为事件访谈法采用的是开放式的行为回顾式探查技术，要求访谈对象回忆其在工作中经历的重要行为事件，并详尽描述事件发生的原因、时间、过程、相关人物、当事人在事件中的处理方式及事件结果等具体信息，从中揭示当事人可能表现的胜任力内容，特别是那些能够预测当事人工作绩效（在重要行为事件中的表现）的潜在个人特征。为保证资料收集的完整性和准确性，访谈者在征得访谈对象同意后应采用录音设备对整个访谈过程进行记录。这些资料是研究者用以挖掘和提炼访谈对象胜任力内容的重要依据。

（二）自上而下的模型构建方法

自上而下的模型构建方法是指通过面向相关专家获取其总结性经验的途径收集模型构建所需资料，在此基础上构建英语教师教学胜任力模型的模型构建方法的总称。在自上而下的模型构建方法中，使用较多的技术包括战略导向法、标杆研究法、专家会议法和德尔菲技术（Delphi Strategy）等。

战略导向法是指将组织（包括学校）的发展战略进行逐步分解，通过小组讨论或者研讨会的方式得出针对某类员工的关键素质，并形成每个素质的定义和层级。标杆研究法是指收集并分析绩效卓越者的能力和素质特点，通过小组讨论或者举办研讨会的方式，从中总结提炼出特定岗位的能力素质要求，形成相应的胜任力模型。专家会议法是指通过邀请与研究主题相关的各个领域的专家，就研究主题进行集中式的全面深入分析和讨论，进而达成研究目标的一种定性研究方法。德尔菲技术的参加者也是研究主题相关领域的专家，与专家会议法的最大不同是在德尔菲技术的实施过程中，专家们互不认识，更不会集中讨论，而是在研究者的反馈中逐步达成更趋一致的结论。在一定程度上，可以将德尔菲技术视作专家会议法的一种特殊形式。

由此可见，对于自上而下的模型构建方法而言，专家会议法是使用最为普遍的技术。一般来讲，专家会议法的使用流程主要包括三个环节：选择合适的专家、召开专家会议构建模型、检验和验证模型的有效性。

（三）上下结合的模型构建方法

上下结合的模型构建方法是指用于构建胜任力模型的资料以已有的相关文献研究资料为主，同时也包括相关专家的总结性经验和一线英语教师的直接经验性资料的一类模型构建方法的总称。模型构建资料来源的广泛性是这类胜任力模型构建方法的主要特点。对于上下结合的模型构建方法而言，模型构建资料的获取并不局限于某种单一的研究方法。凡是有助于收集全面具体的胜任力模型构建资料的方法均可为这类模型构建方法所用。

与行为事件访谈法和专家会议法的主要不同之处在于，上下结合的模型构建方法对模型初始资料的要求相对宽松一些。在模型构建的初始阶段，资料收集的全面性是研究者最关注的内容。在模型构建的过程中，需要安排专门的环节对模型构建资料的质量进行检验和验证，目的是保留那些真正符合胜任力要求的资料。需要特别说明的是，文献资料是上下结合的模型构建方法中收集模型构建资料的重要来源。因此，上下结合的模型构建方法对已有的研究基础有较高的要求，其使用范围可能受到一定的限制。通常情况下，只有当相关的研究成果积累已经比较丰富时才适合采用这种模型构建方法。

上下结合的模型构建方法通常会包括以下几个主要环节：全面收集模型构建所需的资料、提炼和筛选胜任力指标、探索胜任力模型的结构、检验模型的有效性。

二、英语教师教学胜任力模型构建的过程

（一）模型构建目标

模型构建目标旨在充分借鉴和参考已有研究成果的基础上，通过系列研究程序与方法挖掘我国英语教师教学胜任力的核心内容，揭示我国英语教师教学胜任力的内在结构，构建能够真正体现我国的英语教育特色、满足未来教育发展需要的英语教师教学胜任力模型，并以反映英语教师工作绩效的不同指标为效标，对模型的有效性进行全面检验和验证，以期为今后国内英语教师教学胜任力相关的理论研究和应用实践提供有价值的参考。

（二）模型构建方法

基于上述模型构建目标的需要，加上研究条件的允许（既可以全面获取到国内外已有的与英语教师教学胜任力模型研究有关的文献资料，也可以联系到相应的专家），本书确定采用上下结合的模型构建方法来构建我国英语教师教学胜任力模型，具体的流程如图 2-1 所示。

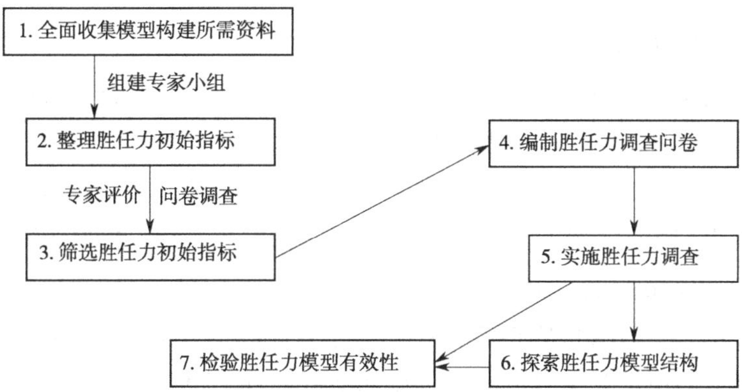

图 2-1　英语教师教学胜任力模型构建流程

（三）模型构建过程

1. 研究目的

本书旨在通过行为事件访谈，构建英语教师教学胜任力模型。

2. 研究方法与过程

1）被试抽取

本书中，参与访谈的优秀教师的标准为在教学、科研、社会服务等方面均处于该校该学科前 10%，并获得过省、市、校优秀教师或其他荣誉称号；访谈的普通教师的标准为在教学、科研、社会服务等方面均处于该校该学科合格水平或中等水平。具体程序是：研究者首先从“双一流”高校、普通高校、职业学院分别选取若干高校；然后通过网上调查，请被选择的学校人事处领导依据优秀英语教师和普通英语教师的选择标准，从每个学校选择 2 位优秀英语教师和 1 位普通英语教师；最后共获得有效访谈样本 24 个，其中优秀组 15 个，普通组 9 个。

2）工具与方法

在访谈前，研究者设计了“行为事件访谈提纲”（访谈者用）及“行为事件访谈提纲”（被访者用）。访谈采用双盲设计，即被访者只知道自己被选来进行访谈，并不知道在样本选取时的优秀 / 普通的区别，访谈者事先也不知道被访者究竟是属于优秀组还是普通组。

访谈前需准备好录音笔、访谈提纲，与被试者电话预约、协商访谈时间和地点。访谈开始时，征得被试者的同意对访谈过程进行录音。每人的谈话时间控制在 1~2 个小时。

3）数据采集与编码步骤

访谈结束后，研究者首先将谈话录音整理成文稿，共计 21 万字。其次，编码训练采用《高校英语教师胜任力编码初步词典》（简称《编码初步词典》），由接受过培训的 4 名编码者分别对同一份访谈录音文稿进行试编码，选择编码训练过程中编码一致性较高的两人形成正式的编码小组。根据《编码初步词典》，每个编码者对所有访谈文稿进行独立编码。

对访谈文本的编码是通过把文本读入 ATLAS.ti 软件进行，ATLAS.ti 是一个功能强大的质性数据分析 QDA（Qualitative Data Analysis）软件，能够有效地分析多种不同的数据如文字、图形、声音和影像等。采用 ATLAS.ti 软件的 Codes（编码）模块，把 31 个胜任力输入软件，即可对访谈文本中胜任力出现的频次进行编码。编码小组在编码时遵循如下步骤。

（1）找出每个文本中的关键事件，根据《编码初步词典》对关键事件中出现的胜任力进行试编码，应特别注意发现对高校教师职位特有的胜任力。

（2）根据第一步编码的结果对初步的编码手册进行修订，特别注意本次编码新发现的、独特的胜任力。

（3）对第一步中两位编码者的编码结果进行分析，发现其归类一致性为 49%。为了提高本研究的效度，根据修订后的编码手册，编码小组对归类不一致的地方进行讨论，最后达成了一致意见，即两位编码者在胜任力频次编码的一致性上达到了 100%。

（4）收集同一胜任力下的行为描述（借助 ATLAS.ti 软件的 Quotes 功能，可方便找到胜任力与其引用的行为描述），结合 O*NET 工作分析研究结果及以往的词典（尤其是 Spencer 和 Hay 的词典）归纳概括出每个胜任力的行为指标和等级定义，形成正式的《高校教师胜任力编码词典》。

（5）运用正式的《高校教师胜任力编码词典》（简称编码词典）再次对每个文本进行编码，主要是编出胜任力的行为等级。每个文本共被独立编码两次

（两个编码者各独立编码一次）。

（6）汇总访谈文本的字数、胜任力出现的频次、平均等级分数、最高等级分数等数据，用 SPSS21.0 进行差异检验等统计分析。

3. 研究结果

1）访谈长度（字数）分析

表 2-1 显示在访谈长度上，优秀绩效组与普通绩效组之间的差异在 0.05 水平上，差异不显著。

表 2-1 优秀组与普通组的访谈长度比较表

比较项目	优秀组		普通组		*T*	*df*	*P*
	均值	标准差	均值	标准差			
访谈长度（字数）	9 278.7	2 555.3	7 774.7	4 607.8	1.04	22	0.312

表 2-2 显示了胜任力发生频次、平均等级分数、最高等级分数与访谈长度之间的 Spearman 等级相关系数。统计结果显示，无论采用频次计分、平均等级分数还是最高等级分数，都仅有一项胜任力（教学策略）与访谈长度显著相关。这与过去的同类研究结果有不一致的地方。以前的研究结果认为平均等级分数具有更好的稳定性，而本书显示频次和最高等级分数也具有同样的稳定性。

表 2-2 胜任力发生频次、平均等级分数、最高等级分数与访谈长度之间的 Spearman 等级相关系数表

胜任力	访谈长度与频次	访谈长度与平均等级分数	访谈长度与最高等级分数
自我调控	−0.24	−0.04	−0.04
专业研究兴趣	0.26	0.27	0.27
专业知识与技能	0.24	0.24	0.24
理解他人	−0.13	−0.13	−0.13
正直诚信	−0.02	0.17	0.17
自信	0.17	0.17	0.17
尊重他人	0.08	0.09	0.09

续表

胜任力	访谈长度与频次	访谈长度与平均等级分数	访谈长度与最高等级分数
毅力	0.10	0.12	0.12
灵活性	−0.03	−0.01	−0.01
勤奋	0.20	0.20	0.20
团队协作	0.00	−0.02	−0.01
职业偏好	−0.13	−0.14	−0.14
专注	0.19	0.19	0.19
社会服务意识	−0.01	−0.02	−0.02
关系建立	0.22	0.22	0.22
综合概括能力	0.17	0.12	0.12
影响力	−0.20	−0.19	−0.19
信息收集	−0.06	−0.06	−0.06
关爱学生	0.28	0.21	0.22
批判性思维	0.12	0.12	0.12
沟通技能	0.22	0.15	0.15
团队领导	0.13	0.17	0.17
主动学习	0.14	0.21	0.21
成就欲	0.39	0.31	0.31
逻辑分析能力	0.05	0.06	0.06
主动性	0.13	0.04	0.04
反思与改进	0.28	0.07	0.10
创新	0.23	0.20	0.20
发展他人	0.15	0.13	0.16
教学策略	0.44	0.44	0.50
责任心	0.12	−0.03	−0.03

（注：* 表示 $p<0.05$）

2）胜任力评价的信度分析

（1）归类一致性。归类一致性（Category Agreement，CA）是指评分者之间对相同访谈资料的编码归类相同的个数占总个数的百分比。计算公式是参照

Winter（1994）的动机编码手册，若用 S 表示评分者编码归类相同的个数，用 T_1 表示评分者甲的编码个数，T_2 表示评分者乙的编码个数，则计算公式为：

$$CA=2S/(T_1+T_2)$$

在前述编码的第一步，采用《编码初步词典》对 24 个访谈文本进行编码，两位编码者的归类一致性介于 0.00~0.89 之间，两位编码者总体的归类一致性为 0.49，如表 2-3 所示。

表 2-3　两位编码者胜任力归类一致性表

被试编号	T_1	T_2	S	CA
1	30	19	10	0.41
2	21	21	13	0.62
3	7	10	4	0.47
4	16	10	6	0.46
5	9	5	0	0.00
6	14	16	9	0.60
7	8	15	3	0.26
8	23	18	9	0.44
9	24	23	21	0.89
10	10	10	4	0.40
11	13	20	8	0.48
12	11	9	7	0.70
13	7	8	3	0.40
14	9	4	3	0.46
15	22	12	9	0.53
16	10	7	2	0.24
17	12	9	4	0.38
18	16	11	7	0.52
19	21	27	13	0.54
20	8	11	5	0.53
21	16	11	6	0.44
22	11	17	7	0.50

续表

被试编号	T_1	T_2	S	CA
23	8	13	4	0.38
24	10	5	3	0.40
全体被试	336	311	160	0.49

（2）相关系数。为了提高本研究的可靠性，在编码步骤的第一步后，编码小组根据修订后的编码手册，对归类不一致的地方进行了讨论，最后达成了一致意见，即两位编码者在胜任力频次编码的一致性上达到了100%。最后，两位编码者运用正式的《编码词典》独立对每个文本进行胜任力等级编码，表2-4列出了两位编码者对每个被试编码的平均等级分数、最高等级分数的皮尔逊相关系数，用相关系数值进一步考察两位编码者的一致性。结果显示，两位编码者在胜任力平均等级、最高等级编码上具有很高的一致性，r 的波动范围为0.70~1.00。对于极少数不一致的等级评分，两位编码者进行了讨论，最终对胜任力的等级评分达到了完全一致。

表2-4 两位编码者在胜任力平均等级、最高等级编码的一致性

胜任力	平均等级分数	最高等级分数
自我调控	1.00**	1.00**
专业研究兴趣	0.94**	0.94**
专业知识与技能	1.00**	1.00**
理解他人	1.00**	1.00**
正直诚信	1.00**	1.00**
自信	1.00**	1.00**
尊重他人	0.99**	0.99**
毅力	0.90**	0.90**
灵活性	0.99**	0.99**
勤奋	0.99**	0.99**
团队协作	0.91**	0.92**
职业偏好	0.94**	0.94**
专注	0.99**	0.99**

续表

胜任力	平均等级分数	最高等级分数
社会服务意识	0.88**	0.89**
关系建立	0.98**	0.98**
综合概括能力	0.98**	0.98**
影响力	0.94**	0.95**
信息收集	0.99**	0.99**
关爱学生	0.89**	0.89**
批判性思维	0.98**	0.99**
沟通技能	0.92**	0.92**
团队领导	0.92**	0.87**
主动学习	0.98**	0.91**
成就欲	1.00**	1.00**
逻辑分析能力	0.93**	0.94**
主动性	0.88**	0.88**
反思与改进	0.80**	0.86**
创新	0.98**	0.97**
发展他人	0.88**	0.90**
教学策略	0.72**	0.70**
责任心	0.90**	0.85**

（注：** 表示 $p<0.01$）

4. 分析与讨论

根据前文分析可知，能够区分高校优秀英语教师与普通英语教师的鉴别性胜任力有 8 项，即创新、批判性思维、教学策略、专注、社会服务意识、逻辑分析能力、成就欲、尊重他人；不具有区分效应的基准性胜任力有 23 项，即主动性、专业知识与技能、自信、专业研究兴趣、理解他人、勤奋、职业偏好、影响力、团队领导、团队协作、自我调控、关系建立、正直诚信、关爱学生、发展他人、反思与改进、灵活性、信息收集、沟通技能、主动学习、综合概括能力、责任心、毅力。由高校英语教师职位 O * NET 工作分析研究可知，主动性、专业知识与技能、主动学习、正直诚信、毅力、自我调控、灵活性等

主动性、专业知识与技能、主动学习、正直诚信、毅力、自我调控、灵活性等胜任力对高校英语教师职位而言都是非常重要的特征，虽然在这些特征上，优秀组与普通组差异检验的结果并不显著，但是不能否认这些胜任力对于高校英语教师职位的重要性，完整的高校英语教师胜任力模型既应包含 8 项鉴别性胜任力，同时也应包含这 23 项基准性胜任力。

众所周知，英语教师重要的职责是英语教学、科研与社会服务，本书研究发现的鉴别性胜任力（如创新、批判性思维、教学策略、专注、社会服务意识等）与高校英语教师的职责是一致的。同时，这些鉴别性胜任力也与 Vander Rijst（2009）研究发现优秀高校教师的科学研究特质包括创新的倾向（inclination to be innovative）、取得成就的倾向（inclination to achieve），Dincke 等人（2004）提出的胜任的高校教师尊重所有学生、是学生学习过程的促进者、对创新持开放的态度，Spencer（1993）提出的成就欲、分析性思维等胜任力能预测专业技术人员工作成功，以及连榕（2004）研究发现的专家型教师在教学策略三个维度上都显著高于熟手型教师，专家型教师的教学策略表现出灵活性、创造性以及有效的反思能力等研究结果是一致的[①]。

第三节　英语教师教学胜任力模型的验证

高校英语教师胜任力模型包含 31 项胜任力，这些特征之间的关系与结构如何？可简缩为哪些特征群或因子？如何基于此模型为高校英语教师人力资源管理开发出一个符合测量学要求的工具？本节将集中回答上述问题。

一、研究目的

根据研究所开发的《高校英语教师胜任力编码词典》，编制“高校英语教师胜任力自评问卷”，探索并验证高校教师胜任力自评问卷所包含的 31 个项目（胜任力）的因子结构，为高校基于教师胜任力模型的人力资源管理开发出一个符合测量学要求的工具。

二、被试抽取

从“双一流”类、普通本科类、职业学院类高校随机抽取 900 名英语教师

① 牛端．高校教师胜任特征模型研究 [M]．广州：中山大学出版社，2009.

进行问卷调查，问卷回收后，剔除无效问卷，有效问卷为796份。从有效问卷中随机抽取50%的数据进行探索性因子分析，另外50%数据进行验证性因子分析。探索性因子分析的被试者为393人，其中“双一流”高校英语教师103人，普通高校英语教师145人，职业学院英语教师145人；男英语教师177人，女英语教师216人。验证性因子分析的被试者为393人，其中“双一流”高校英语教师97人，普通高校英语教师147人，职业学院英语教师149人；男英语教师191人，女英语教师202人。

三、工具与材料

依据《高校英语教师胜任力编码词典》，编制“高校教师胜任力自评问卷”。由于《高校英语教师胜任力编码词典》包含了31项胜任力，每项胜任力又包含了0~4五个等级及每个等级的定义（这些等级定义可视为行为锚），因此以《编码词典》中的31项胜任力及其定义为问卷项目，以0~4五个等级及每个等级的定义为选项，让高校英语教师依据其实际表现进行自评，对自评数据进行探索性和验证性因子分析，即可探明问卷（胜任力模型所含特征）的因子结构。以“创新”为例，问卷题目如下。

1. 创新	对创新持有开放的态度，能用不同的思维方式解决问题和建立新概念

请在下标左侧符合自己实际表现的数字上打“√”。

0	不善于发现问题；当问题出现时，按照固有模式去解决，不能采取任何新的改变；或者虽然有改动，但是没有带来积极的结果
1	能够发现新问题；有创新或者革新的意识，并能够采取行动
2	喜欢钻研新问题，能够借鉴现有的技术或者方法研究英语这门学科的问题，产生新的研究成果，对英语学科和社会的发展产生一定影响
3	善于钻研新问题，有自己独特的方法，对英语这门学科和社会的发展产生一定影响
4	具有强烈的探索未知领域的好奇心，创造或发明一种新概念、新方法，对学术界和高校界产生重大影响

四、方法与步骤

本研究主要方法以学校为单位，采用书面填写和上网填写（利用金山文档功能，把书面问卷设计成网络版）两种方式收集数据。对获取的数据采用SPSS21.0和LISREI8.53软件分别进行探索性因子分析与验证性因子分析，以探索并验证高校教师胜任力模型的结构。

五、结果与分析

对自评问卷的探索性因子分析结果表明，KMO值为0.96，Bartlett球形检验的χ^2值为6 129.61（自由度465），在0.001水平上达到显著，说明数据适合进行因子分析。采用主成分分析法并对数据进行Promax斜交旋转（胜任力因子间存在相关），没有删除题项，最后共提取3个因子，累计方差贡献率为51.53%。除项目22外，其他30个项目的因子负荷均大于0.40，如表2-5所示。

表2-5 高校英语教师胜任力自评问卷因子分析表

项目	因子			共同度
	1	2	3	
a20 关系建立	0.91	−0.21	0.01	0.64
a27 沟通技能	0.71	−0.06	0.15	0.57
a7 尊重他人	0.62	0.02	0.08	0.46
a13 理解他人	0.55	0.34	−0.15	0.53
a23 发展他人	0.54	0.17	0.07	0.49
a18 团队协作	0.54	0.21	0.06	0.52
a21 正直诚信	0.53	0.47	−0.32	0.57
a19 自我调控	0.53	0.15	0.02	0.42
a25 灵活性	0.48	0.12	0.14	0.41
a26 信息收集	0.44	0.09	0.24	0.45
a22 关爱学生	0.36	0.28	−0.01	0.32
a14 勤奋	0.05	0.77	0.00	0.64
a30 责任心	0.16	0.74	−0.17	0.58
a31 毅力	0.22	0.70	−0.08	0.66
a15 职业偏好	0.13	0.66	−0.11	0.46
a12 专业研究兴趣	−0.13	0.64	0.26	0.57

续表

项目	因子			共同度
	1	2	3	
a11 自信	0.04	0.63	0.14	0.57
a9 主动性	−0.08	0.48	0.38	0.53
a29 综合概括能力	0.18	0.45	0.09	0.41
a8 成就欲	0.11	0.41	0.24	0.45
a24 反思与改进	0.29	0.40	0.20	0.59
a28 主动学习	0.26	0.40	0.16	0.50
a17 团队领导	0.03	0.40	0.27	0.39
a1 创新	0.07	−0.14	0.85	0.65
a4 社会服务意识	0.07	−0.14	0.81	0.59
a3 专注	−0.24	0.39	0.60	0.60
a2 批判性思维	0.26	−0.09	0.58	0.47
a10 专业知识与技能	−0.35	0.48	0.54	0.57
a16 影响力	0.14	0.03	0.52	0.39
a5 教学策略	0.34	-0.01	0.49	0.51
a6 逻辑分析能力	0.33	0.02	0.45	0.48
特征根值	12.94	1.83	1.20	
方差贡献率（%）	41.73	5.91	3.89	

根据自评问卷3个因子所含项目内容，将因子1命名为人员导向（People Orientation），因子2命名为成就导向（Achievement Orientation），因子3命名为创新导向（Creativity Orientation）。如表2-6所示，3个因子均具有良好的内部一致性信度。高校英语教师在“创新导向”因子自我评价最低，对“人员导向”因子自我评价最高。

表 2-6　高校英语教师胜任力自评问卷分量表信度及描述统计量（$n = 393$）

因子	项目数	Cronbach's α	均值	标准差
人员导向	11	0.89	2.67	0.66
成就导向	12	0.91	2.47	0.70

续表

因子	项目数	Cronbach's α	均值	标准差
创新导向	8	0.86	2.32	0.73
全量表	31	0.95	2.42	0.62

运用验证性因子分析对问卷的因子结构进行进一步验证，使用 LISREL8.53 软件，依据“高校教师胜任力自评问卷”各测验项目分数的协方差矩阵，采取极大拟然估计法（ML）做参数估计，拟合度评价指标如表 2-7 所示。验证性因子分析的因子负荷表如表 2-8 所示。

表 2-7　验证性因子分析模型拟合度评价指标

χ^2	df	χ^2/df	GFI	AGFI	RMR	RMSEA	NFI	NNFI	CFI
1 133.46	431	2.63	0.85	0.82	0.05	0.064	0.97	0.98	0.98

表 2-8 验证性因子分析因子负荷表

项目	因子		
	人员导向	成就导向	创新导向
a20 关系建立	0.67		
a27 沟通技能	0.73		
a7 尊重他人	0.57		
a13 理解他人	0.68		
a23 发展他人	0.65		
a18 团队协作	0.67		
a21 正直诚信	0.62		
a19 自我调控	0.67		
a25 灵活性	0.64		
a26 信息收集	0.65		
a22 关爱学生	0.61		
a14 勤奋		0.72	
a30 责任心		0.70	
a31 毅力		0.77	

续表

项目	因子		
	人员导向	成就导向	创新导向
a15 职业偏好		0.67	
a12 专业研究兴趣		0.73	
a11 自信		0.63	
a9 主动性		0.60	
a29 综合概括能力		0.63	
a8 成就欲		0.61	
a24 反思与改进		0.79	
a28 主动学习		0.70	
a17 团队领导		0.57	
a1 创新			0.71
a4 社会服务意识			0.76
a3 专注			0.64
a2 批判性思维			0.63
a10 专业知识与技能			0.60
a16 影响力			0.66
a5 教学策略			0.68
a6 逻辑分析能力			0.65

由表 2-7 可知，基于拟合函数的指数χ^2/df的值为 2.63，在 2.0 到 5.0 之间，意味着可以接受该模型。拟合优度指数 GFI、AGFI 的值均接近 0.90，近似误差指数 RMR、RMSEA 的值等于或接近 0.05，相对拟合指数 CFI、NFI 和 NNFI 的值大于 0.90。统计结果表明，模型拟合较好，所构建的“高校教师胜任力自评问卷”的结构效度比较理想，验证性因子分析参数估计路径如图 2-2 所示。

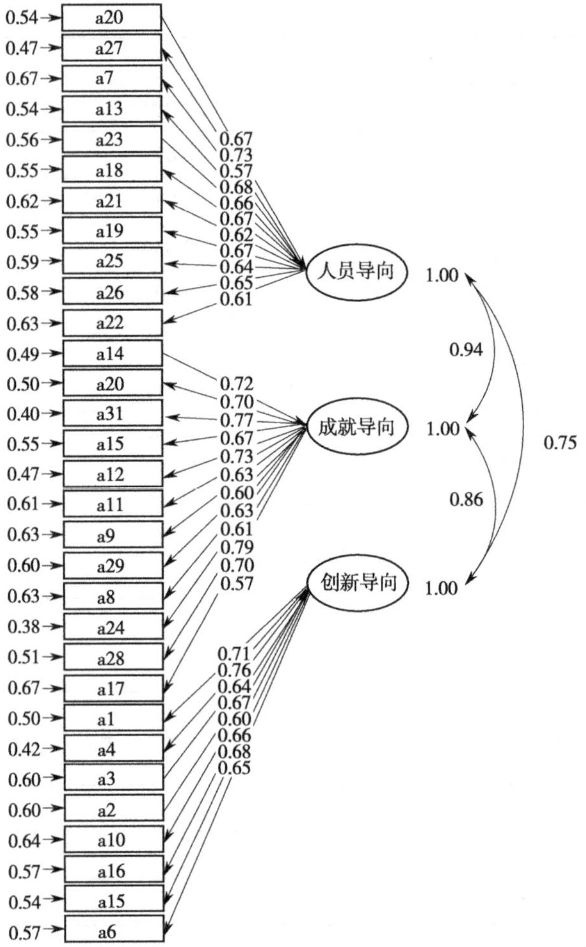

χ^2=1 133.46, df=431, P=0.00000, RMSEA=0.064

图 2-2　验证性因子分析参数估计路径

六、讨论与小结

(一)“高校英语教师胜任力自评问卷”的心理测量学指标

笔者认为，“高校英语教师胜任力自评问卷”所包含的 31 个项目（胜任力）可简化为 3 个因子。第一个因子为“人员导向”，包括关系建立、沟通技能、尊重他人、理解他人等 11 项胜任力，主要反映的是人际沟通与处理关系的能力。第二个因子为“成就导向”，包含勤奋、责任心、毅力、成就欲等 12 项胜任力，主要反映的是克服困难、取得成就的能力。第三个因子为“创新导向”，包含创新、专注、社会服务意识、批判性思维等 8 项胜任力，主要反映的是创新与服务社会的能力。验证性因子分析结果表明，3 因子模型拟合指数较好，说明所构建的“高校教师胜任力自评问卷”的结构效度比较理想。信度分析表明，问卷的 3 个分量表（因子）及总量表均具有良好的内部一致性信度。上述结果表明，“高校英语教师胜任力自评问卷”的信度和效度达到了心理测量学的标准，可应用于相关的研究与实践。

（二）“高校英语教师胜任力模型”的效度验证

本书发现，无论在“高校英语教师胜任力自评问卷”因子层面还是在项目层面，教学或科研绩效优秀组（尽管是被试者的主观判断）得分均显著高于普通组，说明该问卷具有较好的区分效度，能够将优秀组与普通组区分开来。另一方面，由于自评问卷的项目均来自《编码词典》，而该词典的项目与胜任力模型的项目又是一致的，因此该结果间接验证了“高校英语教师胜任力模型”的有效性。

第四节　提升英语教师教学胜任力的对策

一、基于胜任力促进英语教师职业生涯管理

与企业员工的职业生涯管理一样，教师职业生涯管理也包括教师自我职业生涯管理与学校职业生涯管理，二者相互联系、相互促进。基于学校的角度，不管是教师自我职业生涯管理还是学校职业生涯管理，最后都应有助于学校整体发展目标的实现，这是职业生涯管理的最终目标。只是，学校发展目标的最终实现必须依赖于所有教师的工作，只有教师的工作绩效提升了，学校的发展目标才可能达成。并且，教师要想实现个人的发展目标，也必须有出色的工作绩效作为前提。由此可见，不管是教师自我职业生涯管理还是学校职业生涯管理，都离不开教师工作绩效的提升。由本书第一章有关教师胜任力的介绍可知，能够有效预测教师的工作绩效是教师胜任力最重要的特点。

基于此，可以明确英语教师胜任力与英语教师工作绩效、英语教师的个人发展目标以及学校的整体发展目标之间的关系，如图 2-3 所示。

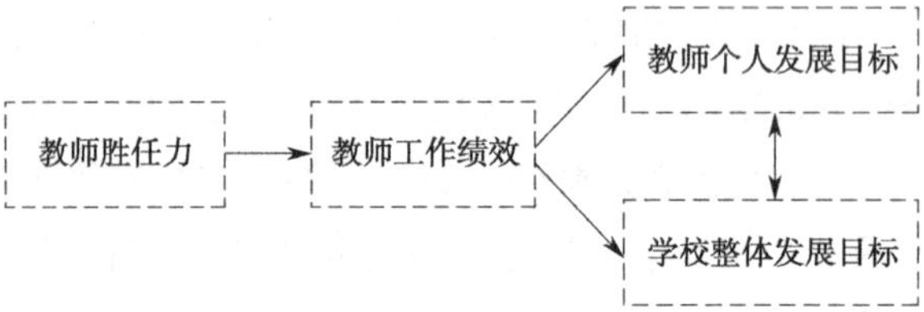

图 2-3　教师胜任力与教师个人及学校发展目标之间的关系

由图 2-3 可以看出，英语教师胜任力是英语教师工作绩效的直接决定因素，也是促进英语教师个人和学校整体发展目标实现的关键。这一关系直接决定了英语教师胜任力在英语教师职业生涯管理中的核心价值。只有围绕英语教师胜任力而展开的英语教师职业生涯管理才有助于英语教师个人和学校两方面发展目标的最终实现。因此，理想的英语教师职业生涯管理应紧紧围绕英语教师独特的胜任力来展开，这也是基于胜任力的英语教师职业生涯管理的核心思想。

基于胜任力的英语教师职业生涯管理流程包括职业生涯规划、职业生涯开发和职业生涯调控三个主要环节，与传统英语教师职业生涯管理的不同之处主要体现在具体工作开展的思路和内容上。接下来我们将从这三个环节对基于胜任力的英语教师职业生涯管理流程进行详细介绍。

（一）基于胜任力的职业生涯规划

职业生涯规划是英语教师职业生涯管理的首要环节，也是整个英语教师职业生涯管理的基础。对英语教师职业生涯的主客观因素进行分析和评估、确定职业生涯发展的目标、选择合适的职业发展通道、制订相应的行动计划并对计划进行修订，是传统英语教师职业生涯规划中所要完成的具体工作内容。基于胜任力的英语教师职业生涯发展规划内容也大抵如此，但是在具体的操作上有自己独有的一些特点。其中最核心的一点就是，在基于胜任力的英语教师职业生涯规划中，所有的工作内容都紧紧围绕着教师胜任力而展开。

首先，对英语教师职业生涯发展的主客观因素的分析和评估，实际上就是对英语教师胜任力内容结构的挖掘及测评。基于胜任力的思想，英语教师胜任力是影响英语教师职业生涯发展的最重要的因素，也是驱动英语教师职业生涯发展的主要动力。因此，基于胜任力的英语教师职业生涯管理的首要工作就是确定英语教师胜任力的内容结构，并对英语教师个人当前的胜任力状况进行准确有效的评估，这也是对教师个人素质和职业生涯最全面的了解。一旦全面掌握了教师当前的胜任力状况，实际上也就对教师当前的职业生涯发展优势和劣势有了明确的认识。显然，英语教师当前所具有的那些高水平的胜任力，也就是其职业生涯发展的优势，而那些表现不太理想的胜任力，即是制约其未来职业生涯发展的劣势。在这一基础之上，再结合英语教师当前所处的外部环境特点，英语教师职业生涯发展目标的确定也就变得水到渠成了。具体来说，在基于胜任力的教师职业生涯规划中，可以将英语教师个人的职业生涯发展目标区分为三个不同层次：位于最下面也是最基础的发展目标就是在继续保持并提升当前的优势胜任力水平的基础上，努力弥补并发展那些当前所欠缺的胜任力；位居中间层次的发展目标是追求高水平的工作绩效；位居最上面同时也是最终的发展目标则是实现自己的事业理想（个人的长远发展目标），并为所在学校的发展贡献力量（学校的发展目标）。

在职业发展通道的选择方面，基于胜任力的英语教师职业生涯管理与传统的英语教师职业生涯管理面临同样的困难。基于胜任力的英语教师职业生涯发展计划制订和修订同样围绕着教师胜任力进行。如前文所述，提升英语教师现有的胜任力水平是英语教师职业生涯发展目标中最基础、最具体的内容。因此，所有的职业发展行动计划都应直接指向那些需要提升的英语教师胜任力。凡是有助于提升英语教师胜任力的内容都可以被纳入英语教师职业发展行动计划中来。换句话说，评估英语教师职业发展行动计划好坏的最重要标准就是它们是否有助于英语教师胜任力的提升。除此之外，英语教师职业发展行动计划的制订还需要遵循现实性和操作性原则，即所有的行动计划都应充分考虑到英语教师个人所处环境条件的限制，必须做到切实可行。

（二）基于胜任力的职业生涯开发

职业生涯开发是指在教师职业生涯发展过程中所进行的职业基础素质教育、职业技能培训和其他提高职业成功的各种活动，是教师职业生涯管理的具体实施过程。具体到基于胜任力的教师职业生涯管理中，职业生涯开发的核心内容就是如何通过切实有效的教育或培训活动提升教师现有的胜任力水平，使其符合未来职业发展的需要。需要特别指出的是，这里的职业生涯开发活动应与前面制订的职业生涯发展行动计划保持一致，二者具有共同的目标。

就英语教师来说，职业生涯开发活动受职业生涯发展规划的指引，贯穿英语教师职业生涯发展的各个阶段。什么样的开发活动能更有效地提升英语教师的胜任力水平？有关自我导向改变的研究认为，只有在对现状不满、清楚了解目标及实现目标的步骤时，个体才会改变自己的行为。社会学习理论也认为，人都会观察并模仿各种情境下成功人士的行为。动机理论也发现，促使个体去追求或改变的核心原则是：概念模式（个体必须有新的概念框架，以思考他们的行为）、自我评估（个体必须将现有的能力和达到目标所需的能力加以比较，并从中得到反馈）、练习（个体必须有新的想法和行为）、目标设定（个体必须设立目标，并将这种能力运用到生活中）、社会支持（个体必须在安全的支持环境中学习）。基于动机发展的胜任力培养策略包括认知、了解、自我评估、技巧练习、工作应用和后继支持。因此，教师职业生涯开发应充分考虑待提升的教师胜任力的特点以及教师所处的职业发展阶段特点，灵活选择最合适的开发活动和方法。

例如，对于处在职业发展初期的英语教师而言，生涯开发的重点在于入职培训，使其对英语教师职业素质要求等有充分的认识，从而自觉做好知识、能力等方面的准备，早日确立自己的职业锚，为将来的职业生涯打下良好的基础；而对处于职业发展中期的英语教师而言，在经验、知识和能力方面都已有相当的储备，则要以提供合适的职业发展通道为主，促使其多出成果、有所作为，避免职业倦怠的产生；对于处在职业发展后期的英语教师而言，由于其身体机能衰退、大脑退化，处在职业淡出阶段，职业生涯开发和管理的重点则要转移到退休计划的安排上来，做好老年英语教师的角色和心理转化教育和帮助，尽量能使他们老有所乐以及充分发挥余热。在职业生涯开发方法方面，英语教师职业生涯开发的选择非常丰富。其中就包括与事实和概念的教育培训相适应的培训方法，如讲义法、项目指导法、演示法等；与解决问题能力的培训相适应的培训方法，如案例分析法、文件筐法、课题研究法等；与创造性培训相适应的培训方法，如头脑风暴法、形象训练法、等价变换的思考方法等；与技能培训相适应的培训方法，如实习或见习、工作传授法、个人指导法、模拟训练等；与态度、价值观以及人格、教育相适应的培训方法，如面谈法、集体讨论法、集体决策法、职务角色扮演法、悟性训练等；以及基本能力的开发方法，如自我开发的支持、在职培训以及将集中培训运用到工作中的跟踪培训等。

（三）基于胜任力的职业生涯调控

职业生涯调控是指在职业生涯发展过程中根据内外情势随机应变，对规划实施情况进行追踪监控，对短期与长期、局部与全局、个人与组织等一系列矛盾和冲突进行平衡协调，对职业生涯发展过程中的有关突发事件、意外困局进行紧急应对等。

具体到基于胜任力的英语教师职业生涯管理中，职业生涯调控的实施需要参考两方面的依据。一是英语教师在职业生涯开发过程中工作绩效的改善情况；二是英语教师在职业生涯开发过程中教师胜任力的提升情况。只要是所进行的职业生涯开发活动没有在这两方面达到预期的效果，就应该进行及时调整和修正。也就是说，对英语教师的工作绩效和胜任力水平进行适时测量和评估是对英语教师职业生涯进行监控的重要手段。除此之外，职业生涯调控还应包括对特定生涯发展阶段英语教师可能遇到的典型发展问题的关注和应对。例如，对出现职业倦怠的个体进行心理援助；对工作—家庭冲突的个体采取有效的措施来帮助其实现工作与家庭之间的平衡；对新英语教师进行入职指导，减缓其适应困难，等等。

二、基于胜任力的英语教师招聘与选拔实施流程

英语教育改革对英语教师的职业道德、个性修养、教学观念和教学模式提出了变革性的要求，期待英语教师自身具有更完善的知识和能力结构，实现从知识的传授者到知识体系的建构者，从课程的执行者到课程研究者、开发者的转变。从人力资源的角度来看，教育改革对教师角色期待变化的本质是英语教师的胜任力结构要发生根本变化，现行的英语教师招聘方式已经无法适应这一根本性转变。英语教师胜任力作为一种新型的人才选拔指标，对英语教师绩效的作用越来越明显。因此，我们可以根据人力资源招聘理论和英语教师胜任力制定更为全面的招聘流程去考查应聘教师的综合素质。

传统的英语教师招聘与选拔流程一般包括招聘计划确定、招聘信息发布、选拔内容和方法准备、选拔过程实施、录用决策制定和招聘选拔效果评估等环节。在总体的实施流程上，基于胜任力的英语教师招聘选拔与传统的英语教师招聘与选拔之间并没非常明显的区别。不同的是，在基于胜任力的英语教师招聘与选拔中，几乎任何一个环节都能够体现胜任力的思想。其基本思路是首先根据事先已经构建好并经过科学检验和验证的英语教师胜任力模型，确定招聘选拔的评价标准和评价工具，然后针对待评估的英语教师胜任力特点，选择一套科学化和标准化的测评方法对应聘者的胜任力水平进行准确有效的测评，最后基于胜任力测评的结果和人—岗匹配的理念做出最合适的录用决策。

接下来，我们将对基于胜任力的教师招聘与选拔流程进行详细介绍，如图

2-4 所示。

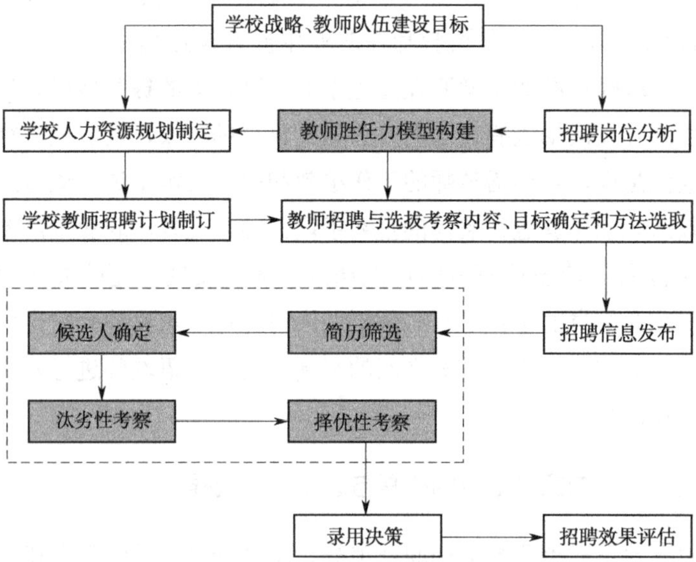

图 2-4 教师胜任力模型在招聘与选拔流程

（一）成立招聘小组，培训招聘人员

在进行基于教师胜任力的招聘流程设计之前，首先要成立一个招聘工作小组。招聘工作小组的成员应该包括学校领导、人事部门专员、一线学科教师、学生代表等，共 10~15 人。首先，招聘人员需要具备开展招聘工作的基本素质和能力，招聘人员的形象代表了单位的形象，因此，需要对全部参与招聘工作的人员进行专业的培训；培训内容应该包括系统全面的专业招聘理论知识、英语教师胜任力的选拔标准、人事招聘的应用技术和礼仪等。其次，招聘人员需要进行分工与合作，相关学科教师主要考核教学能力，学校领导需要对应聘者进行综合评价，了解应聘者与学校文化、岗位的匹配情况，而人事部门则侧重于聘用政策和相关人事服务。根据不同的负责内容，对招聘人员进行进一步的培训，确保落实好招聘的每一个环节。

（二）制订学校教师招聘计划

招聘计划对后续招聘工作开展具有全局指导性的意义，是招聘工作得以顺利进行的基本条件之一。要在学校建设和学科专业的中长期发展规划的指导下，统计现有英语师资队伍的教师数量、年龄结构、专业分布、学历职称等信息，分析和预测未来的英语师资队伍需求，明确学校在未来一段时间是否需要进行人员补充，是临时补充还是长期储备，如何进行补充，是教育系统内部招聘有经验的英语教师，还是从应届毕业生和持有教师资格证书的社会人员中进行外部招聘，进一步比较分析现有师资队伍和未来师资队伍之间的差异，最终形成师资队伍的中长期发展规划。根据师资队伍的中长期发展规划，制订每年的英语教师招聘计划。英语教师招聘计划的内容应该包括招聘英语教师的人数、年龄、学历、专业、职称等信息。要真正以“按需设岗、择优录用”的原则，有计划地进行招聘，避免招聘过程中出现盲目性和随意性，满足学校的发展对人才的不断需求。

（三）确定考查内容、目标及测评方法

这一环节的工作主要是解决英语教师招聘与选拔中应该“测什么”和“怎么测”的问题。英语教师胜任力模型在这一环节中具有重要的指导意义，具体表现在以下几个方面。一是在英语教师胜任力模型中，那些对英语教师未来工作绩效有显著预测作用并且通过短期训练和培训比较难以提升的英语教师胜任力（如职业态度、个性特质）应成为英语教师招聘选拔中重点考查的内容；二是在英语教师招聘和选拔中，选拔环节最重要的工作目标就是实现对应聘者当前具有的教师胜任力水平进行全面准确的测量和评估，这是最后做出合理录用决策的前提条件；三是不同的英语教师胜任力对测评方法的要求也有所不同，因此应根据待评估的英语教师胜任力内容选择最合适的测评方法。

（四）发布招聘信息

招聘信息作为学校引进优秀英语教师的主要工具，不仅能帮助学校获取人才资源，还是学校对外宣传的重要窗口，因此制定科学、务实的招聘信息和信息发布渠道非常重要。招聘信息的内容包括学校简介、招聘方针、招聘条件、工资待遇、需求专业、岗位名称、岗位职责、工作内容等。招聘信息给应聘人的信息应该比较全面详细。收集完招聘信息后，选择针对性强、有效性高的信息发布渠道，如报纸、电视台、网络等，以最直接的方式让应聘人了解到招聘信息。其中利用互联网刊登招聘信息是比较有效的途径之一，如教育机构网站、教师招聘门户网站、师范类高校就业信息网等。招聘信息的发布还会影响到应聘者的数量和质量，所以应该积极拓宽信息发布渠道，如学术期刊、招聘宣传单页、参加各类招聘会等，争取更多的优秀应聘者能关注到招聘信息，尽可能收集到更多的人才信息。一般符合条件能进入面试的应聘者和招聘人数的比例至少要达到 3∶1，才能保证招聘的有效性。

（五）实施招聘选拔

具体的招聘选拔程序分为简历筛选、确定候选人、汰劣性考查和择优性考查这四个环节。具体来讲，简历筛选是任何招聘与选拔工作的共同环节，一般是通过教育背景、工作经历初步识别应聘者的知识结构、知识广度和深度等信息。通过对应聘者的简历进行筛查基本上就可以淘汰那些明显不符合招聘岗位要求的应聘者，并确定初步的候选人以进行后续更深入的考查和评估。根据英语教师胜任力的实际特点，我们提出了两种新的选拔评估思路，即可以根据考查目标的不同将教师招聘与选拔环节中对候选人胜任力水平的考查分为“汰劣性考查”和“择优性考查”两个环节。这是因为虽然英语教师胜任力模型框架下的所有特征都能有效地预测教师工作的绩效，但是不同特征在预测效力大小及自身的可塑性（通过学习培训可获得提升的容易程度）方面存在差异。因此，在基于胜任力的教师招聘与选拔中，应首先重点考查那些日常重要、可塑性较低的胜任力。如果不能将这方面不符合要求的候选人筛查出来，那么想要通过入职后的培训或学习等方式弥补就非常困难了，显然这些胜任力将直接决定招聘与选拔的成败。这里提出的在通过简历筛选确定初步候选人之后先进行的“汰劣性考查”正是基于这一考虑。越能先将在这方面不符合要求的候选人筛选出来就越能最大限度地利用招聘与选拔资源，提升招聘与选拔的成功率。所以，在基于胜任力的英语教师招聘与选拔中，“汰劣性考查”环节最为关注的目标是淘汰那些在重要性高但是可塑性低的胜任力指标上明显不符合要求的应聘者。有了这方面的基础，后面的考查重点关注如何将相对合适的应聘者挑选出来，即“择优”环节。如果说，“汰劣性考查”环节关注的是应聘者当前在关键性特征上具有的“短板”，那么“择优性考查”环节关注的就是应聘者当前具有的发展“潜力”。这两个考查环节是基于胜任力的英语教师招聘与选拔工作中最为关键的工作，直接影响最终招聘与录用决策质量。最后，可以借鉴统计假设检验中两类错误的思想来更好地理解这两种考查的关系。在统计假设检验中，“一类错误”是指实际成立的零假设被假设检验所拒绝的情况；“二类错误”则是指实际不成立的零假设被假设检验所接受的情况。英语教师招聘对学校的师资队伍建设和未来的长远发展是一件至关重要的事情，如果在招聘与选拔环节出现“二类错误”，显然会给学校的长远发展带来负面影响。因此，对于学校的英语教师招聘与选拔来讲，首要的目标是尽可能降低“二类错误”的发生率，即优先进行“汰劣性考查”；然后才是降低“一类错误”的发生率，即确保在“择优性考查”中能够准确地将优秀的应聘者鉴别出来。

具体到考查时所用到的测评方法和技术，这两个环节可能会有所不同。一般来讲，“汰劣性考查”环节关注的内容大多与应聘者的人格、态度、价值观等有关，而这方面往往已经有一些相对完善的心理测验或量表可供选择，因此，在实施这一环节的胜任力考查时，可以根据需要选择已有的心理测验来进行，通常以笔试的形式实施。而“择优性考查”环节关注的往往是应聘者某一特定方面的能力和素质（如班级管理能力、教学能力等），这些内容常常需要在一些操作性的任务情境下才可能体现出来，通过传统的心理测验难以实现。所以，“择优性考查”环节通常会用到现代人才测评的一些方法和技术，如面试、评价中心等。

总的来说，只要确保了上述两个考查环节的评估质量，学校教师招聘与选拔的质量就能够得到相应的保证。

（六）做出录用决策

在确定是否录用时，招聘人员根据教师胜任力模型评价应聘者的胜任程度，获得具体的匹配程度的数据，再依据这个数据做出对此人是否予以录用的决定。对应每一个岗位的胜任力模型，都会有通用胜任力以及关键胜任力的最低胜任标准作为学校录用英语教师的依据。如果通用胜任力或关键胜任力低于最低胜任标准，学校就不会录用，如果匹配程度在可接受的范围之内，学校可以从高到低选择合适者录用。

（七）评估招聘与选拔效果

在招聘完成后，对招聘工作进行评估是招聘工作各环节的有机组成部分，不仅可以总结本次招聘的得与失，而且有助于提高以后招聘工作的有效性。学校招聘的教师数量、质量、未来工作情况以及招聘人员自身的工作效率，都在一定程度上影响着招聘的效果。对其进行评估，可以发现学校的招聘计划是否科学合理、评价指标是否合适、评价方法是否可靠准确，进而使学校人事部门不断针对问题改进措施，提高招聘工作的质量。

具体来讲，对招聘与选拔效果的评估包括以下两方面内容。

一是对招聘结果的评估，收集并分析应聘比、面试比、招聘成本、招聘完成率、英语教师录用比、英语教师录用质量、录用英语教师满意度等量化指标，检验招聘的效率和质量。如应聘比在一定范围越大，则说明招聘信息发布的效果越好，也说明此类岗位在人才市场的供应量越充足，招聘效果越好；面试比越大，说明录用者的素质可能越高；招聘结束一段时间后，对被录用的英语教师进行回访，了解被录用的英语教师对招聘和目前工作的整体评价，英语教师的满意度越高，则说明英语教师与学校岗位的匹配越好，招聘越成功；结合年度考核对新录用的英语教师进行质量分析；对当前的招聘工作过程进行不断的反思和修正，建立起完善的招聘成本预算和控制体系，以及英语教师入职后的绩效跟踪档案，进而对招聘工作流程进行有效的度量。

二是对招聘方法的评估，对所采用的招聘技术进行信度、效度检验，通过追踪被录用的教师，观察他们在以后工作中的具体表现。基于英语教师胜任力的招聘重点关注教师职业生涯全过程，因此还需要检验建立的英语教师胜任力模型是否能区别绩效优秀的英语教师和绩效一般的英语教师。根据录取英语教师的教学能力和实际表现，不断完善教师胜任力模型，使之与学校实际情况相吻合。

需要指明的是，本章主要紧扣题目，对英语教师教学胜任力展开研究，尤其是胜任力模型的建构，通过一些数据来分析，并提出了相应的对策。本章提出了一些教师胜任力的评测指标，作者对这些指标进行综合分析，并根据当前英语教师的发展特点，将英语教师胜任力归结为第三章至第九章的内容。

第三章　胜任力提升策略一：内容设计能力

教学内容设计能力，即教师从现代科学理论出发，确定教学活动中的需要与问题，提出满足需要、解决问题的方法和步骤，并做出系统安排的能力，是一种解决教学问题的能力。英语教学内容设计是英语教师对教学中各个要素进行优化的能力。在英语教学中，教师需要考虑英语教学的各项内容，训练学生的各项能力，以提升他们的英语交际水平。本章主要分析英语教师胜任力的提升策略之一的内容设计能力。

第一节　词汇与语法训练技巧

一、词汇训练技巧

（一）词汇训练的原则

1. 词不离句，句不离文

词汇和句子，以及全篇文章，是不可分割的有机体，孤立的单词难以准确地表达思想，只有将其放在句子或语篇中，才能实现其交际功能。“词不离句，句不离文”的方法就是要求词汇训练应结合句子和语篇来进行。教学中这种方法还能避免孤立地教单词所引起的枯燥无味的感觉，提高学生学习词汇的兴趣和积极性。

词汇训练不只是让学生学习单词的音、形、义，其主要目的是使学生在听、说、读、写中对所学单词加以运用。直接法首先提出了句本位原则，即以句子为单位进行教学，整句学、整句用。听说法也主张以句型操练为中心，在句中学习词汇。20 世纪 70 年代初产生的交际法则认为，没有特定情境下的句子也是没有什么交际价值的。交际法主张以“话语”（discourse）为教学的基本单位，将词汇融于语篇中进行教学。

2. 力求直观，方法多样

教师教一个英语单词应采用什么具体方法，至少要考虑两点。首先，教师的方法应能适合学生的学习特点。在初学阶段学生词汇量有限的情况下，教师主要是采用直观手段，如果这时就使用复杂的英文释义，显然是不可取的。其次，单词本身的特征也决定着方法的选择。例如，词义过于抽象的单词就不适合或无法进行直观教学。

在初学阶段，单词教学应尽量直观，利用图画、简笔画、幻灯片、模拟动作等直观手段把所教单词与它所表达的内容建立直接的联系。直观法教单词比较适合初学阶段学生的年龄心理特征，不仅能使单词教学形象、生动，给学生留下深刻的印象，而且还利于培养学生用英语思考的能力和直接（不经过心译）进行口头交际的能力。然而，到了学习的中高级阶段，表达抽象概念的词汇开始多了，仍旧只用直观法显然不够。此时可采用多种方法相结合，如下面介绍的根据语义学、词汇学原理设计的教学方法，以便能更好地揭示单词的内在含义。另一方面，随着学生年龄的增长，各种思维能力的不断提高，单一的教学方法已不能满足学生思维的需要。

3. 学用结合，保持兴趣

运用是学习的目的，也是学习的手段。在教学中，词汇的运用分为两个阶段：一是初步实践阶段，即套用阶段；二是灵活运用阶段，即带有交际性质的运用。这就是说，学习词汇的过程也是运用的过程，在运用中加深对词汇的理解，逐步深化词汇训练。

4. 逐步深化和扩展词义

英语单词多为一词多义，教师不可在学生初次接触某一单词时便将其所有意思和用法都教给学生。“一天吃成胖子”的想法和做法都是不现实的。教师要根据教材的内容需要和学生的学习需要并考虑其接受能力，采用逐步深化和扩展词义的方法进行词汇训练。

5. 归纳对比，复习巩固

随着学生所学词汇的增多，教师在讲解或复习单词时，有必要把过去所学的词汇进行归纳比较。教师可指导学生对同义词、近义词、反义词、同形异义词等进行归纳，学生在对比中区别异同，找出单词的使用规律，从而加强词汇训练。

（二）词汇训练的方法

1. 创设文化情境法

只有在具体的语境中，语言才能焕发出活力，如果单纯看某一个词或某一个短语，很难理解它的韵味。也就是说，正是因为词汇、短语都处在具体的语境中，语言才有了生命力。因此，教师在教学中应该创设丰富的情境，让学生置身其中，获取更多的语言输入，并且为学生创造在真实情境中运用词汇的机会。例如，教师可以为学生设计一些活动，如看电影，随后可以组织学生进行角色扮演，展开真实的跨文化交际活动。

除了组织跨文化交际活动外，教师还可以组织学生进行一些课外活动，让学生不断学习和理解英语语言文化，扩大学生的词汇学习渠道，提高学生的跨文化交际能力。例如，《疯狂动物城》这部影片受到了很多学生的喜欢，但是很多学生并未注意到这部影片的名字 *Zootopia*，也没有研究其基本的意义，觉得这可能是虚构的名字。实际上，这个词的含义就是动物理想国。如果了解其文化内涵，可能就不这么想了。这个词是由“zoo”（动物）和“Utopia”（乌托邦）结合而来，如果学生对乌托邦有清楚的了解，那么就可能理解这一词汇了。

2. 词素分析法

词素是最低一级的语法单位。词素可以分为词根（或称“词根词素”）和词缀（或称“词缀词素”）。

1）词根

词根指的是英语单词中不可以改变的基本部分，它表达的是单词最主要的词汇意义。例如，在“modern，modernize，modernization”中，承载最主要的词汇意义且不可以改变的基本部分就是“modern”，因此“modern”便是词根。

又如，在“beauty，beautify，beautification，beautiful，beautifully”中，“beauty”是词根。因此，可以将词根理解为英语单词中去掉所有词缀后所剩下的那一部分，例如“antidisestablishmentarianism”在去掉词缀“anti-，dis-，ment-ari，-an，-ism”之后所剩下的“establish”便是词根了。

2）词缀

词缀指的是附加于一个单词上并改变其意义或功能的词素。几乎所有的词缀都是黏着词素，不能独立使用。根据功能的不同，词缀又可以分为屈折词缀和派生词缀。

屈折词缀指的是加在词尾用以表示某种语法关系的词缀。它们的加入只改变所加入词的语法关系而不改变其意义，也就是说不能构成有新的词汇意义的新词，同时也不改变所附词的词类。

派生词缀指的是那些附加在英语单词上之后可以“派生”（derive）出一个新词的词缀，如“re ＋ type，super ＋ star，de ＋ code，sur ＋ pass，passiv ＋ ism，by ＋ pass”等。许多的派生词有其特定的词汇意义。派生词缀可以分为前缀和后缀。

（1）前缀附加于词的前面。

例如：

anti ＋ septic 防腐的，防腐剂

auto ＋ infection 自身感染

un ＋ shackle 解除束缚

vice ＋ consul 副领事

（2）后缀附加于词的后面。

例如：

billion ＋ aire 亿万富翁

lamb ＋ kin 小羊

citizen ＋ ship 公民身份，公民权利或职责

notch ＋ y 有锯齿状的

moist ＋ en 使湿润

二、语法训练艺术

（一）语法训练的原则

1. 精讲多练，使学生熟练运用

针对需积极掌握的语法项目而言，精讲多练已是大家所熟悉的教学原则。在语法训练中，“练”是着力点，“讲”是为了更好地给“练”开路。讲与练常常又是相互结合的，即讲中有练，练中有讲。在初学阶段，语法课应为实践课，要以练代讲。讲与练有各自不同的要求。

精讲不但要讲得少，讲得准确，击中要害，还要引导练习，为练习搭桥铺路。用归纳法讲，要讲得概括，能对所有例证加以抽象化，使学生“一旦豁然贯通”而轻易地记住。用演绎法讲，要讲得典型，讲到所学项目的核心，使学生便于在练习中进行扩展。

言语活动操练是语法操练的总框架。言语活动操练主要是利用言语材料进行言语实践活动，操练既要保持言语活动的特色，又要侧重练习所学的语法规

则。因此，言语活动操练有四点要求：语言表达功能，或操练交际化，即传递一定的信息；情境化，即操练伴随着一定的情境或表达一定的情境；社会化，主要指操练不仅是师生双向操练，还应尽可能在学生之间进行，比如，可以利用“pair work”“group work”“role play”等形式；以综合操练为主，单项操练为辅。为了识别语法形式或功能，单项练习是必需的，但单项练习只能作为引子，不能只靠单项操练学会语法，因为单项操练往往割裂了言语活动。

2. 结合话语教语法

语法训练服务于言语实践活动。言语实践活动要通过听、说、读、写来进行，言语活动的基本材料就是句型对话，因为规则附着于句型，句型练习需要有情境才能成为话语，才有意义，才能尽量减少枯燥乏味的机械操练。在教室里创造完全真实的交际环境是不容易的，但可以利用模拟的情境，比如，可先用语言描述情境再进行练习，或利用图片展示情境，也可以利用教学里的情境，还可以制造信息差。比如，可以把一个班分为三组，每组读一个不同的故事，然后交换情况。其他方式包括学生扮演不同角色，按角色身份的要求讲话；给每个小组布置任务，由小组讨论如何完成任务等。

3. 由简到繁，逐步扩大和深化

此方法主要是针对一些用法较多或结构复杂的语法项目而言的，要求把难点分散开来，分几次进行学习，逐步扩大和加深该语法项目的教学。由于语法是手段而非目的，所以语法训练不要求系统性，更不能和盘托出，一次就将一个项目的所有用法都教给学生。不能为了完整性和系统性而不顾学生的接受能力和实际需要。

（二）语法训练的方法

1. 归纳演绎法

归纳法，即从具体到抽象，从个别到一般的教学法。在英语教学中，先熟悉材料，再对规则进行讲述，这样的过程就是归纳的过程，其优点在于能够充分利用学生已有的知识、经验等，从旧知识到新知识，使学生不断学习与巩固，从而便于他们运用知识展开实践。如果在归纳中采用启发法，还能够培养学生的发现与认知能力。

演绎法是与归纳法相反的方法，是一种从抽象到具体，从一般到个别的教学法。在英语教学中，先讲授具体的规则，再举例进行说明与论证，最后运用规则的过程就是演绎的过程。这一方法的优点在于具有较强的系统性，并且条理非常清楚，教师容易教授，容易对课堂进行控制。但是，如果这一方法运用不得当，就会出现“满堂灌”的情况，学生只是被动地学习，很难发挥学生的学习积极性。

2. 符号标记法

众所周知，语句是按照一定的规则构建起来的。语句的结构有三个必要条件。第一，语句中的词语是线性排列的。第二，词语是有语法范畴分类的。第三，词语组合参与构成语句的结构成分。当下对句法的解释有两种途径，一个是借助标记符号，另一个则是由乔姆斯基及其同事提出的树形图。这两种途径通过理论界定，展示句法规律。符号标记首先指认词语类别，划分结构单位。常见的符号有如下几种。

S（Sentence，语句）

NP（Noun Phrase，名词短语）

N（Noun，名词）

VP（Verb Phrase，动词短语）

V（Verb，动词）

Infl（Inflection Phrase，屈折形式，包括助动词、情态动词等）

PP（Prepositional Phrase，介词短语）

Spec（Specifiers，限定语，包括限定名词的冠词，Det——Determiner；限定动词的修饰词，Qual——Qualifier；限定形容词的程度词，Deg——Degree word）

Compl（Complement，补足语）

AP（Adjective Phrase，形容词短语）

我们不妨尝试用符号标记法解释英语的句法结构。例如：

[原文]Clinton spoke about the history.
（克林顿）（谈论——过去时）（关于）（限定词）（历史）

[译文]克林顿谈论历史。

该语句也可以采用树形图来解释，如图 3-1 所示。

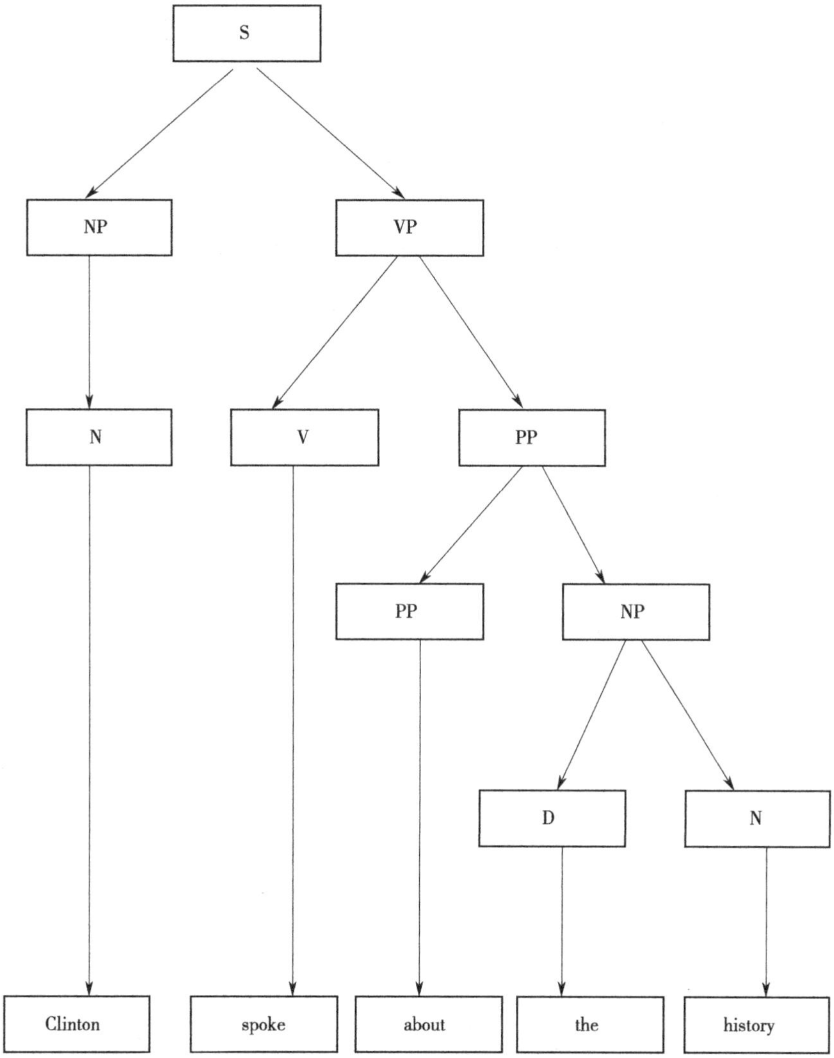

图 3-1 句子“Clinton spoke about the history.”的树形图

符号标记的表现方式已经逐步被树形图取代，因为后者在视觉上更为清晰，尤其是在表现复杂语句结构的时候，树形图更具有简明清晰的优势。可以从以下例句的解释方式看出这一点。但需要说明的是，符号标记与树形图两者在功能上并没有本质的区别。例如：

The man in the garden

（限定词）（人）（在……里）（限定词）（花园）

will water the flowers.

（将要）（浇水）（限定词）（花）

[译成] 花园里的那个人将要浇花。

同样的语句也可以采用树形图来表现，如图 3-2 所示。

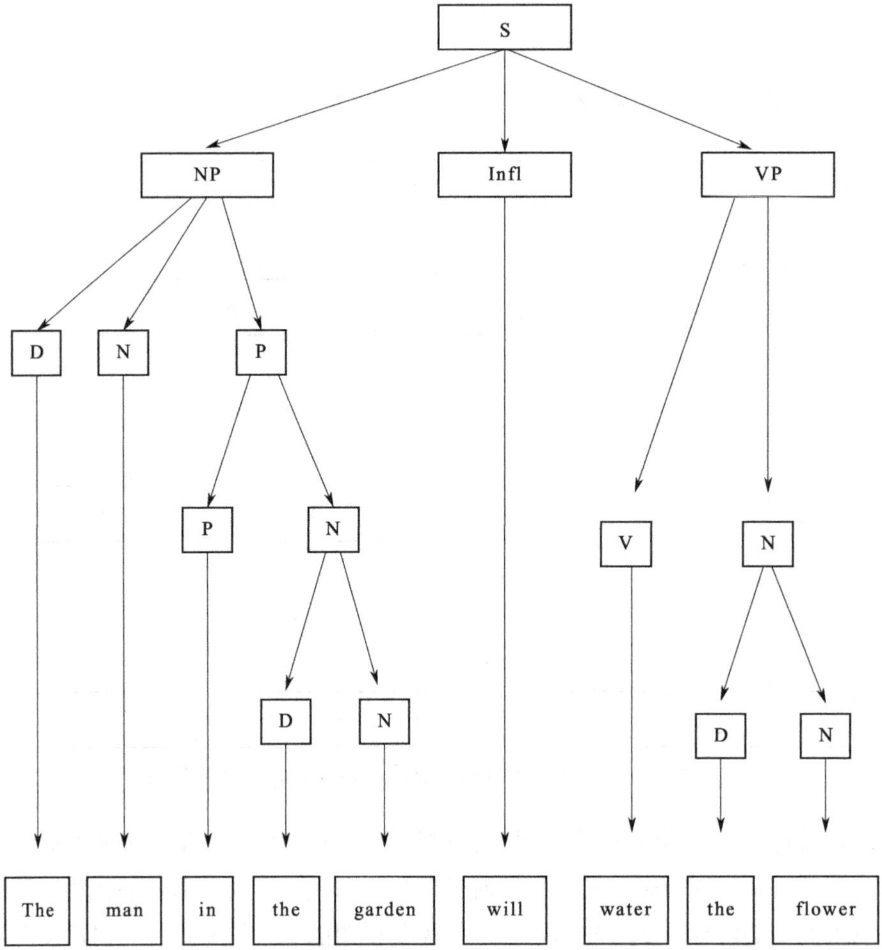

图 3-2 句子“The man in the garden will water the flowers.”的树形图

首先，在“the man in the garden”这个主语短语中，名词“man”是核心词，它与定冠词“the”构成名词短语。另一个名词短语则是由冠词“the”和名词“garden”组合构成的，但是，这个名词短语和介词“in”同属于介词短语之下的成分，也就是说，介词“in”和这个名词短语“the garden”构成了一个介词短语，这个介词短语恰恰是一个相对独立的成分。名词短语“the man”和介词短语“in the garden”则属于一个共同的名词短语，也就是说名词短语“the man”和介词短语“in the garden”形成一个相对独立成分，这个名词短语成分在语句的下位。

在谓语部分中，动词“water”和名词短语“the flowers”构成动词短语，形成一个相对独立的成分，这个动词短语是语句的下位。

从图 3-2 可以看到，名词短语、助动词和动词短语在语句的直接下位，这三个相对独立成分参与构成一个独立的语言单位，即语句。

树形图可以非常清晰地标明词语之间以及短语之间的关系。这正是转换生成语法理论的基本方法，这一方法的基础是短语结构语法规则，这种规则通常写为线性公式。比如：

规则 1：S（语句）→ NP（名词短语）—Aux（助动词）—VP（动词短语）；

规则 2：NP（名词短语）→ D（限定词）—N（名词）；

规则 3：VP（动词短语）→ V（动词）—PP（介词短语）；

规则 4：S（语句），NP（名词短语），VP（动词短语），PP（介词短语）等都是树形图中的结点，由树形图中的分支连接；

规则 5：词语是终结点，结构范畴标志则是非终结点。

任何一种语言的结构都可以采用这样的短语结构语法规则来分析句法成分之间相互依赖的关系。每一条规则都是一个基本的公式。比如，我们可以这样来理解公式规则：语句是由名词短语、助动词和动词短语这三个成分的序列构成的，或者说，语句可以扩展为名词短语、助动词和动词短语这三个成分的序列，这三个成分是语句结点之下的直接成分。可以用树形图来表示规则 1、规则 2 和规则 3 三个短语结构语法规则。

图 3-3、图 3-4 和图 3-5 分别是规则 1、规则 2 和规则 3 的树形图解释。

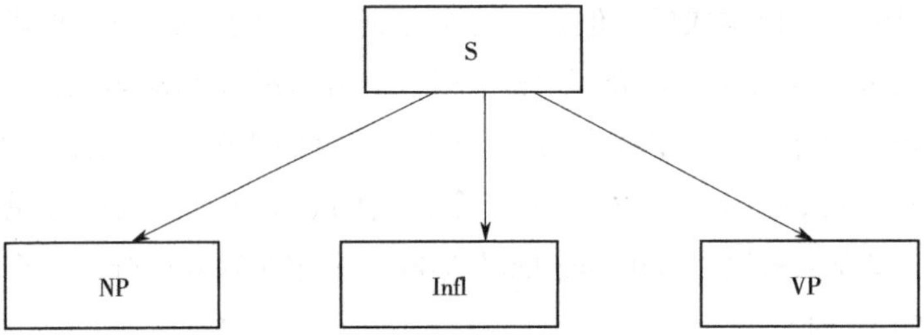

图 3-3　规则 1 的树形图解释

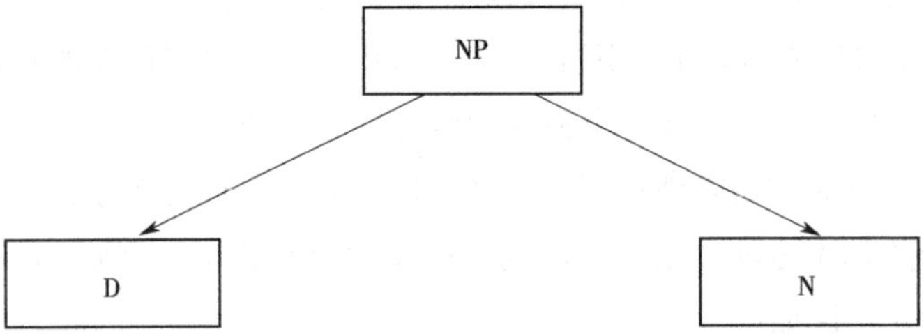

图 3-4　规则 2 的树形图解释

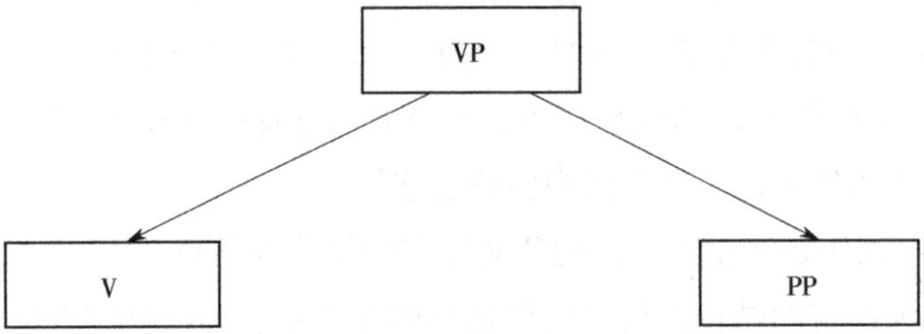

图 3-5　规则 3 的树形图解释

将这三个短语结构语法规则加以综合，如图 3-6 所示。

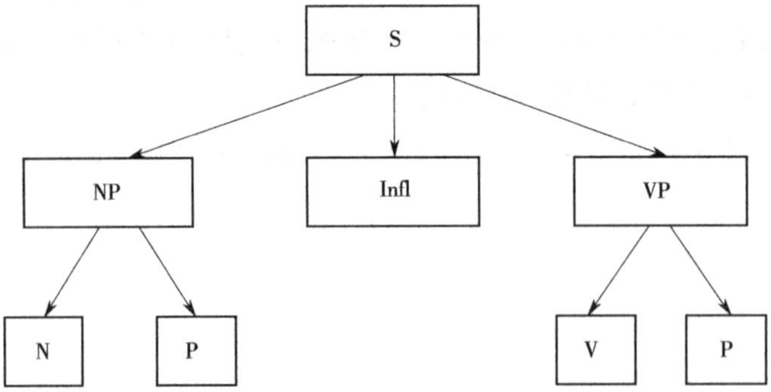

图 3-6　规则 1、规则 2 和规则 3 的综合表现

这里，有一个问题需要引起注意：在短语结构语法规则中，有些成分是必要的，而有些成分则是选择性的。选择性的成分，通常用括号标注。比如：

规则 6：S → NP 一（Infl）一 VP；

规则 7：NP →（Det）一 N；

规则 8：VP → V—（NP）。

事实上，将世界语言作为观察和分析的对象时，或者说，当把短语结构语法规则看作是解释世界语言的通则的时候，便需要考虑提供更多的规则。比如：

规则 9：NP →（D）—N—（PP）；

规则 10：PP →（Deg）一 P 一 NP；

规则 11：AP →（Deg）一 A 一 PP；

规则 12：VP →（Qual）一 V 一（NP）；

规则 13：NP → NP 一（S）；

规则 14：NP →（Det）一（A）—NP；

规则 15：VP → VP 一（S）。

不妨以规则 9 到规则 12 为例，尝试用树形图来对其进行解释，如图 3-7 至图 3-10 所示。

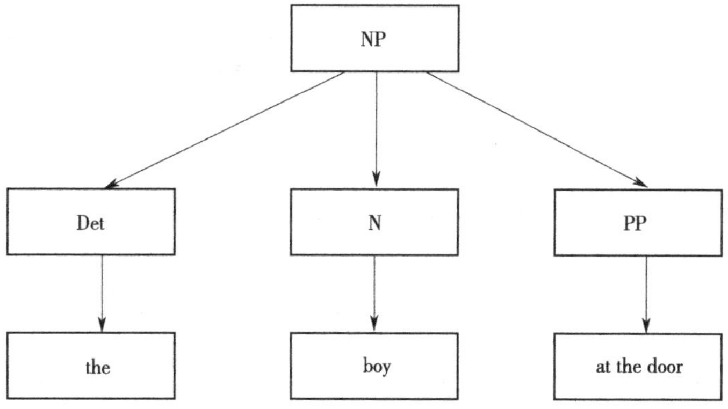

图 3-7　规则 9 的树形图解释

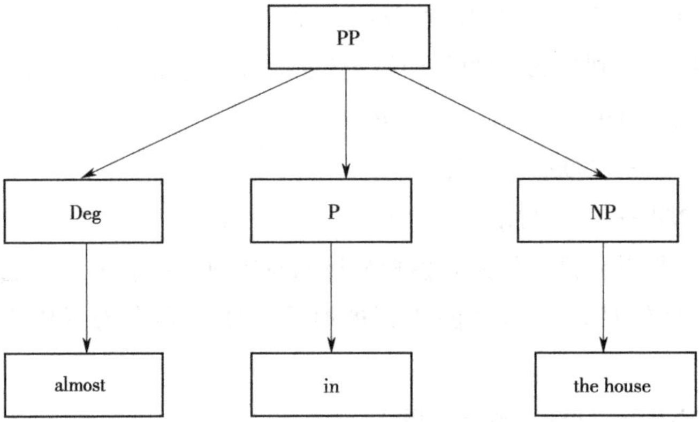

图 3-8 规则 10 的树形图解释

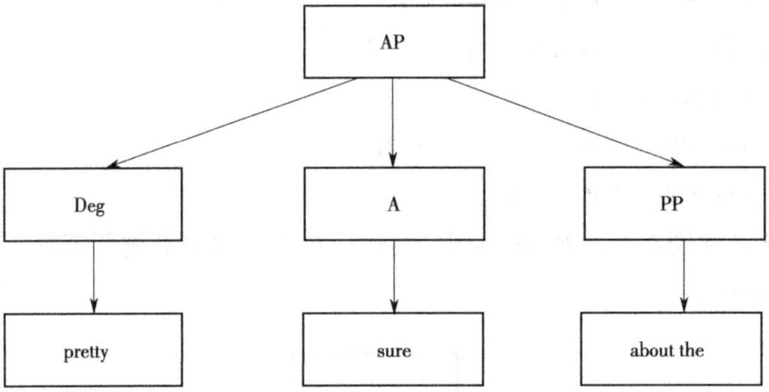

图 3-9 规则 11 的树形图解释

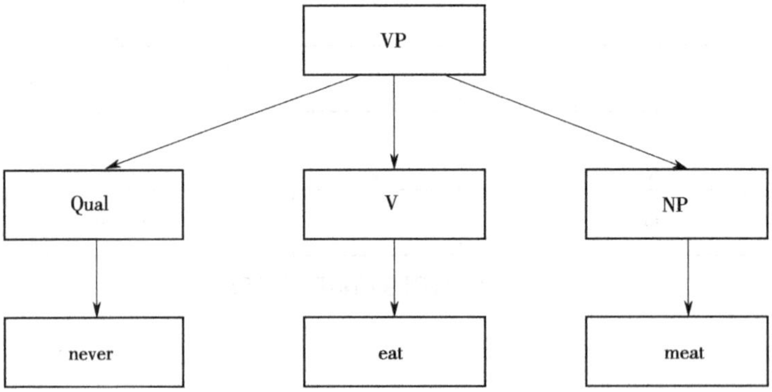

图 3-10 规则 12 的树形图解释

从包括名词短语、形容词短语、介词短语、动词短语等各类基本结构规则中，可以看到它们的共性特征，即限定成分（包括冠词、程度词和修饰词等）在左侧，补足成分（包括名词短语、介词短语等）在右侧，而中心词（包括名词、动词、介词、形容词等）则在中间。由此，可以推演出更具抽象意义和解释力的树形图。X 表示中心词，XP 表示中心词短语。中心词树形图解释如图 3-11 所示。

这个规则在当下的语言学界广泛运用。当然，这样的基本结构规则主要用于解释英语的句法。乔姆斯基认为，英语是一种人类的语言，它必然具有所有人类语言的共性。结构规则如果能够解释英语，就必然能够解释其他种类的语言。可是，当我们把视野扩大到遍及世界的各种语言时，就会发现必须对现有的短语结构的语法规则进行相当程度的扩展或修正。

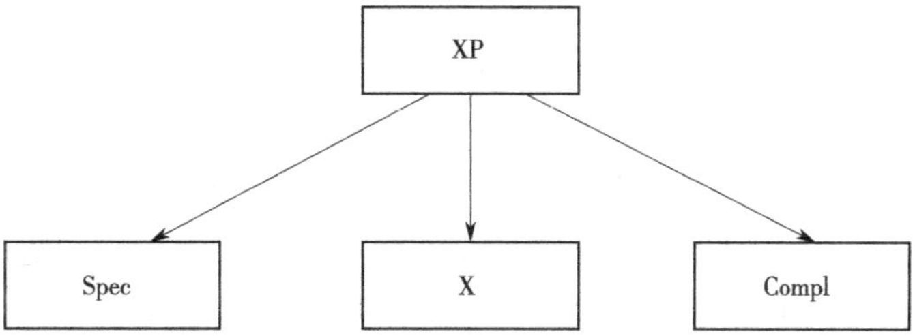

图 3-11　中心词树形图解释

3. 成分分析法

1）直接成分

在构成语法材料的句子里面词语之间的基本关系中，词组的可替换性是理解和分析语言中较长句子的基础。虽然我们常常在技术上使用“语符列”（string）来指称词语序列，但句子不只是一连串按可接受的次序排列的“有意义”的词。它们由连续的成分构成，这些成分包括邻接的和不邻接的词组和单个的词。这些词组和单个的词叫作“构成成分”（constituent），当它们被当作是句子的连续的、不可分解的一部分时，就叫作句子的“直接成分”（immediate constituent）。直接成分分析是句法的基础，也是本族人创造和理解较长句子的手段之一。一种语言中的每一个较长句子（长句占多数）的构成方式与那些数量相对较少的不能再分解的短句的构成方式是相同的。这类短句叫作基本句型（basic sentence types）。长句的构成方式以及反过来分解成短的基本句型的方法可以叫作扩展（expansion）。语言的这一特性可以帮助解释有关语言的最重要的、乍一看令人惊异的语言事实之一，即人们可以马上理解他在本族语中从未听过或读过的句子，只要句中的词已经是熟悉的或通过上下文其他部分可以理解的。这种能力包含着对句子结构的基本模式以及把这些模式加以扩展的固定方法的掌握。

下面的英语例子可以说明和厘清上述术语和程序。按照这种分析规则，我们可以以“John spoke，run！”“Do you see？”“ Where is it？”为例来进行基本句子结构的分析，几乎所有的英语长句都可以这样进行结构分析。在“Johns saw Mary”“John was admired”和“Does Jennifer like cheese？”中，“saw Mary”“was admired”和“like cheese”（按词类成分来说，三者都包含动词和名词）都出现在单个动词能够出现的位置上（John spoke. Does Jennifer cook？）。构成成分可以是不连贯的，在“Tomorrow we leave？”中，“tomorrow...leave”替代了单个动词（比如“we leave”这样的句子中的“leave”“go”等）。

在许多英语句子中，较长的成分倾向于具有呈连续序列的组成词语，虽然刚刚看到不连续的序列属于单个成分的例子。在有些语言中，特别是形态使相关句法联结更清楚的语言中，这些不连续的成分要常见得多。

其中每一个较低的框架联结一对连续的直接成分。为一种语言的大量句子所共有的句型可以叫作这种语言的常用句型。基本的句法结构是任何一个常用句型的最简形式，可以在各种结构位置上通过一系列的扩展形成无数长句。然而在任何语言中都可以找到与基本句法结构不符或不能缩减成基本句法结构的句子。一些这样的句子在话语中可以是使用频率较高的，但是作为句型，它们几乎不能扩展结构或形成长的句子。这种句子可称作“非常用句型”或“少数句型”。它们可分为两个大类。

（1）那些句法上不被划为长句，与前面的句子没有关系，但又可以引起讲话或对话的句子。这些句子常常是感叹句，比如“John！ Hello！ Bother！ Drat！ Gracious！”有些句子可以朝某个方向扩展，如“Poor old John！ Hello there！ Drat that noise！ Good gracious me！”其他的则是格言式的，比如“The more the merrier，easy come easy go.”后一类句子大多数情况下在词汇上是受限制的，通常情况下特定的词项内容很少或几乎不允许有变化，因而几乎是非能产的。

（2）那些可划归为包含相同的词或词的序列的长句的句子。这些句子通常不在话语的开头位置，是对前面一句话语的反应，尤其是对问题的回答：（Where do you live？）In Ashford，（What' s that stuff？）Porridge。但也不一定都是对前面话语的回答。例如，“Here！ Hands up！ All right. Fifteen all（在网球计分中）Twenty pence a pound. Jolly well done”等句子，在适当的语境中，不考虑前面的话语就可以说（或写）和理解。

第二类句子区别于第一类句子之处就在于，第二类句子在该语境中都可以用一个更长的、更明确的、可起到同样作用的句子（是常用句型）所替换，第二类句子可以是长句的一部分。“We live in Ashford. That stuff is porridge. The score is fifteen all: These cost（or the price is）twenty pence a pound. That was jolly well done.”对不明白第二类句子的孩子或外国人来说，要想让他们明白句子的意思，一种很自然的方法就是使用较长的、更明确的句子。正因为这个原因，这类短句通常被称作“非完整句”或“省略句”，并用其他“可理解”的因素来进行语法解释。像这类句子虽然可以被归为具有基本句法结构的句子，但就它们的状况来看，不能代表基本句法结构。属于第一类的非常用句不可以被归入它们可以合并进去的长句。它们的意义必须直接参考语境来解释，或间接地通过释义来解释。

2）向心结构和离心结构

词黏合有两大类主要的词组或结构：向心结构和离心结构。区分这两类词的标准是看有关词组能否在句法上等于或接近它的一个或多个组成成分或小一级的组成成分，如果等于或接近就是向心结构，如果不相等或不接近就是离心结构。

语言的离心结构在数量上比向心结构少，大多数句子中离心结构的数量比较少。然而不可缩减的基本句型如果多于一个词，就必定是离心结构的，否则它们就不是不可缩减的。前面已经举过的英语例子，除了本身是基本句子结构以外，多数的构成成分是向心结构的。其他典型的英语离心结构有：后跟名词或名词词组的介词结构，如“towards London”“from the country”等；后接从句的连词词组，如“if we had the money”“because it is no good”等。这些词组或从句所起的作用与单个副词相同，但与其组成成分的任何词或词组都不同，因而不能用其中的任何构成成分代替。

由单个动词或其扩展形式构成且等于离心结构的常用句型的英语句子确实存在。例如，“What did he do all day？ Walked. Where have you been？ Climbing over Scafell.”由单个动词构成的祈使句如“Run！”等是不可缩减的、自足型的基本句型，从语法上看是不同的，它们使用了动词变化表中的不同形式，具有不同的扩展可能性。向心词组可以根据它们在句法上只跟一个词或其中的较小的成分组相似，还是跟多于一个的词或其中的较小的成分组相似，分为从属关系的或并列关系的。例如，“men and women”（名词＋连词＋名词）是并列关系，因为它可以被“men”或“women”代替，因而“men”和“women”是对等的；但“clever boys”（形容词＋名词）是从属关系的，因为它可以被“boys”代替，但在所有句法关系上都不能由“clever”代替。

在从属关系的结构中具有整个结构的句法功能的词或词组叫作“中心成分”，其余的构成成分叫做“从属成分”。

第二节　听说能力训练技巧

一、听说能力训练的原则

根据语言教学的原则，听说能力是在实践中培养起来的。因此，教师应该遵循如下原则。

（一）认识听说的重要性

充分认识到听说在外语教学中的重要性，并在教学实践中体现出来。同时，要引导学生从思想上重视听说交际能力的培养，自觉而认真地投入听说训练。

（二）创设交际情景

创造符合学生语言水平的真实交际情景和轻松愉快的课堂气氛。教师在课堂上要尽量讲英语，用英语组织教学，包括多讲英语课堂用语，用英语讲解单词、短语句型和语法，用英语组织课堂活动等。在听说训练中，教师要热情鼓励学生大胆开口讲英语，多肯定学生的进步，对口语中的错误不必过多地纠正，使学生打破“聋哑”窘境，从自己的进步中得到鼓舞，积极地投入听说实践，随着语言知识的增加和听说能力的加强，逐步提高说的水平，使之有内容、有见解、有深度。

（三）扩大输入

配合听说训练，解决输入（input）问题。通过课本和选编的材料，让学生接触大量而丰富的一手语言交际材料，增加感性认识。听力材料可以由浅入深，一方面让学生多听课文录音，模仿学习标准的语音语调；另一方面，还要补充初始情境中英美人士对话录音等素材，让学生感受地道的英语，习惯于口语中嗓音的干扰和非标准语法。此外，还可选择程度相当的电台、电视英语节目、微信公众号、英语学习 App 等内容配合进行听说训练。

（四）听说实践

根据教学内容，教师应配合以学生为主体的教学方法，设计形式多样的听说实践活动。不要长期使用同一种训练方法，如果同一种训练方法使用的时间过长，学生会出现厌烦情绪。因为兴趣是决定学生投入的一个主要因素。进行听说训练，大致可以分为三个步骤：听说前的准备活动，指激发学生兴趣的、引入听说内容的教学活动；听说实践活动，指听力、会话新材料实践；听说后的巩固练习活动，指多样化的检查性练习活动。还应注意与读写能力训练相结合，在训练时可适当采用听读结合，视听说结合，听写结合。教师在训练时是组织者和指挥者，让学生担任主角，使他们从消极的知识接受者变为积极的实践参加者，主动而积极地培养听说交际能力。

（五）融入文化背景

语言与文化关系密切，很多词汇、句子等都包含了丰富的文化信息。如果对语言背后的文化不了解，就很难明白某个词或某个句子的意义，也很难运用该词、该句展开恰当的交流。

可以说，很多听说材料都包含文化背景知识，学生如果不了解，即便听懂了某个词、某个句子，也很难理解其内涵，进而很难分析准确整个语篇的意义。因此，在听说能力训练中，教师需要引导学生了解英美文化，提升他们对不同文化的敏感度。

二、听说能力训练的方法

（一）辨音模仿练习

（1）听一组音标和音标组合的录音，然后辨音，设法找出相应的卡片对应号码；模仿发音，跟读；教师检查学生能否正确地分辨和拼读，根据学生的需要，适当地解释发音的方法和要点，重复正确发音以纠正错误发音。

（2）听一组单词或短语的录音，然后模仿发音、跟读；根据单词的意思指出相应的图画，或做出相应的动作；教师抽查学生朗读单词，适当纠正发音错误；听写。

（二）文化导入法

1. 通过词汇导入

在英语听说教学中，教师应该通过词汇将文化知识导入，这不仅能够提升学生的文化素养，还能提高学生的词汇量，为他们的听说做准备。例如，“狗”这一动物在中国文化中含贬义，如“狗拿耗子——多管闲事”就是这样的意思。但是，在西方文化中，狗是人类的朋友。因此，在听说技能训练时，教师应该不断扩大学生的词汇量，丰富他们的词汇知识，从而不断提高学生的听力能力。

2. 通过网络导入

随着现代技术的不断进步，人们在生活中使用网络越来越频繁，学生的很多知识也可能从网络中获得，网络为师生提供了丰富的信息资源。在信息化时代，教师可以运用网络资源，为学生推荐一些文化知识，让学生不断扩充自己的知识量。

第三节　读写译能力训练技巧

一、阅读能力训练艺术

（一）阅读能力训练的原则

阅读的重要性一经确定，如何有效地指导阅读，进行阅读训练就成为关键问题。目前，在许多英语教学中，教师对阅读的目的理解含混，教学方法单一，以慢读、精读为主，并且只注意语言形式，忽视对语篇意义的综合理解和语言运用能力的培养，造成学生对阅读不感兴趣，阅读效果也不够理想。到毕业时，很多学生连最简单的英语读物也看不懂，这种现象普遍存在。这一状况必须尽快加以改变。

根据阅读心理学理论，阅读的教学原则有如下几点。

1. 精读与泛读相结合

英国哲学家培根在《论读书》中指出，有些书浅尝即可，另一些书要囫囵吞下，少数则必须细嚼和消化。这正说明了精读与泛读的区别。精读是为了达到对文章的充分理解而认真仔细地阅读。阅读时按照文章顺序，对语音、词汇、句法、中心思想和写作技巧等方面进行详细分析，从而达到准确的理解。精读是获取英语知识的重要手段，归于细嚼和消化之类。泛读指在短时间内快速阅读大量文章，不需要分析词句，只需找出所需信息，抓住文章的中心思想和大意即可。泛读是增加词汇量，巩固英语知识，扩大知识面，提高阅读速度，培养阅读理解能力的有效方法。精读和泛读是英语阅读教学中两大重要组成部分，应该受到同样的重视。在教学中做到精读与泛读相结合，不能只重精读而轻泛读，同时还要采用以学生为主体的教学方法来改进教学，让学生在阅读实践中提高阅读能力。

2. 理解文化语境

文化语境知识即所谓的“背景知识”，是读者在理解某一语篇的过程中所具备的价值观、态度等知识。在英语能力训练中，对文化语境知识的掌握非常重要，尤其是母语为汉语的学生，他们在阅读本族语的书籍会容易一些，但是如果阅读的是外语书籍，往往因为不了解文化背景知识，导致理解偏差。因此，教师在阅读技能训练中，应该为学生传授一些文化背景知识，这样才能实现语篇与背景的融合，也让他们更容易了解语篇内容。

具体来说，教师在备课之前，应该首先准备好教材，弄清楚在英语阅读技能教学中出现的一些文化空缺情况，精心选择阅读材料，或者给予学生一些线索，让学生通过一些自己的方法获取其中的文化知识。当然，教师的课堂教学时间非常有限，学生不能将所有不熟悉的文化知识进行解决，这时就需要教师起到辅助的作用。教师需要明确学生遇到的问题，帮助学生对所学的知识和材料加以理顺。

（二）阅读能力训练的方法

1. 激活学生的背景知识，增强阅读信心

背景知识在阅读中所起的作用是毋庸置疑的。一篇科普文章，对于熟悉这方面知识的理科学生，稍微浏览一下文章，无须细读，就可以答题了，而且理解的准确率较高。相反，缺乏必要的背景知识，要理解用文字表达出来的内容可能就更加费力。背景知识可以分为两种：一种是一般常识，即一般学生都具有的普遍知识。在阅读的过程中随时都有可能利用了这些知识；第二种是指我们对具体的一些事物或事情的熟悉程度。有些内容对学生来说很熟悉，而总有些是学生不太了解或根本不了解的。如果阅读的内容是学生并不熟悉或根本不了解的事物或事情，要求学生读懂就更加困难。

例如，全日制普通高级中学教科书《英语》教材在这一方面进行了很有益的尝试。一是每一单元的教学内容围绕某一话题展开，以听说读写语言技能培养为线索安排教材内容，每一单元安排的热身活动、听和说的内容都为阅读材料提供了大量的背景知识。就阅读材料的安排，也是由“Pre-reading”“Reading”“Post-reading”和“Language Study”组成四个主要部分，其中“Pre-reading”部分正文介绍的背景知识。例如，该套教材中高一下册第 19 单元 *Modern Agriculture*，文前提供了 8 幅图片，设计了 3 个问题。教师在教学中通过引导学生结合图片，围绕这 3 个问题进行适当讨论，比较传统农业与现代农业的不同之处，这为学生阅读正文提供了一定的背景知识，为理解文章提供帮助，激发他们进一步阅读正文、了解详细内容的欲望。

随着网络的普及和广泛使用，学生获取背景知识的途径越来越多。他们头脑中实际上已储存了大量的背景知识。教师在教学中要善于回忆起他们已有的背景知识。关于这一点有三个建议：第一，在课堂教学中可通过阅读前的提问、讨论、预测等方式，激活他们的背景知识；第二，如果学生对所阅读的内容不太熟悉，教师可以印发一些简单的材料，或发动学生以小组为单位上网搜索必要的背景知识；第三，要引导学生把注意力集中到对阅读材料内容的理解而不是集中在词汇和语言结构上，任何时候阅读材料的内容可能会成为他们今后阅读其他材料时所需要的背景知识。

2. 传授阅读技巧与学习语言相结合

目前英语阅读教学中存在着以下几个误区。第一，很多阅读教学活动的目的是检测学生阅读理解的结果，而不是帮助学生去理解。其结果是即使设计得再合理，这样的阅读教学活动充其量只能说明学生是否理解了阅读材料的某些内容（而非全部内容）。学生即使理解了，教师也不知道学生是如何理解的。这种以检测阅读理解结果为重点的阅读教学和阅读活动是很难提高学生阅读能力的，这实际上是一种以学生考试或学生的自我阅读代替教师教学或在教师指导下学生自主阅读的阅读课教学模式。第二，很多阅读教学活动的重点放在帮助学生学习词汇和语言结构，而不是放在帮助学生理解语言所表达的内容。其结果是，学生把一篇结构完整、内容充实的阅读文章分解得支离破碎。

阅读活动是一个过程，阅读的核心是理解。因此，阅读教学的一个重要目标应该放在培养学生阅读理解过程中的元认知技能的训练上。

阅读理解过程中的元认知技能包括如下几点。

（1）在阅读过程中提出假设和预测。

（2）筛选、连接、解释阅读材料中的信息。

（3）根据材料内容设问。

（4）在阅读过程中不断检测先前提出的假设、验证先前提出的预测。

（5）采用自我监控和自我修整策略。

当然，教师在阅读课上除了利用阅读材料训练学生阅读技巧外，也应通过阅读课程帮助学生学习语言知识，比如，扩大学生的词汇量、学习新的语言结构、巩固所学的基本句型。

3. 训练学生良好的阅读习惯，提高阅读速度

阅读速度是指在单位时间内完成的阅读量。有一些学生抱怨自己的阅读速度太慢。教师在教学中可以针对学生的问题，调整阅读材料的难度，对学生进行专门的训练，以提高他们的阅读速度。

（1）学生存在着回眸重读、回眸倒读或心理翻译、分析结构等习惯，其原因可能是因为阅读材料太难，阅读材料包含了太多的生词，句子结构过于复杂，抑或阅读材料所涉及的背景知识超出了学生的知识储备，学生读完了文字后仍然不理解句子。针对这一现象，一方面教师应选取与学生实际水平相吻合的阅读材料，另一方面教师在让学生独立阅读之前，先帮助学生扫清部分新词的意义，或向学生介绍相关的背景知识。

（2）切断学生回眸重读、回眸倒读的机会，不给学生心理翻译、分析结构的时间。教师可把一篇阅读材料划分为若干个段落，充分利用电化教育手段，把每一部分的材料投影到屏幕上，全班学生一同阅读，并要求他们在规定的时间完成。用这种方法训练，教师可有效地控制学生的阅读时间，不给学生提供重读、倒读等机会。

（3）开展视幅训练。视幅就是指一次定睛接收的视觉信息范围。每个人在阅读中的视幅是不同的。阅读时，一次定睛看到的句子长度越长，其阅读速度就越快。教师可以通过先以短语为单位，后以短句为单位，最后则是以长句和段落为单位，即不断增加一次定睛的长度，训练学生的阅读速度。

二、写作能力训练艺术

（一）写作能力训练的原则

在写作能力的培养与训练中，应遵循以下原则。

1. 听、说、读、写综合训练的原则

听说和读写相互促进，相辅相成。所以，教师着力培养学生写作能力时，要注意结合听说以及阅读能力的培养进行训练。

2. 写作能力的培养要依据循序渐进的原则

在指导学生练习写作时应注意循序渐进性，即“从易到难，从简到繁”，这个顺序是：书写、听写、语言修辞及造句、书面语言概括、模仿写作及自由作文。

3. 写作能力的培养要注意控制性原则

所谓“控制”，就是在安排写作训练或测试时都要限定时间、内容、字数及词汇等。在指导学生进行写作时，一定要重视并使学生也注意到这个原则。写作能力培养中的控制原则与写作能力构成因素之一的自由书面表达能力不矛盾。自由书面表达能力是在有所控制的前提下进行的。

4. 凸显学生的主体性

在英语写作技能教学中，首先需要凸显学生的主体性，对学生的主体性予以尊重，从学生出发来展开教学。只有将学生的兴趣和积极性激发出来，提升学生的主动性，才能让学生占据主体的地位。当然，让学生占据主体性的方式有很多，其中最有效的一种手段就是小组讨论。

另外，教师是否组织小组讨论、小组之间如何展开小组讨论属于过程教学法的内容，也是过程教学法的关键层面。教师在组织学生开展小组讨论时，不仅可以采用提问的形式，还可以采用卷入的形式，让学生集体进行作答，或采用互相帮助的形式。

总体来说，主要是让学生参与其中，将学生的自主性发挥出来，进而让学生在活动中完成自己的写作。

5. 注重范例引路

就学生而言，学生在进行英语写作时，往往会陷入如下两种困境。

第一，想说很多话，但是不知道如何下笔。

第二，没有什么话说，或者只能说一点点，不能深入地进行探讨和分析。

因此，在写作技能教学中，教师应该帮助学生解决上述问题，其中最好的办法是让学生进行模仿练习。

在英语写作中，模仿这一方法非常有效，教师在让学生写作的时候，可以为学生提供一些精美范文，学生根据范文进行写作，这样他们写出的文章才能更合理、更地道。

另外，教师也可以在学生写完之后给他们提供一些范文，让学生将自己写的内容与范文进行对比。这样有助于学生发现自己写作中的不足，找出写作中的问题，从而快速地提升自身的写作水平。需要指出的是，教师提供的范文应该在格式、内容、修辞等层面都能够对学生有所帮助，从而让他们掌握一些写作知识。

（二）写作能力训练的方法

1. 激发头脑风暴

头脑风暴是由美国创造学家 A.F. 奥斯提出的，是一种激发集体智慧产生和提出创新设想的思维方法，可广泛地用于创造性思维活动之中，其目的是诱发一些新奇问题中许多可能的思想或解决问题方法。头脑风暴法的核心是人的创造性想象力。头脑风暴法是为了克服阻碍产生创造性方案的遵从压力的一种相对简单的方法。它利用一种思想产生过程，鼓励提出任何种类的方案设计思想，同时禁止对各种方案的任何批评。用头脑风暴寻找新的素材是一个激发想法和产生信息的好方法。简单来说，它就是列出所有与话题有关的内容，由一个想法自由联想到另一个想法。因此，所列的顺序并不重要，要让思维围绕话题宽幅扩展。要把所想到的全部都记录下来，因为我们不可能知道哪一个信息过后会变得有价值。要快速记录，如果停顿了，可以重读已写的信息，这样会有新的思路，运用头脑风暴策略进行写作的时间至少要多于 5 分钟。头脑风暴法在写作教学中的应用有助于激励学生有创意地写作。使学生思维高度活跃，打破常规的思维方式而产生大量创造性设想的状况。学生们在讨论过程中不断产生新观点。当学生们认为已经把有关这个话题的观点都想到了时，就可以编辑清单的内容，形成一个初始提纲，将其融入写作当中①。

2. 理解修辞环境

修辞是需要修辞环境的，而这个环境也就是语境。如何结合上下文使修辞环境更适合所用修辞是一门学问。修辞分为抽象和具体两种，也就是所谓的消极和积极修辞。消极修辞需要准确、没有异议的修辞语境；积极修辞则需要能够感悟、体会的修辞语境，使人身临其境。修辞环境是交际的框架，在课堂中说的话与参加朋友聚会时说的话通常不同，因为所面对的人、所处的地点和所发生的事都不尽相同；写私人信件和试验报告也不同，因为目标读者不同。

---

① 姜涛. 大学英语写作教学理论与实践 [M]. 长春：吉林出版集团有限责任公司，2009.

为了理解写作的修辞环境，学生必须明确理解写作目的（purpose），写作形式（form of writing），类型（genre），作者和读者的角色（writer and reader role），以及语气（tone）。

1）写作目的

写作目的是一个人对社会与人生的一种认识的升华，如同内心的一面镜子，照映出自己。当作者准备写作时，要明确文章的写作目的，大多数文章都试图达到这样三种目的：

自我表达（self-expression）、说明（exposition）和劝说（persuasion）。自我表达的文章表明作者的经历、态度和感受，像日记、回忆录、私人信件都属于此类，当作者被要求写一个关于个人主题的文章时通常采用自我表达式的方式。

说明指当作者关注某一主题，并想要描述或阐释这一主题时，他的目的就是说明。在写作很多文章中都包含这个目的，说明也仅仅限于学术写作，它在修辞环境中起重要的作用，主要是为读者分析某种社会问题或现象的成因、现况和建议解决方案。

劝说指当作者通过写作而促使读者在某些方面改变的话，他的目的就是劝说。劝说可以被看成是一个连续的过程，两端分别是唤起意识（creating awareness）和促使行动（provoking an action）。

以劝说为目的的文章是要唤起人们对某一问题的意识。假设某人想让他所在的工会为帮助附近小学募捐。首先，要让每个工会成员了解学校确实需要资助，而且大家也有义务去这么做。一旦唤起了人们的这种意识，就需要改变他们的态度，比如，有的人会认为学校本身有足够的资金资助这类想法等。当大多数人被说服并已确信，还要让他们采取行动。下面是一封写给当地报刊编辑的一封信，作者的目的是要改变人们认为参观国家公园必须付费的观念①。

Charging entrance fees to national parks undermines the very principle on which these parks were developed. The lands secured for these parks were deemed to be national treasures that should be shared by all. The national parks system was designed to allow equal access. People understood that their tax dollars paid for and preserved these parks, and, in turn, they felt a sense of responsibility for protecting these national treasures. Charging people for entering the park undermines not only the concept

① 姜涛. 大学英语写作教学理论与实践 [M]. 长春：吉林出版集团有限责任公司，2009.

of equal access but also this sense of pubic responsibility. Those who pay to enter may decide that they want more for their money, which will lead only to more commercial development. Only a generation age, many national parks were surrounded by relatively undeveloped properties. Today, these parks are surrounded by water rides, outlet malls, and motels with huge signs flashing their lowest rates. The parks themselves have admitted more concessionaires with kiddies rides and cheap souvenirs. Charging entrance fees further blurs the boundary between national parks and amusement parks.

很多文章都不只会有一个目的，所以要使各个目的相互平衡。比如，要改变那些认为学校有足够资金的那些人的想法，就要同时以劝说和说明为目的。因为可能需要通过说明对当地税收体系进行阐释以便使人们确信学校确实需要帮助。平衡各种目的的关键是要把握好各个目的所占的比例。如果写一个两千字左右的关于上述为学校募捐的文章，而仅仅去解释说明当地税收体系对学校的影响，那就很难成功。在这个事例中，阐释税收体制只能作为劝说工会募捐的一种手段。

2）写作形式

通常可用类型这个词来描述一个具体的写作形式，一些常见的类型有学术文章、科研论文、正式信函、私人信件、电子邮件和正式报告等。在不同的情况下，需要选择不同文章类型，生日祝愿需要使用个人祝福或感谢的话语形式。科学实验则应采用正式的实验报告。理解文章的类型所适用的修辞环境会提高写作的有效性，不断从多个维度、多个层面上，凭借写作渠源的多向挖掘、写作内容的多维获取、写作思维的多元发散、写作形式的自主选择、写作评价的动态立体、写作文品的多级交流，形成一个完整、流畅、开放、大气的“运行链”，以确保写作能力与素养的全面提升，进而为写作创新能力夯实基础。

3）作者和读者的角色

写作是运用语言文字表达思想、交流情感的重要方式。从某种意义上说，写作的实质就是对话：原我与超我的对话、生命与世界的对话、作者与读者的对话。作者通过文字与读者进行超越时空的心灵的对话与交融。在修辞环境中要了解读者，一个好的作者通常都时刻考虑读者，一旦确定了写作目的和主题，作者会以读者的角度给出材料，并对内容结构作出选择。读者可能是个体或群体，也可能是专业人士或一般大众。

在传统的写作观点中，读者被赋予了从属者的角色，他们的任务就是从作品中发现文本的意义。随着以读者为中心的观点的出现，读者的角色转换为类似作者的角色，对文本可以进行创造性的阐释，读者可以进行推理以了解作者的意图。在修辞环境中作者和读者都有各自的角色，了解自己作为作者的角色和读者的角色有助于更好地完成写作，具体有如下几种角色关系。

（1）作者与读者是平等的关系（writer and reader as peers）。两者都有相似的知识和阅历，没有谁比谁更权威。作者了解读者的阅读需求，尊重读者的阅读选择，能和读者平等相待。这种角色关系有利于作者表达个人感情，典型的形式是个人信件和电子邮件，在语言上通常是非正式的①。

（2）作者是初学者，读者是专家（writer as novice and reader as expert）。很多写作都属于此类。学生作为初学者要获取知识，对读者心存敬意，遵照写作任务的要求，并仔细修改校读，最后上交自己的文章。

（3）其他角色关系（other writer and reader relationships）。有时作者和读者的角色属于不同范畴，尤其当他们处在不同地位或拥有不同权力时，要尊重读者，善于说清楚自己要表达的信息，不要过于冒失自负。

4）语气

人类的语言都承载着一定的语气。比如，在拒绝客人时，使用否定句的影响是强烈的，会给客人留下不愉快的印象。切记不要直接向客人说“不”，要使用委婉的语句。试比较以下两个句子：

①“请不要在这儿吸烟！”

②“对不起，这儿是不能抽烟的！”

这两句话表达的内容虽然相同，但后者的语气显得更柔和礼貌一些。尽管文字是静态无声的，但作者关于话题和读者的态度决定他所用的语气。语气可以是严肃认真的，也可以是活泼幽默的；可以是平心静气的，也可以是激情澎湃的；可以是权威的，也可以是试探的；当然，也可以是直接明了的，或是讽刺反语的。

如果在不熟悉的修辞环境中进行写作，可以找一篇与要写作种类相同的范文或样品，分析样品文章中的写作目的、作者和读者的角色以及语气。如果可能的话，请熟知这种修辞环境的人提供帮助。例如，商业英语写作的语气就与

---

① 姜涛．大学英语写作教学理论与实践 [M]. 长春：吉林出版集团有限责任公司，2009.

文学写作的语气不相同，商业英语的写作比较注重使用尊重的语气、中正的词语、正规的文体和简短的篇章。它有别于丰富多彩、自由烂漫、讽刺辛辣、戏谑狡辩、夸张荒诞的文学家的笔调，讲究的是得体贴切、简洁有力、明了清晰的表达方式。因此，要合理运用并控制文章的语气①。

三、翻译能力训练艺术

（一）翻译能力训练的原则

1. 注重精讲多练

精讲多练原则主要包含两个层面：精讲和多练。翻译技能教学如果仅从传统教学方法入手，先教授后练习，那么很难塑造好的翻译人才。因此，在翻译技能教学中，教师不仅要教授，还需要练习，在课堂上将二者完美结合。

2. 兼顾翻译速度与质量

在翻译技能教学中，需要兼顾速度与质量。翻译技能教学的目标在于提升学生的翻译能力。要想培养学生的翻译能力，学生掌握相关的技巧是必不可少的，除了掌握翻译技巧，还需要把握翻译速度。这是因为在一些翻译活动中，很多时候有急催稿件的情况，如果学生的翻译速度很慢，来不及交稿，那么就必然会影响翻译质量。因此，提升学生的翻译速度在英语翻译技能教学中必不可少。

具体来说，在翻译技能教学中，教师可以限制学生翻译的时间，如在做翻译练习时，教师可以考虑翻译的字数，可以从250个单词开始，之后逐步增加，直到能够翻译一整篇文章。

当然，在课堂上教师除了限制学生的翻译时间外，在课外教师也要求学生控制自己的翻译时间。通过这样的手段，长期训练下去，学生就能够对自己的翻译时间进行合理的调控。在翻译时，学生也会提升自己的翻译速度意识，既创造了较好的译文，又把握了翻译的速度。

（二）翻译能力训练的方法

1. 翻译图式法

图式（schema）源于认知心理学。1781年，图式概念由德国哲学家康德（Kant）在其著作《纯推理批评》（*Critique of Pure Reason*）中首先提出，他认为图式就是纯粹先验想象力的产物或者说是学习者以往习得的知识结构，并指

① 姜涛. 大学英语写作教学理论与实践 [M]. 长春：吉林出版集团有限责任公司，2009.

出“新的概念只有同人们已知的知识建立关系，才会变得有意义”。

1）语言图式与翻译

语言图式是指人们对语言的掌握，包括词汇、句法、习惯用语、语法等方面的语言知识。当源语图式与目的语或译语图式相当一致时，图式的空位很容易激活、恢复、填补和关联。具体在英语中体现为对术语、句式特点、表达规范的互相关联。例如：

[原文]This bill of exchange shall be accepted first and then can be honored by the acceptor.

[译文] 该汇票应先承兑，然后由承兑方进行支付。

句中“accept”和“honor”通常表示“接受”和“荣誉、尊敬”，但是在例句中，分别表示“兑现、承付”和“支付”的意思。源语与译语的图式相互作用，形成正确的概念，为翻译的顺利进行奠定了基础。

2）内容图式与翻译

内容图式是以文本内容以外的语言知识、背景知识推理及互动为主要内容建立起来的各种内容的知识记忆。译者通过对源语文本内容的了解和熟悉，调动现存的知识，填补图式空缺，顺利理解全文并给出合适的译文。例如：

[原文]Stocks, held by the buyers, may be in two forms. One is called Common Stock, which is suitable for all corporations because its holders will have the ownership of the corporations profit and the interest produced by its assets，the right to vote for its board of directors and the right of asset distribution in case of its bankruptcy.①

[译文] 持股人手中的股票一般有两种形式，其中一种是普通股，适用于所有公司。普通股股东对企业的利润和资产所产生的利息拥有占有权，并拥有对股份公司董事会的选举权和公司破产后资产的分配权。

此例句专业性强，译者需要调动原本储备的关于股票方面的相关知识，或者补充原本不存在的缺省信息，在正确理解之后，再给出正确的翻译。这就需要译者充实自身的内容图式，掌握专业词语和社会意义以及语用规则。

3）形式图式与翻译

形式图式，又称“结构图式”，是语篇的宏观结构，即语篇知识，对文章脉络的宏观把握。如企业文化的介绍，汉语语篇较为夸张、笼统和抽象，用词

---

① 吴竞 . 图式理论在商务英语翻译过程中的运用 [J]. 科技信息，2012（7）：38.

华丽，引经据典，修辞使用痕迹浓重；英语语篇则以信息和呼唤功能为主，提供客观依据引起目的语读者的积极回应。译者在英译或汉译时就要根据两类篇章的特色，给予适当的处理。

4）语境图式与翻译

语境图式，顾名思义，指的是语言的使用环境，即对话语含义产生影响的各种语言成分的前后逻辑联系和各种主客观环境因素。语境决定词义、语言色彩和用法。英语除了涉及语码转换，译者还要依据动态的语境进行动态的推理。因此，译者除了要解决文本中的语言问题，还要高度重视文本中的语境问题。例如：

① Once the jewels were safely locked up in the bank he had no more anxieties about their security.

② Treasury securities are revalued daily.

例句①和例句②中同时出现了“security”一词，根据上下文提供的语境，例句①中“security”的含义为“安全”，而在例句②中的含义为“债券、证券”，属于专业术语。

5）文体图式与翻译

文体图式是指文本的文体风格。翻译的第一条原则“忠实”就是要在内容、感情色彩、文体风格上做到忠实于原文。文体具有多样性，如信函简洁、礼貌、正式；合同措辞严密、句式精练紧凑、文体正式庄重，体现其严肃性和约束力。译者在翻译时要把握各个文本的文体特点，进行恰当的处理。例如：

[原文]That I hold the said shares and all dividends and interest accrued or to accrue upon the same UPON TRUST for the Beneficial Owner and I agree to transfer，pay and deal with the said shares.

[译文] 本人因持有上述之股份，而所获得的股息及权益等，本人同意转让、支付及处理上述之股份[①]。

此句为合同文体，因此在处理“the said shares”和“I”时，要符合合同文体特点，不能简单地处理为“上面提及的股份”和“我”，而应该处理成“上述之股份”和“本人”，这样才符合中文的表达习惯和文体风格。

6）文化图式与翻译

文化图式是指关于文化的知识结构，是人类通过已存的经验对文化的知识

① 夏兴宜．运用图式理论提高商务英语翻译的水平 [J]. 科教文汇（中旬刊），2011（1）：130-131.

组织模式。文化的不同带来思维的差异，译者需要激活异质文化和本土文化的图式，确保对源语文本的正确解码。对广告中的商标名称的翻译，如果不能很好地处理两种异质文化图式，很容易引起误解甚至是经济损失。如某童鞋的商标名称为“小白象”，其中“小”凸显商品为儿童用品，可爱小巧;“白象”除了用动物化方式贴近儿童消费者以外，凸显的是商品的耐久力以及使用商品后的运动力。在西方文化中，白象的含义为“大而无用的东西”，不管是从体积上还是心理上都没有凸显童鞋的特色，因此在处理成英文时，与其译成“Little White Elephant”，不如调动和激活译文读者已存的文化图式，或建立、修正、改变现存图式，正确理解、传达信息，译成“Pet F Elephant”，这样既避免了译语中的消极文化图式，又传递出了社会语用含义。

2. 把握翻译技巧

1）增词法

由于汉英两种语言在表达方式上存在差异，英文可以用不同语言形式来表达同一思想内容，在翻译时要增加词语。例如，“整个暑假他都在忙着撰写论文。”这句话可以译为“He has been busy with his thesis throughout the summer vacation.”汉语句子以副词“都在忙”强调“一直在忙”的时间概念。译文转换成动词的完成时态“has been busy”，并增补英语表达习惯上需要的人称代词“his”，使原文的意思更清楚完整，时间概念明确。在有些情况下，为了再现原文的文化内涵和语气，有必要把紧缩或松散的“语义过载”的语句重新加以调整，在译文的正文中穿插一些必要的词语，这也是常用的译法之一。

2）减词法

减词法与增词法相对，就是在翻译中适当减去原文中的某些词或短语，从而使译文更流畅，更合乎逻辑。减词法有一条总的指导原则：减词不减意，或者有悖译文的表达习惯，某些词在翻译时看似被减掉了但其意并未减掉。例如，“取之不尽，用之不竭”可译成“inexhaustible”。

3）词类转换法

由于英汉两种语言的表达方式不同，在英汉翻译时，不可能总是保证“一个萝卜一个坑”，逐词对译的方法通常行不通，这时词类转换法应运而生，成了英汉互译中常用的一种翻译技巧。词类转换法主要指词类的转变，但还包括词类的作用和部分词序的变化。使用词类转换法，可避免死译和硬译，从而使译文表达确切，流畅自然。总的来说，词类的转换是比较灵活的。在翻译的过程中，要善于变通，灵活应对具体情况。从实践来看，在英汉互译的过程中，主要有以下几类词的转换：英语名词和汉语动词相互转换，英语形容词和汉语动词相互转换，英语副词和汉语动词相互转换，英语介词和汉语动词相互转换，英语形容词和汉语名词相互转换，英语形容词和汉语副词相互转换，英语名词和汉语副词相互转换。例如：

[原文] 他的音乐天赋给我留下了深刻的印象。

[译文]What impressed me deeply was his talents for music.（英语名词和汉语动词相互转换）

[原文] 我们必须清醒地意识到我们的经济还不发达。

[译文]We must be clearly aware that our economy is still not developed.（英语形容词和汉语动词相互转换）

4）重复法

在翻译中，重复法也是一种重要的技巧，尽管我们追求译文简洁明快，但有时为了使译文准确，符合语言的表达习惯，需要反复使用一些关键性的词语。这里所说的"重复"，不是一种不必要的重复，而是行文中必不可少的一种表达手段，它可以使译文更忠实地表达原文的意思。运用重复法的目的主要是基于三个原因：准确、强调、生动。例如：

[原文]He presented his proposal at the meeting that the local government put emphasis on environmental protection.

[译文] 他在会上提出了他的建议，他的建议是当地政府应该把重点放在环境保护上。

抽象名词后带有同位语从句时，在译文中有时需要重复该名词。当然，这不是唯一的翻译方法。以此句为例，用词类转换法，这句话也可译成"他在会上提出了他的建议，他建议当地政府把重点放在环境保护上"。

5）分译法

（1）将英语单词拆分成汉语单句。将英语原文中的某些单词或词组采用拆分法进行处理，译成汉语的单句，从而使原文的句子变成两个或两个以上的句子。例如：

[原文]They，not surprisingly，did not pay their debts at all.

[译文] 他们根本就没还债，这是不足为奇的。

（2）将英语原句拆分成汉语单句或复句。有些英语单句很难对应地译成汉语单句，此时宜采用拆分法将英语单句译成两个或两个以上的汉语句子。此外，英语惯于使用长句子，尤其在时文中大量使用长句。例如：

[原文]Whether you agree or not makes no difference to me.

[译文] 无论你接受与否，对我来说都无所谓。

第四节　交际能力训练技巧

一、英语课堂教学的交际取向

在英语教学实践中，培养发展学生的深层次语言交际能力是一项核心教学目标。一方面，围绕英语课文所展开的语言文化教学和认知情感教学，其最终目标在很大程度上指向培养发展学生高质量、高价值的语言交际能力和创新实践能力。另一方面，只有把英语课堂的语言技能训练建立在语言文化教学和认知情感教学的综合成果之上，以语言表述的准确流畅、得体适度、思想 / 信息内容和交际价值为综合衡量评估指标，才能有效实现真正意义上的英语层次的语言交际能力的培养和发展。首先，在语言教学的理论和实践框架内，“交际”一词指发生在两个人或两组人之间的思想 / 信息，情感态度的双向交流传播行为和过程。毋庸置疑，语言输出只是交际行为和交际过程展开的外在渠道，而语言输出这一外在渠道本身所承载的思想 / 信息及其质量、价值才是交际的重要交流传播内核。中国古代哲学的著名命题“得意而妄言”也在提醒我们，除文学之外，一般语言交际的首要价值在“意”，而不在“言”。在绝大多数情况下，“意”是语言交际发生的重要目的。含混不清或偏颇荒谬，乃是语言交际的大忌。其次，英语课堂内外的语言输入只有经过实际操练运用，同一定思想 / 信息的交流表述过程有机结合在一起，才能加速其内化掌握的步伐。“做中学”（learning by doing）这一教学原则同样适用于英语学习。没有进入运用、交际过程的语言输入，只是理论意义上的个人语言储备。其实际积累质量和效用只有在运用、交际过程中才能得到检验和发挥。运用，是更深层次的学习。再次，只有在运用所学英语语言素材表达思想、传递信息的过程中，学生才有机会切实感受到高水平英语语言交际在表述内容和语言形式上的诸多特殊要求，从而及时调整学习训练策略，在英语综合运用技能发展方面取得最优化学习训练效果。最后，在运用所学英语语言素材表达思想、传递信息的过程中，学生的多方面认知能力和潜在素质会得到积极活跃的调动，有利于学生个性的健康发展和智力潜能的稳步开发。综上所述，英语课堂教学在不断加强语言知识和语言技能学习训练的基础上，应该最大限度地实现教学过程的交际化、互动化，把英语课堂转变为运用所学语言真实地表达思想、传递信息，从而内化语言输入，学习掌握有效语言交际策略的语言实践环境。

二、英语课堂上的交际互动教学设计

英语课堂教学的交际取向可体现在课文教学的各个层面上。从词汇短语、单句和句群、语段和语篇到结构组织、修辞手法、表述内容、思想意蕴、文体风格、背景知识等不同层面，均可展开以交际互动和任务型语言教学相结合为中心的教学点和教学过程策划设计。其主导原则是引导学生积极感知思考课文语言和课文内容，并且运用英语流利准确地陈述思考的结果，而不是把任课教师本人的备课结果直接呈现给学生。引导学生积极感知思考课文语言和课文内容，就要求英语任课教师根据课文的具体特点提出一系列问题，把学生的感知触角和思维触角引向课文深处，使学生最大限度地通过课文语言表层来正确理解课文原意，并创造性地阐发其思想意蕴和文体修辞特点，为积极参与课堂交流做好充分的意义输出准备。此外，根据课文的局部思想 / 信息内容特点，任课教师还可设计一些旨在扩展教学点内容的网上资料查找加工型学习任务，要求学生对所获信息进行适当的加工整理，运用英语在课堂上口头陈述信息搜索整理结果。这样一种教学措施有助于培养学生有效利用现代化网络信息资源辅助专业学习、获取必要信息的与时俱进的学习能力。任课教师有必要设计一些要求学生在英语课堂上随时完成的学习任务。例如，笔者在讲授一些篇幅较长、结构相对完整的英语课文段落时，经常要求学生在细读课文的基础上，通过英语板书或口头表述的形式把段落的意义层次（即写作大纲）运用关键词语写出来。这样的以发现段落意义层次或结构框架为目的的任务型教学设计，有助于激发学生的探索热情，不断提高学生的学习主体性，培养学生更加完整细致地感知课文、分析课文的学习能力和概括表述能力。

就具体操作形式而论，英语课堂上的交际互动教学设计操作主要体现在问题设计和任务活动设计两个方面。针对课文内容的各种层次问题设计，目的在于吸引学生的学习注意力，启发学生的思维辨析力，并通过准确恰当甚至是富有想象力和创造力的问题解决和问题回答的过程，加深学生对课文局部或课文整体的感知理解。采取这样的教学设计策略可使学生既锻炼思维能力、想象力和创造力，又及时地运用所学到的新的英语语言表达形式陈述、传递新的思想内容，逐渐扩大英语表述范围、表述深度和表述精度，掌握高难度英语语言交流沟通技能。根据人人参与、难度区分和内容 / 能力覆盖等设计原则，任课教师针对英语课文上述各个层面所设计的问题可深可浅，预期回答可长可短，语言提问形式尽量趋向多样化。这样可使能力不同、认知风格不同、学习特点不同的学生各尽所能，成果共享，机会共享，一同活跃课堂气氛，彼此激发学习兴趣，相互借鉴学习长处，共同协商意义理解，建构知识和情感价值系统。

英语课堂上的问题设计既涉及教师，又涉及学生。首先，任课教师本身应该善于提出问题，以便有效地引导学生思考，激发学生探索。其次，任课教师也应该启发、鼓励学生提出问题，从而培养学生的问题意识，不断发展发现问题和提出问题的能力。任课教师所提的问题，也可大体上分为针对课文细节、课文语言或课文思想主旨的一般性问题，以及重在挖掘课文内涵，深入阐发课文思想意蕴的创造性、探索性问题。就英语课程的教学目标而言，这两类问题均有设计操练的必要性。第一大类问题设计，对于培养学生细致严谨的学风、不断发展学生准确恰当地理解课文、有效运用所学语言传递信息表达思想的综合能力具有重要的基础导向意义。第二大类问题设计，对于培养和发展学生的创新型人才素质，努力提高学生的思维能力和解决问题的能力具有积极的推动作用，对于提高学生英语语言交际表述内容的传播价值也很有益处。例如，张汉熙主编的《高级英语》第二册第十一课课文 *The Future of the English*（《英国人的未来》）的语言生动犀利，内容深刻，颇具思辨穿透力。文章作者 John Boynton Priestley（1894—1984）以深切的忧国忧民和拳拳爱国之心，从英国人的国民性、美国商业文化的渗透影响以及现代社会富裕的物质生活等几大方面着手，对于英国社会中的哪些阶层、人群、心态、思想，从积极或消极的方面有力地影响英国人的未来这一重大主题，展开了一系列颇有见地和启发性的分析和阐述。文章中多处触及的一些细节问题以及总体文化批判主题，对于目前正处于转型期的当代中国社会也很有借鉴启发意义。例如，中国人的国民性主要包括哪些积极品性和消极品性？在目前的商品经济时代和信息技术时代，我们应该发扬国民性中的哪些已有积极品性，培养哪些富有时代特色的积极品性，极力遏制哪些消极负面品性？如何面对和评价西方文化，特别是西方商业文化和流行文化在当代中国社会，对青少年所产生的持续影响？当代中国社会中的哪些阶层、人群、心态、思想会从积极或消极的方面有力地影响中国人的未来？依笔者之见，文章作者 John Boynton Priestley 在这篇课文中所思考探究的一些同英国人的未来休戚相关的多层面问题，对于我们严肃思考探究当代语境下中国人的未来走向这一重大主题具有明显的参照性和启发性。从英语课堂交际互动教学设计的角度而言，英语任课教师可以组织学生在深入学习课文语言及思想内容的基础上，按照课文中的有关问题层面，就中国人的未来这一重大主题积极展开平行的，甚至是更深一步的思考探究。毫无疑问，无论是思考探究的过程，还是初步得出的阶段性成果，都会为有效促进英语课堂上的交际互动教学活动，提供丰富的思想意义来源，使交际互动教学活动真正建立在真实问题和真实意义的思想交流的基础上。这对于学生深入学习课文内容，掌握相应的分析思考路径，操练和吸收相应的英语语言素材具有很强的激励作用。

为增强英语课堂交际互动教学设计的可操作性，任课教师有必要进一步厘清高质量问题的具体类型，增强问题设计的方向性和针对性。夏纪梅教授在《现代外语课程设计理论与实践》一书中，明确提倡在英语交际互动教学过程中综合运用下述 10 种问题类型。

（1）启发、激发、引发性问题（stimulating/leading-in questions），使学生有问题可想并且值得去想。

（2）卷入式问题（involving questions），使学生感到与自己有关，不自觉地卷入学习活动或应用活动之中。

（3）语境式问题（contextual questions），使学生身临其境，成为情景中人。

（4）归纳式问题（inductive questions），而且是事后归纳。

（5）连环式问题（connecting questions），一环扣一环，链接出一串相关联的问题。

（6）挑战性、思辨性、令人深思、发人深省的问题（challenging/ thought-provoking questions），对人生、命运、前途、价值观念、处世哲学等具有引导、有启示作用。

（7）争辩、有争议的、有正反方有利弊的、有理据的问题（argumentative questions），集思广益，分享集体智慧。

（8）可引起联想、与此相关联的问题（associative questions）。

（9）常识性问题（common sense questions）。

（10）延伸型、可发展 / 扩展的问题（extending/ developing questions）。

显而易见，上述十类问题适用于各种课文类型（描写文、说明文、叙事文、论说文等）。其横向联系式发问，引导学生激活认知结构中的原有知识储存和经验图式，在对比分析中加深对课文原意的理解。其纵向深入开掘式发问，激励学生在理解课文原意的基础上，从多个角度围绕课文的不同语言现象/知识点和各层思想内容展开批评阐发式解读，寻幽探微，疑义相与析，协商探讨，成果共享。英语教师灵活有效地运用上述10类问题展开基于课文语言学习和思想内容学习的交际互动式课堂教学，无疑可以在很大程度上丰富课文教学层次，深化课文理解，细化语言学习，兼顾语言的工具性和人文性，有利于发展学生的智力，培养学生的逻辑思维能力、丰富的情感和想象力。

上述10类问题，任课教师可以根据综合基础的强弱，针对不同的学生进行交叉发问，进而展示多姿多彩的语言面貌和思想情感风貌，形成相互补充的课堂教学资源。这里需要强调的是，上述10类问题的发问者不仅仅是英语任课教师。本着以学生为中心的现代教学理念，任课教师应该鼓励学生在细读课文的基础上，积极提出上述十类问题中的任何一种或数种问题。毫无疑问，这对于培养学生的问题意识、创新意识和独立思考能力颇有益处。学生所提的种种问题，从不同侧面反映了学生对课文的理解程度、逻辑思维水平和语言表述能力。问题可由一个学生直接口述，也可同时邀请三个学生把各自所提的问题写在黑板上。第一种做法有利于促进学生的英语听力水平，亦使所有的学生集中精力思考同一个问题，增加无选择地应对任何问题的应变能力和彼此交流协商的机会。第二种做法则为学生提供自由选择的机会。学生可以根据自己当下对课文的理解程度、综合人文素养和英语口语水平，选择回答比较有把握答对的问题。另外，由于学生所提的问题是以书面形式呈现在黑板上，任课教师可以引导学生对所提问题的英语语言形式、思考角度和综合提问质量进行分析点评，选出最佳提问，以资鼓励，树立榜样。对于难度较大和自选回答人数很少的问题，任课教师不妨采取点名征答的方式，首先要求综合基础较好的学生当堂回答，随后教师点评。然后可要求所有学生课后继续思考上述问题，经过深思熟虑之后在下一次课堂讨论当中运用英语口头陈述思考结果。

根据每周英语课文教学内容，从多种视角提出上述十类问题，是交际互动型英语课堂教学的重要组成部分。首先，课文内容为交际互动型课堂教学提供了分析讲解、比照阐发的思想意义基础，是触发师生双方思维过程，输出思维结果的共同话题资源。换句话说，课文内容为师生双方的英语交流互动提供了一个有话可说、有见解可表述的资源共享平台，在很大程度上确定了意义交流和思想交流的框架范围。这有助于师生双方共同协商，层层深入地展开对话，深化理解，磨炼思维方式，发展纵向分析探微能力和横向联想综合能力，提高对社会人文及自然规律的认识水平。退一步而言，即使是一些背景知识的解释阐述，有时学生也有能力独立完成一部分。在这种情况下，首先，任课教师应通过提问的形式集中学生的注意力，调动学生的积极性，把在课堂上用英语陈述知识的机会留给学生，培养学生的自信心，锻炼学生的英语解说能力。与此同时，也要鼓励其他学生继续作补充性发言，交际互动职能得到进一步彰显。其次，英语课文语言为师生双方的英语交流互动提供了许多方便实用的英语语言素材，尤其是同思想主题相关的关键词语，其他辅助性词语和各式句型结构。再次，英语课文语言本身无论在词汇短语、句式结构和修辞手法方面，还是在语体风格、句式关联或语篇结构等方面，均有一些可以通过交流互动的形式展开分析探讨的学习内容。例如，任课教师可以从课文段落当中重点选择一些比较典型的英语语言表达结构或表达手法，以适当形式的板书安排呈现在学生面前。引导并启发学生通过新旧知识对比和英汉语言对比，对呈现在面前的课文例句就其结构形式特点或语言表达效果进行分析探讨，再进一步则可要求学生即时模仿造句，边学边用。当然，任课教师最好也身体力行，向学生展示自己完成的仿造语句。这样的教学措施同样构成交际互动型英语课堂教学的必要内容。由此可见，英语课文教学内容确实能为交际互动型课堂教学提供丰富多样的话题和素材资源。只要任课教师在教学备课的过程中，善于运用包括语义学，词汇学、语体学，语用学，语篇分析和英汉对比分析在内的多种知识资源，根据具体课文的思想内容和语言特点，综合课文的微观细节和宏观结构及思想主旨，分层设计问题类别和问题难度，以交际互动、协商合作的原则组织教学，那么英语课文内容就会逐渐地转化为学生的英语语言运用能力，英语课堂教学效果必将会得到大幅度的优化。

第四章 胜任力提升策略二：文化融入能力

英语教师应该具备广博的文化知识、综合的文化素质、全面的能力，这是英语教师职业的必然要求。英语教师只有具有广博的文化知识，才能在授课时旁征博引，左右逢源；才能喷珠吐玉，妙语生春；才能“书到用时不觉少”，才能“信口说出皆成章”。英语教师的文化素质提高了，才能高屋建瓴，开阔思路，举一反三，触类旁通；才能推陈出新，别具见地，见人之所未见，言人之所未言，才能真正把学生领进知识世界，引起他们的好奇心，激发他们的求知欲，让他们去探索未知。随着我国英语教育课程改革的逐步深入，对英语教师的挑战与要求将更大更高，外延将进一步拓展，压力也更加迫在眉睫。因此，更新、拓展英语教师的知识结构，形成深厚的文化知识基础，提升综合文化素质刻不容缓。本章将介绍英语教师胜任力的提升策略二——文化融入能力。

第一节 文化与英语教学的关系

一、文化

文化是化育人类的泥土，它赐给人类第二次生命。没有人能不受文化影响看待这个世界。正如美国人霍尔所言，生活中的一切都受到文化的影响，文化是文明拱门的中心，所有的生活必须经过这一点①。

多德认为，文化可分为三个层面②，其结构如图 4-1 所示。

每一个群体都有属于自己的文化。群体可以是一个国家、一个民族，如东方文化、西方文化；中国文化、美国文化。这种文化统称为宏观文化（macro-culture）。群体亦可以依社团、地域、职业、性别、学术团体公司等来划分，这样的文化统称为微观文化（micro-culture）。以下分别对两种文化进行论述。

---

① HALL E T. The hidden dimension[M]. New York：Doubleday，1966.

② DODD C H. Dynamics of intercultural communication[M] 5th ed Boston：McGraw- Hill，1998.

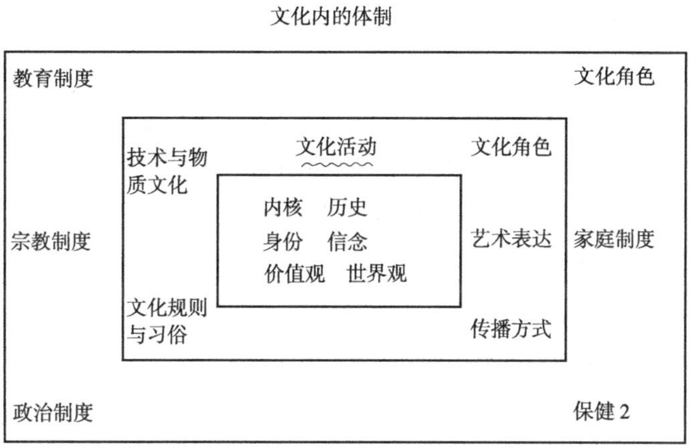

图 4-1 多德的文化结构图

（一）宏观文化

1. 集体主义与个人主义文化

霍尔以个人和集体为切入点，将文化分为个人主义文化和集体主义文化。在个人主义文化中，个人的目标与利益至上；而在集体主义文化中，集体的目标与利益至上，个人服从集体。个人一集体文化是宏观文化中以人或群为标准所划分的两种不同类型的文化。

中国文化属于集体主义文化。和谐对于中国人十分重要，俗话说，天时地利人和、家和万事兴、和气生财、以和为贵。同在一个单位工作的同事之间要讲究团结，上下班、吃午餐常结伴而行；领导决策要考虑集体利益在先，个人利益在后。人际关系是中国集体主义文化中的重要成分。同事之间要搞好关系，甚至委曲求全。在公众场合尽量不要反对另一个人，尽量不要与人发生正面冲突，因为这会影响人际关系。和群、与集体保持一致为传统文化，传统文化不鼓励个人奋斗、突出自我、个性膨胀。俗话说“枪打出头鸟”“人怕出名，猪怕壮”，这都暗示了个人锋芒外露的不良后果。因此，中国人受到表扬时会说这是集体的功劳或领导有方。荣辱感，俗称“面子”，在集体主义文化中十分重要，因为个人常与集体连在一起，个人的荣辱亦是集体的荣辱。个人与集体相互依存。与之相反，在个人主义文化中，每个人都是独立个体，个人加入某一组织往往是因为组织成员们有共同奋斗目标，而非互相依赖，依赖他人是一种软弱的表现。

2. 高语境与低语境文化

霍尔根据信息传播对于环境的依赖性大小，将文化划分为高语境文化（high-context culture）和低语境文化（low-context culture）。

在高语境文化中，信息的意义寓于传播环境和传播参与者的关系之中，而在低语境文化中，信息意义的传播要通过语言表达。亚洲国家的文化多属于高语境文化。这类文化强调信息的含蓄性和依靠传播环境领悟信息意义。没说出来的或许比已说出来的更为重要。

低语境文化中信息的意义通过语言清楚地表达出来，不需要传播参与者依赖环境去揣摩推测。欧美国家大部分属于弱环境文化，这些国家的人们谈话往往直入主题、直截了当地表达意义。当来自低语境文化的人与来自高语境文化的人交流时，前者会发现后者讲话有时不完整或含糊其词。

例如，一位美国教授在香港某大学任系主任，在讲述他在香港工作期间开全系大会或小会时深有感触。他说，中国人开会时作决定一定要全体同意，需要花好多时间讨论，有的问题不直接问，有时甚至话题会扯得很远。会议一开就是半天，大家都疲惫不堪，有时什么决定也做不成。这位美籍系主任甚至不知道究竟谁对他的提议持赞成意见，谁对他的提议持反对意见。

又如，一位美国大学生毕业后到一家日本公司工作，这位美籍新雇员最初每天早上迟到5分钟左右，但并没有任何人提醒他或警告他。他留意到公司里有的雇员迟到一个小时上班，但在下班后仍然留在公司里工作一段时间。几个星期后，这位美国人注意到与自己同在一个办公室并且与自己职位相同的人，都按公司规定时间上班。于是，他从此也早上八点钟准时到公司，不久便受到上司的表扬。后来他才悟到，在这家公司里，只有高层管理人员才可以按灵活时间上下班。而这一规定并未写在员工守则里，而要靠员工自己观察领悟。

（二）微观文化

微观文化，又称“亚文化”（sub-culture），是指存在于一种主流文化之中的一种或几种非主流文化。非主流文化可以以民族、地区、经济、公司、性别等来划分，下面就几种主要的微观文化进行探讨。

1. 民族文化

民族是历史上形成的共同体。同一民族的成员往往有共同的语言，居住在共同的区域，有共同的经济生活和宗教信仰，以及基于文化上的共同心理素质。例如，中国以汉族为主，其他55个少数民族各有自己的生活习俗、生活方式、服饰、礼节和方言，构成各民族的民族文化。

2. 区域文化

地理区域的划分意味着文化的差异存在。俗话说，一方水土养一方人。地理环境、气候类型等因素形成了某一区域人们特有的生活方式和方言，从而构成了区域文化。中国的南方人与北方人之间在性格处事方面的差别便是一例，北方人豪爽仗义、热情勇敢，南方人则头脑灵活、心思细腻。这些都是地域文化使然。

3. 社会阶层和职业团体文化

职业、收入、教育将人们划分成不同的团体，因而产生了不同的亚文化。每一群体或团体都有其自身的行为规范、价值观念和语言特色，工人文化不同于农民文化；上流社会人们的生活方式和追求也不同于平民百姓。大学生群体也有其亚文化，校园文化自有一套行为规范、价值观念和生活方式，这些都可通过学生们的言谈举止及衣着等表现出来。

综上所述，无论文化是在宏观层面还是在微观层面上，一旦一个群体形成，其相应的文化便应运而生，人们的行为在潜意识和显意识之中表现他们的文化特征。文化是历史的产物，对于文化，人类通过符号保存并有选择地将其传给后代。

二、文化教学

在外语教育界，对于学习外语同学习目的语文化之间的密切关系早已达成共识：语言是文化的载体，语言是文化的镜像反映；语言运用习惯往往折射出特定民族的文化传统和文化心理。不学习相应外语中的异域民族文化，就不可能深入理解所学外语书面语和口语交流过程中，或印刷音像产品当中所传达出的具有特定文化内涵的概念意义和语用意义。更由于汉语语言文化具有不同于欧美文化的明显区别性特征，使得中国学生在理解和掌握深受基督教传统思想文化和古希腊罗马文化影响的英语语言文化时面临许多困难和挑战。近年来，随着中国政治经济领域和思想文化领域的对外开放政策，国际交流活动日益深入，广泛展开，中国学生有愈来愈多的机会在不同层面上接触和学习欧美文化。但影响中国学生快速掌握英语这一当今国际社会共同语的文化因素仍然存在，并且也在不同层面上构成了英语教学和英语学习过程中或显性或隐性的各种障碍。此类障碍在高级英语教学和学习过程中也在不同层面上或隐或显地表现出来。但是，就英语文化教学这一话题而言，“文化”一词不仅指英美两国或英语国家的物质文化、精神文化和制度文化，而且在当代培养复合型高素质英语人才的教育教学语境下，英语课程更具有丰富的内涵。

三、文化教学的策略

（一）围绕具有明显文化内涵的词语展开教学

英语课文选材广泛具有丰富的文化内涵，涉及英语文化、西方文化和一般百科文化内容。就文化教学的内容负载单位而言，英语课文中出现的具有明显文化内涵的英语词语，无疑是文化内容最基本的教学单位。另从文化语言学的学术视角来看，语言中的词语也是文化的最基本负载单位。因此，围绕课文中出现的具有明显文化内涵的词语进行互动式讲解教学，便成为英语文化教学的一个可行策略，具有基础性积累和基础性建构的文化教学意义。

例如，张汉熙主编的《高级英语》第一册第三课课文 *Pub Talk and the King's English*（《酒肆闲聊与标准英语》）中出现的“the King's English，Saxon peasants，Norman English，Norman conquest，Australian convicts of the 19th century，the Elizabethans，the Anglo-French of the Normans”等词语均具有特定的文化内涵，从各个侧面反映着英国社会历史的发展轨迹。第十一课课文 *The Sad Young Men*（《悲哀的年轻人》是一篇介绍评述美国 20 世纪 20 年代迷惘的一代年轻人反叛的心路历程、社会历史动因及其历史地位的名篇佳作。文中具有较高的思想文化含量，其中出现的一些词语也具有比较明显的思想文化内涵。例 如:“speakeasy, Bohemianism，Babbitry，iconoclastic，Puritan moral，lost generation，Victorian gentility，Greenwich Village，provincial morality，jingoism，escapism，soap opera，National Guard，corporate impersonality，Bohemian immorality”等。

显而易见，上述词语当中既有同英语国家的社会历史联系密切的英语文化词语，又有其学术共通性较强的通用学术文化词语。围绕这些文化词语展开讲解教学，既是深刻理解英语课文的客观需要，也是提高学生文化素质、开阔学生文化视野、促进学生认知发展的主观需要。针对核心文化词语的教学要求，既要能够正确地进行英汉互译，又要了解其语义内涵，讲透用活。毫无疑问，具有丰富内涵的文化词语是学生建构文化认知系统的基本元素，对其英语表达方式与具体内涵的准确把握是有效学习的基本要求。此外，运用英语展开延伸扩展性评说表述则是较高的学习要求，应以相关英语语言积累和知识积累为基础。特别是需要掌握比较系统的相关话题知识（包括基本事实、主要阶段性结论共识，以及各不同观点）。在文化词语教学实践上，可采用课内课外相结合，教师讲解与学生自主学习相结合的教学策略。对于英语课文中出现的具有特定丰富内涵的文化词语，任课教师要运用多种教学资源（音像印刷资料、网络资源、外教支持等）结合课文内容展开讲解分析。必要时还可进行简要的英汉语言文化对比，借此开拓学生文化视野和认知探索空间。

（二）针对课文细节展开文化内容教学

当前，英语教材中有些课文包含多处文化内涵丰富的细节情境，也有些课文无论主题思想，还是通篇课文内容，均具有丰富的文化内涵，为教师展开文化教学提供了良好的课文素材和发挥空间。因此，高级英语任课教师应根据不同课文的文化内涵和思想主题，在课文教学设计中有的放矢地聚焦若干文化侧面，展开纵深解析式或横向联系式课堂教学，让学生在具体课文语境和时代语境的关照对比过程中，深入细致地感知理解各类文化内容。此外，英语任课教师还应根据课文细节情境或主题思想的具体文化内涵，有意识地联系中国文化传统和当代社会现状，从跨文化视角简析中外相关文化差别，提升学生的跨文化理解意识和跨文化沟通能力。毫无疑问，这对于英语任课教师的知识结构、分析评判能力和综合文化教学能力提出了新的挑战。然而，对于英语课程自身建设，以及信息化时代和知识经济时代的外语人才综合素质培养而言，上述文化教学要求无疑具有非常紧迫的实践意义和深远的理论建构意义。

（三）通过中西文化对比展开文化教学

1. 思维观念差异

1）英语重抽象思维，汉语重形象思维

人类的抽象思维和形象思维是密切联系、互相渗透的。抽象思维讲究秩序，其思维具有系统化、组织化和形式化的特点，其严密的逻辑推理表现在语言上重形合和讲形式，结构上要求严谨；而形象思维重悟性，即不凭借严谨的形式来进行分析，表现在语言上重意合。由于文化传统的不同，不同的民族形成了侧重点不同的思维习惯。思维方式是沟通文化与语言的桥梁。思维方式与文化密切相关，是文化心理诸多特征的集中表现，又对文化心理要素产生制约作用。同时，思维方式又与语言密切相关，是语言生成和发展的深层机制，语言又促使思维方式得以固化和发展[①]。

汉字起源于象形文字，直接从原始图画发展而来，从最初就具有直观性，其意义以字形与物象的相似为理据。

汉语中有丰富的量词，量词也是汉语形象化的体现。世间万物，千姿百态，形状各异，汉语中形形色色的量词形象生动，准确鲜明，对事物的姿态一一进行描述。例如，一朵花、一面镜子、一匹马、一盏灯、一堵墙。而英语只强调被描述的客体和数量，因而与以上汉语相对应的英文是："a flower，a mirror，a horse，a lamp，a wall"。汉语里量词的大量存在与中国人擅长形象思维分不开，如一把雨伞、一面旗、两尾金鱼、三艘船，这些量词与该名词的形象有关。英语虽然也有量词，但是数量上远没有汉语多，也没有汉语量词形象生动，并且同一个量词往往可以配上许多不同的名词，例如："a piece of news, two pieces of paper, a piece of land, a piece of furniture, a piece of information,"翻译成汉语却是：一则新闻、两张纸、一块土地、一件家具、一条信息。同一个量词"piece"对应 5 个不同的汉语量词。

汉英这种思维差异不仅体现在字形上，在语法中也有所反映。逻辑严密的英语语法反映出英美民族偏重抽象理性的思维特点。例如，英语"The child himself bought a book."可转换为"The child bought a book himself."（这孩子自己买了一本书）；"He arrived after 4 weeks."可转换为"He arrived 4 weeks after."（4 个星期后他才到）；"I don't know whether he is well or not."可转换为"I don't know whether or not he is well."（我不知道他的身体究竟如何）；"After dining at the Jones's，I met him at my tailor's."可改变词序为"I met him at my tailor's after dining at the Jones's."（在琼斯家吃了饭，我在裁缝店遇见了他）等。而汉语的词序则是不可改变的，上句可用汉语理解为"先吃饭，后到裁缝店，然后才遇见他"，词序表达必须按生活实际的时间顺序来安排。

汉语偏重经验感性的思维特点产生于汉民族的传统文化。汉族文化重视实际生活经验，所以人们常说"嘴上无毛，办事不牢""老将出马，一个顶俩"。这种文化观念的思维定式反映在语言上，就是重经验直觉，带有较浓厚的感性色彩，词句的表达与理解，不太注重语法上的严密思考，而倾向于凭经验进行意合获取，这种特点在古汉语里表现突出。古汉语文章往往是竖行，从左至右书写，无标点符号，不分段落，一气呵成。难怪有西方人说："汉人读书不断

① 刘明阁 . 跨文化交际中汉英语言文化比较研究 [M]. 开封：河南大学出版社，2009.

点头称是，而西方人读书不断摇头示疑。”此话尽管带有几分讽刺，但说明了英汉语言的不同特点。

汉语的词序具有临摹现实的经验感性的思维特点。汉语词语前置或后置反映出生活经验的时间顺序。在叙述动作、事件时，往往按事情发生的自然顺序排列句子，先发生的事件或事物在先，后发生的在后。例如：

[原文] 他从上海①坐火车②经南京③来到济南④。

[译文]He came to Ji'nan ④ from Shanghai ① through Nanjing ③ by train ② .

[原文]Usher 直挺地躺在沙发①上，我一进去②，他就站起来③，热情地向我打招呼④。

[译文]Upon my entrance ② , Usher rose ③ from a sofa on which he had been lying ① at full length，and greeted ④ me with a vivacious warmth.

从以上例句不难发现，在叙述动作、事件时，汉语往往按时间顺序的先后和事理推移的方法，一件事一件事交代清楚，呈现一种时间顺序的流水图式。英语则是靠语法的逻辑性来体现事件发生的顺序。

2）英语重个体思维，汉语重整体思维

英语单词在意义上具有一定的特指性，意义相关的词在词形上毫无相关之处。而汉字的意义通常极为广泛。例如，在汉语中只需一个“车”字即可代表英语中的“bus”（公共汽车），“car”（小汽车），“taxi”（出租车），“minibus”（面包车）及“lorry”（卡车）中的任何一种交通工具。又如，汉语中“笔”可指各种可以用来书写的用具，而英语中则对每种书写用具都有特定的称谓，如“pen”（钢笔），“ballpen”（圆珠笔），“pencil”（铅笔）等。

英汉构词的这种思维差异在表示星期的这一词上体现得尤为明显：汉语中表示一周内第几天的词是用“星期 + 数字”表示（周末“星期日”除外），如星期一、星期二、星期五等；英语中这些只是一个个词形上毫无联系的词，如“Monday，Tuesday，Friday”，从英语单词的词形看不出单词间的任何顺序关系和具体联系。

汉英思维上的这种差异也体现在时间和地点词语的排序及篇章结构上。在表达时间概念时，汉语顺序按年、月、日、时、分、秒这样一个从大到小的顺序排列。例如，2008 年 3 月 10 日 12 时 30 分 20 秒。英语的顺序正好相反，按秒、分、时、日、月、年这样一个从小到大的顺序排列。例如：

[原文]At eleven minutes past 1 a. m. on the 16th of October 1946，Ribbon

Trop mounted the gallows in the execution chamber of the Nuremberg Prison.

[译文]1946年10月16日凌晨1点11分，里宾•特洛普走上纽伦堡监狱死刑室的绞架。

2. 时间观念的差异

不同文化群体的时间观念存在差异。中国的文化传统强调大局观，主张凡事从大处着眼，其叙事的顺序、时间与地点的表述、姓与名的排列等，往往由大到小，由整体到局部。而英美文化则强调个体因素，看问题的角度往往由小到大，从个体到整体。

多向时间制的中国人支配时间比较随意，灵活性强，并且重点是关注过去，因此中国人往往具有由远而近、由大而小、由先而后的聚拢型归纳式思维方式。西方人的时间观念很强，其时间的概念是直线式的，即将过去、现在和将来分得很清楚，并且重点关注的是将来，因此西方人往往具有由近而远、由小而大、由后而先的发散型演绎式思维方式。例如，中国人记录时间的顺序是“年、月、日”，而西方人记录时间的顺序是“日、月、年”或者“月、日、年”。

霍尔根据人们利用时间的不同方式，提出“一元时间制”（mono-chronic time system，也译为“单向时间制”）和“多元时间制”（poly-chronic time system，又译为“多向时间制”）两大系统。

一元时间制的特征：长计划，短安排，一次只做一件事，已定日程不轻易改变。一元时间制是工业化的必然产物，一般分布在工业化程度较高的地区。富有效率，但有时显得过于呆板，缺少灵活性。

多元时间制的特征：没有严格的计划性，一次可做多件事，讲究水到渠成。多元时间制是传统农业社会的产物，一般分布在工业化程度较低的地区，虽有人情味，容易对人对事进行变通（如走后门），但也给人们带来不少烦恼。

中国人对待时间具有相当的随意性。对由此产生的诸如不打招呼就登门拜访、约会时迟到、交通工具晚点、报纸不按时投递、公共场所的钟表不准等持一定的宽容态度。德语中有一句话：“准时就是帝王的礼貌。”所以德国人对于约会非常守时。德国人的守时也是出了名的。德国人通常携带一个小记事本，在本子上记着一个月之内的工作安排。提前计划是德国人生活的一个显著特点，就连家庭主妇出门买菜的内容都要事先计划好并写在小记事本上，在超市采购也按照事先设想好的线路进行。德国人对约会有不少规定。首先，一般都得在一周前将邀请或约会的时间、地点、内容告诉对方，以便对方早作安排。其次，对于与别人约好了的时间，一般是不会变更的，除非实在有特殊原因。最后，赴约的人一般都必须准时，如由于交通堵塞等特殊原因迟到，通常需要及时通知对方。德国人都会科学而合理地安排时间，以提高效率。比如，德国人开会，事先都会安排好具体时间及开会议程，一般主持人在会议开始时就告知大家会议所需要的时间，并且在计划和规定的时间内完成相关事项，绝不拖延。在电视剧《大染坊》中有这样一个情节：宏钳染厂的老板雇了几个德国技工，这几个技工每天早晨8点准时来上班，到下午5点准时下班。有一次，在一个夏天的下午，老板看见这几个技工5点下班，但天上的太阳还很高，于是就问他们："怎么这么早就下班了？太阳还没下山呢！"德国技工回答："下班的时间到了，已经5点了。"老板告诉他们，在中国，人们的工作习惯是要等到天黑才能下班。后来有一天暴雨将至，天色暗沉下来，于是几个德国技工便收拾工具要下班。老板看见就问他们原因，得到的回答是："你上次说，天黑了下班，现在天黑了，所以我们下班了。"老板无奈地笑了笑。

（四）教学中融入课程思政来促进跨文化传播

1. 英语课程思政教学的意义

长期以来，英语教学中融入课程思政教学一直未得到应有的重视。在高校英语教学中，很多教师对于语法、词汇、结构等进行过多讲解，学生学习的目的也多是应付必要的考试，进而顺利毕业，期待毕业后能找到适合自己的工作。这样的教学模式更多是教书功能的展现，而忽视了育人功能。简单来说，当前的高校英语教学过分注重知识的传授，但是忽视了让学生认识世界与中国发展的大势，也忽视了让学生树立共产主义远大理想与中国特色社会主义共同理想的信念。因此，在高校英语教学中，课程思政教学的融入有助于提升学生的思想素质与道德素质，有助于培养学生具备正确的价值观与人生观，努力成为建设社会主义的接班人，实现教育的育人功能。

2. 跨文化传播的开展

1）语言传播中的文化因素

（1）讲话与沉默。讲话与沉默的价值、作用依文化不同而各异。比如，与美国人相比，亚洲人较为沉默寡言，他们喜欢采用间接的表达方式传递所要表达的意义。沉默本身也是一个重要的信息，它包含着很深的文化意义。本土美国人与欧洲美国人，对于沉默持有不同的文化价值观。这种不同通过一个事例即可看出。20 世纪 90 年代初，美国政府曾资助一个向本土美国残疾人无偿提供轮椅及其他电子设施的项目。美国有关部门通过电台、电视台向全国宣传这一项目，并鼓励有需要的美国本土残疾人拨打 800 个免费援助电话。消息公布之后，工作人员预期将收到成千上万的援助请求。但令他们吃惊的是，经过两年的时间，这个项目的负责委员会只收到了几百个电话，而且几乎没有一个电话是美国本土残疾人自己打的，多数是由社区工作人员代打的。经调查发现，美国本土人的文化不赞成、不崇尚向政府机构寻求信息或服务帮助的行为。美国政府及有关工作人员耗费了大量的金钱与宝贵的时间，才了解了文化差异对人们的行为与效果的影响力。

在同一片国土上生活的人们竟有如此差异和理解错位，更不用说不同国度的人群了。几年前，曾有一位芬兰教授在美国做访问学者。有一天早上他乘公共汽车上班时，邻座的一位美国女士问他是不是芬兰人，这位芬兰教授简洁回答道“是”，之后便用报纸遮住脸，表示不愿继续交谈，但这位美国女士却兴奋地说：“真棒！快给我讲讲所有芬兰的事。”这位芬兰教授感到十分不自在，甚至有几分生气。因为在芬兰，文化准则不鼓励在公共场合与陌生人交谈。

不同文化在同一事物、情形之下，对于沉默和言谈的行为会做出不同的选择和使用。比如，在美国的一些大学里大都会有中国学生。在上课过程中，中国学生很少提问题，也不愿主动回答老师提出的问题。这是因为中国文化教育学生在课堂上要认真听讲，不要说话，因此，中国学生如果有问题，喜欢下课时单独问老师。此外，如果美国老师提问某个中国学生时，这个学生在回答问题之前，往往会有短暂的沉默，因为在中国学生看来，对于重要的问题要先思考一下，三思而后行。而由于文化的不同，作为老师的美国人则有时会等得不耐烦，马上又去提问下一位同学。笔者在香港期间曾听一位美国老师说：“当我在美国的课堂上提出一个问题时，我立即看到许多举起来的手；当我在香港的教室里提出一个问题时，我马上见到许多头顶，因为学生都低下头表示沉默。”①

文化对于沉默与讲话的不同准则会影响跨文化传播的效果。尊重他人的文化价值以及了解其他文化知识，是避免传播误解的关键所在。

（2）语言风格。每一种文化都有其特有的语言风格。这在跨文化传播研究中尤为明显。东西方语言风格不同，不同肤色的人群的语言风格亦不同。比

① 邵培仁 . 传播学导论 [M]. 杭州：浙江大学出版社，1997.

如，美国的黑人，具有口头传述的文化传统。黑人领袖大多具有讲演者的技能，如马丁·路德·金的著名的演说《我有一个梦》。学者们还发现，在黑人的教堂中，牧师在演讲过程中与听众不断交流信息，听众会不断给牧师以反馈，表达他们的感受和赞许。这在白人的教堂中则不常见。

文化取向也制约语言风格。有的文化认为自谦是一种美德，而有的文化则崇尚表现自我。比如，美国文化强调个人奋斗、个人成功，美国人讲话则往往充满自信和肯定自我的言辞。一位美国教授在谈及自己的家庭时说："我的孙子孙女们是世界上最好的，比其他的孩子更可爱、更聪明、更漂亮。"中国人往往不会这样表达，中国文化鼓励人们谦虚，不自我夸耀。所以，中国人在谈论自己的家人时往往自谦地说"不如别人"云云。

此外，低语境文化期待人们讲话要清楚，而且信息的内容要全部通过语言表达出来，不用听者从环境信息中去推测。而高语境文化可以忍受语言的含糊性，喜欢间接表达意义，强调听者的悟性。举一个简单的例子，一位新的雇员到公司上班后，上司派给她一项工作，让她负责整理一下老客户的名单，并添加新客户名单。倘若在中国，上司只会将材料交给这位新手，大致讲一下要求就会走开，具体如何完成这项工作，这个雇员要在做的过程中学习，通过询问或观察其他雇员并从中学习。倘若在美国，上司交代工作时，会详细讲述此项工作的步骤，甚至将说明写在一张纸上，连同任务一同交给这位雇员。文化的差异决定了语言传播中信息的含量和清晰度。

（3）自我披露。自我披露指自己在何种程度上向他人泄露自己的个人情况。文化类型和个体性格类型（性格内外向程度），决定自我披露的状况。此外，对于不同事情，人们的自我披露程度亦不同。比如，在私人生活方面，人们一般不愿向他人透露自己的性取向。一个已婚的男 / 女人也未必与别人谈自己的性生活。社会行为准则往往不将这类题目作为一般的谈话内容。

学者们对自我披露进行过大量研究。有研究结果表明，女性并不比男性愿意泄露个人隐私，也就是说性别与自我披露之间并不存在显著的联系。但普遍说来，男性和女性在与陌生人交谈时，往往对描述性的信息透露得多，而与配偶之间交流的常常是自己感情方面的信息。通常，当某人向另一个人透露自己的隐私或个人信息时，往往期待对方也要一定程度地透露自己的信息作以回应。归根结底，文化因素决定着自我披露以何种程度为适度。以集体为中心的文化和高语境文化中的人们，其自我披露相对较低；而以个人为中心的文化和低语境文化中的人们，其自我披露程度相对较高。美国人较中国人更多地谈论自己的健康、内心感受、内心思想之类的话题。东方文化认为，以自我为中心的谈话是傲慢、自负的表现，应尽量避免。当美国人与中国人接触时，美国人有时会讲述自己以前女/男朋友的事，中国人往往不会对美国人透露同类的隐私。因此，美国人有时会认为中国人不够坦率、诚恳，而中国人又会担心美国人是否别有用心。不同的文化对于自我披露的语言行为有不同的标准。

（4）内容与关系。传播学家将信息分为两个层面：一为信息的内容，或所说的是什么；二为关系，即信息是如何传递或表达的。这一划分方法首先由美国人贝特森（C. Bateson）提出。他有一次在观察旧金山公园猴子玩耍时，留意到一只猴子在咬另一只猴子，看上去像是在打架。但实际上这种咬的行为只不过是一种玩耍方式而已。因此，他推断，在“咬”的信息发出之前，一定有某种信息或信号在两只猴子之间建立了玩耍的关系。贝特森称这一关系信息为玄妙传播，即关于传播的传播。

人类传播活动中也经常使用关于传播的传播。譬如，当一个人用冒犯性的语言评价好朋友时，脸带笑容，这位朋友从笑容里知道，这个人只不过是开玩笑而已。传播学家们研究过不同文化环境中，传播信息的内容与关系的问题。研究结果表明，集体主义文化较偏重信息的关系层面。处于集体主义文化的人们在谈话时会注意不能让对方丢面子，不要伤害对方。信息内容清楚与否为第二位，维系关系比完成工作更重要。因为集体主义文化中人际关系的一个重要部分是面子，即一个人希望在某一环境下呈现给公众的个人形象。在集体主义文化中，人们特别注意自己给他人的印象。为了维护他人的面子，语言传播中要注意多使用赞扬、自谦、道歉、恭敬的词语，在公众场合最好不批评他人。例如，一个工人由于不知道如何操作某一机器而认为机器坏了，当她告诉组长时，组长想了一个理由把她支开一会儿，然后假装在那里“修”了一会儿机器，因为机器没坏，只是这位工人不知如何按一个按钮。待这位工人回来后，组长告诉她机器修好了。组长的这种做法就是为了不让这位工人感到自己笨拙或无知而丢面子。

在个人主义文化中，传播偏重信息内容层面，清楚、简洁、直截了当是人们喜欢的交谈方式。人们认为传播效果好的关键，取决于信息的清楚无歧义。当然，有些场合也要求传播者使用含糊语言，以便表示对他人的尊重。比如，当一位女性因不愿做一位男性的女朋友而谢绝男方邀请外出时，女方趋于使用含糊语言给出理由，如“我很忙”“我要准备考试”等，这种回绝方式比“我不喜欢你”更为合适。又如，一些女性不喜欢被问及自己的年龄，在遇到这类问题时，往往只回答说:“这是个秘密”或“噢，对不起，我忘了！”这种含糊其词的回答好过直接说“我不告诉你”。

在传播中维护面子包括维护自己与维护他人的面子。在集体主义文化中，人们偏重维护他人的面子；而在个人主义文化中，个人形象更为重要。但就个人形象而言，亚洲人对此的重视程度也高于西方人。故有民谚说:“死要面子活受罪。”

2）非语言传播中的文化因素

（1）体态语。体态语又称为“身体的语言”。美国心理学家伯德惠斯特尔首先提出了体态语这一概念。他指出，人身体各部位肌肉的动作、器官运动都可以表达感情态度，这些机制所传递的信息意义往往是语言传播所不能及的。体态语包括手势、面部表情、目光姿态、打招呼的形式。

手势是体态语的一种形式，它又可以分为以下 4 种。

①象征手势。象征符号是指可以译为文字的，被有意用来传递某种信息的符号。比如，同一只手的食指指尖与拇指指尖相接表示“OK”,“V”形手势表示“胜利”，这些符号的意义是美国人的共识。但象征符号在不同的文化环境中会表示不同的意义。如，在美国等国家表示“OK”这个手势，在日本表示“钱”的意思，在法国代表“零”或“无价值”，在马耳他指“同性恋”，在一些拉丁美洲国家则是“性行为”的标志。所以，同一手势在不同文化群体中具有不同的象征意义。细心观察还可以发现，性别差异也体现于手势中。如，日本女人常使用的象征手势是在笑时用手捂住嘴，这一手势蕴含着一种女孩子气，有可爱、礼貌的意义。在日本这个动作只有女人做，男人笑时，从不用手捂住嘴。

②图解手势。图解手势是指用来说明、补充言词的非语言手势符号。如给人指路时的手势，这类手势具有加码和译码双重功能。有时人们用在空中挥舞手臂的方式强调自己所说的话。如，清晨你出去见到邻居身着运动服归来，打招呼时，邻居会告诉你他 / 她去跑步了，在说话的同时往往挥舞双臂做出跑步的姿态。研究发现，讲话人的情绪愈高或听话人似乎听不懂时，讲话人使用图解手势愈多。

③调节手势。调节手势的作用在于控制人际传播过程的进展，在人际传播

活动中起着调节作用。比如，人际交流过程中双方应该知道谁先说、谁接下去继续说，如果双方同时开口就会影响传播效果，其实点头、直视对方以及将手摊开指对方的动作，都意味着请对方开口。

④适应势。有些手势是出于适应当时环境的需要，这类手势被称为适应势。比如，在咳嗽或打哈欠时，将手捂住嘴，这种手势是出于当时身体的需要。在强烈的阳光照射下，用手挡住阳光（放在前额上）也是一种适应势。人们开 / 关门的动作有时也是适应身体和环境的需要（如怕冷或热、怕吵闹等）。在跨文化研究中发现，这些貌似生理上的反应，实际上也受到文化和环境的影响。譬如，有的文化不要求人们在咳嗽时捂住嘴，一个人独处时可以随意咳嗽。此外，适应势手势的使用有时与感情有关，当某人感到尴尬、不舒服或焦虑时，可能会抓抓头、摸摸后脑勺或搓搓手等。

（2）面部表情。萨莫瓦等人认为，每个人都是演员，带着各种各样的面具。面孔是人身体的一部分，人们走到哪里，它就跟到哪里。面部表情千变万化，含义复杂[①]。美国人梅赫拉宾（A. Mehnbian）指出，在人与人面对面的传播中，所传递的意义的 55% 来自面部表情[②]。研究表明，人类主要有 6 种感情可通过面部表情传达出来，即悲伤、高兴、厌恶、愤怒、惊讶和恐惧。曾有学者做过实验，让来自不同文化的人们观看同一部有令人恐惧不安镜头的电影，受试者并不知道有镜头在拍摄他们。结果表明，无论受试者来自哪一种文化，当看到不安画面时，他们的面部表情基本上是相似的。然而，当受试者知道他们在接受观察研究，而且有研究者在场时，来自不同文化群体的受试者，对于恐怖不安画面的面部反应却有所不同。因为某些类型的文化要求人们掩饰自己的情绪（比如，日本人会用微笑掩饰自己的不安和消极的情绪）。属于不同文化群体的人们会产生或具有相同的情绪，但是面部表情却可能会有所不同。因为人们自觉或不自觉地使用符合自己文化规则的方式操控面部表情，以便做到强化、减弱、中和、掩饰自己的真实情绪。

（3）眼神。眼睛是心灵的窗户，也是传递信息的重要渠道。俗话说：眉目能传神。研究发现，在社群传播中，人们大约用 30%~60% 的时间与别人眼目传神。当人们听他人讲话时，会注视讲话者；当人在讲话搜索词句时，会将目

---

① SAMOVAR L A，PORTER R E. Intercultural communication：a reader[M]. Belmont，CA：Wadsworth，1997.

② MEBRABIAN A. Silent message[M]. Belmont，CA：Wadsworth，1981.

光转向空间；当听讲人对讲话内容感兴趣时，他 / 她会较长时间注视讲话人；当有人被盯着长达 10 秒钟以上时，就会感到不自在；当地位不同的人谈话时，地位低的一方有时会避免对方目光的接触。眼神或目光的接触方式，往往受到性格、性别和文化因素的影响。例如，一位中国留学生因为学习问题被美国老师叫到办公室谈话，这位学生在谈话过程中大部分时间目光朝下似乎在看地面，而不是直视老师。在中国这意味着学生尊敬老师，而在美国老师看来，这意味着不诚实和不尊敬。那伐鹤印第安人认为目光直视对方是一种表示不赞成或不接受的行为。因此，除非在特定场合，否则人们不会相互直视。此外，一些眼部动作所表达的意义也因文化不同而各异。比如，眨一只眼睛，在美国意味着"我只不过开玩笑"或调情。但在尼日利亚，对孩子眨眼是示意让他 / 她离开。

（4）姿势或姿态。人们的姿态动作总是有意无意地"泄露"其内心的秘密和隐藏的信息。这是因为人的每一种姿态都是心理状态与生理状态的信息外化，同时，它们还同当时的环境相关。每个人都能够根据传播经验和文化背景，从姿态动作中推断或推测出有关的信息，并加以运用。

谈话时人们可以面对面坐，也可以肩并肩坐。谈话时，手脚摆放的姿势也反映着谈话者的心理状态（或轻松、紧张、激动、不安等）。姿态动作的状态是与讲话的内容相适宜的。换言之，在信息传播过程中，语言与非语言行为合拍一致，身体的各部位有机协调。

（5）打招呼形式。不同文化群体的人们，打招呼的方式也各异。美国人喜欢握手、拥抱或拍拍对方的肩。波利尼西亚男人之间打招呼是在拥抱时互相抚摸背部。中国人彼此打招呼时，可以点头、鞠躬或两手握在一起放在胸前，以示对对方的尊敬。越南的女性之间问候时，往往不握手。对于越南人而言，不同年龄的人挥手有不同的意义，挥手是成年人叫孩子的方式，孩子不可能对成年人挥手。而且不能随意拍女人的后背，这是一种不礼貌的行为。人际关系也影响打招呼的方式。比如，在中国，鞠躬通常是地位低的人向地位高的人打招呼的方式；如果一个人向几个人问候，往往要先问候其中地位高的或年长的人。而在美国，人们只是按方便顺序依次问候。由此可见，打招呼的方式也是文化的组成部分。

（6）空间与距离。每个人都生活在有形或无形的空间范围内，从而构成他（她）自己的领地。空间距离是美国人霍尔的主要研究之一。在芝加哥居住期间，他拍摄人们等待公共汽车时的场面，以观察人与人之间的距离空间。霍尔研究时使用的一种方法是，将拍摄到的人群的照片剪开，让不同的人分别将其中两个人放到他 / 她认为合适的距离。然后，霍尔进一步分析，为什么有的照片上的人被放置在较近的距离，而有的则放得较远。

研究表明，交谈中两个人所站的距离表示二者之间的人际关系状态。霍尔发现，当一个美国男士与不熟悉的人交谈时，两人之间的距离大约为 20 英寸，如果对方是女士，这一距离会再增加 4 寸左右。而在拉丁美洲和中东一些国家，人与人之间谈话时的距离会大大缩小。当美国人与拉丁美洲人交谈时，拉丁美洲人会觉得美国人冷漠，而美国人则会怀疑拉美人有什么企图。显然，人与人之间的空间距离与文化有关。

人们有时意识不到空间距离所传递的意义。比如，当不认识的人由于客观环境所迫，不得不站得很近时，诸如在拥挤的公共汽车上或电梯里，这时人们很少讲话，避免目光接触，身体姿势处于一种紧张状态。如有人无意间碰到另一个人，马上会道歉，感到尴尬或不好意思。似乎每个人的周围都有一层无形的阻隔，划出每个人的领地，不可介入。

空间距离还以其他方式影响人类传播活动。当有人进入某人办公室找他 / 她谈事情时，这个人是站起来迎接，还是坐在自己办公桌后面，这也在向人们传递着某种信息。学校教室里桌椅的摆放方式表现了学校的教学思想和教育模式。大学里外语系学生的教室桌椅常摆成一圈，便于学生参与讨论。大教室的桌椅往往是一排排的摆设，讲台在最前面，这种空间利用方式表明，在大教室中学生只是听课，很少参与讨论。此外，即使是一排排摆设的桌椅，坐在前排的同学，与教师较近，目光接触较多，参与课堂活动也较积极，而坐在后排的学生往往课堂上不太主动回答老师提出的问题。

宗教信仰也影响空间的安排。比如，那伐鹤印第安人的房子正面朝东，这意味着为了迎接初升的太阳。按照那伐鹤印第安人的传统信念，他们应该面向太阳开始每一天。穆斯林认为他们屋子的主要房门应朝向伊斯兰教圣地麦加的方向。空间距离还通过领地的概念影响着传播。每个人的领地大小不一，取决于文化背景、性格、二者之间的关系性别等。英国人喜欢宽敞的空间，拉丁美洲人则喜欢保持近距离交谈。一个人与朋友比与普通同事交谈时靠得近。性格内向者交谈时比性格外向者与对方保持稍大的距离。两个女人交谈时比两个男人交谈时靠得更近。每个人、每个国家都应尊重他人、他国的领域和空间，侵占、进犯他人或他国空间或领域，往往导致冲突甚至战争。历史上许多战争的爆发都是由于空间即领土争端所致。所以霍尔说：“空间在说话。”空间和距离的确用不同的方式在说话，往往“此处无声胜有声”，因此在传播活动中起着重要作用。霍尔分析了美国人在不同环境下人际交流的空间距离，可分成 8 种距离。因为人与人之间交流时保持的距离受文化影响，所以霍尔的分析对跨文化研究很有启迪作用。

（7）触摸。触摸是传播的一种手段，可以用来表述和说明相互的作用和性质，具有职业性、礼貌性、友爱性、情爱性等交流功能。触揽行为可以传递 3 种主要信息。

①情绪信息：母亲触摸孩子表示照顾和喜爱；人们分别或见面时可以用触摸表达情感。

②地位信息：一般说来，主动触摸对方的往往是地位较高的人，而且两人之间没有障碍和矛盾。所以，在日常交流中，大多是老师触摸学生，地位低的一方往往希望得到地位高的一方的触摸，以表示地位高的人对他们有好感。

③安全信息：被触摸者会有一种慰藉感、舒服感、满足感和受保护感。触摸的动作受社会规则制约。谁在何种环境下触摸谁、触摸哪个部位，不同文化会有不同规范。比如，在中国同性之间比异性之间触摸多，但在美国很少见到两个男性手拉手或肩搭肩在街上走，以避免被认为是同性恋者。在美国人与人握手时要有力，而在坦桑尼亚人之间握手时手掌几乎不接触。在印度公共场合很少见到人握手，即使有，握手也应该是十分轻微的。印度人喜欢将双手合一，放在胸前，向人们问候致意，触摸对方式的问候往往是对父母、老师或其他受到高度尊敬的人。摩洛哥人在与对方握手时要亲吻对方的手。土耳其人在讲价时要握手，直到达成交易才松开。伊斯兰男人互相致意时要拥抱，然后分别亲吻左右脸颊，同时用阿拉伯语说“和平与你同在”。日本人以鞠躬向对方致意，腰弯的程度是 30 度、45 度还是 90 度依对方的地位而定，而且要由地位高的一方先直起身来。

（8）服饰。人的外貌、衣着以及随身佩带的物品，由于品牌、形状和风格不同，所传播的信息就不同。这里的服饰包括衣着、帽子、鞋和个人配备的物品（如眼镜或手提包等）。衣着传递着重要信息，不同场合有不同的衣着要求（职业装、休闲装、便服、礼服等），从人们衣着的状态也能推测出其所处场合或情形。此外，文身、耳洞等也受文化规范的制约。传播参与者应对外貌和衣着有正确的认识，恰到好处的外貌和衣着有助于信息的准确传播，同时也应注意避免以貌取人和“衣帽取人”。

（9）感官。感观是指人们的五官感觉。人的五官是非语言传播的工具。比如，人体的气味传递着某种信息，它可以提醒人们某人是否与自己有同样的喜好，是否可以接近等。不同文化群体的味觉也有区别。同理，听觉和视觉也受文化的影响，不同的民族或地区的人们喜好不同的音乐就是一例。人的五官往往同时工作。美国人多德提出一个公式，用来计算人们在跨文化传播中五官反应：感官差异 = 不喜欢的感官经历 / 喜欢的感官经历。多德公式表明，如果不喜欢的感官经历大于喜欢的感官经历的话，感官差异指数就大。指数愈大，差异愈大。克服感官上的差异是文化适应的一个重要方面。

（10）副语言。副语言包括人发声器官所发出声音的音量、音调、重音、口音、讲话速度等。副语言是有声的非语言符号。通常，凭借电话里一个人的声音，可以猜测这个人的性别、大概年龄及其他特征。声音的大小也是副语言的重要组成部分。一般说来，在距离较远的地方或公共场合，人们会提高音量讲话。阿拉伯男人讲话声音很高，是为了表示真诚。泰国人讲话声音很轻，尤其是妇女，这是一种礼貌的表现。

从非语言符号的分类看来，不同的非语言符号传递着不同的信息，同一非语言符号在不同文化中也可能赋予不同的意义。跨文化的研究不能离开非语言传播的研究，因为它与语言传播相互补充、相互依托、相互作用。

3）语言能力、非语言能力与跨文化传播

（1）语言能力与跨文化传播。

①听力。听力是语言能力的一个重要组成部分。传播行为是双方的，对于每一个讲话者，至少会有一个听者。在传播过程中，信息接收者的作用与信息发出者的作用同样重要。人群中大部分人不是积极的听者，而是消极的或被动的听者。罗杰斯认为，积极的听力包括 5 个步骤：听到信息、理解、记忆信息内容、评估信息是否正确或可靠、反馈（即对所听到的信息给予回复）。文化因素影响以上每一个步骤，有的文化要求人们机械地听，不鼓励对所听到的信息进行评价。有的文化认为向说话者提问或向说话者提出反对意见是不礼貌的行为。此外，不同的文化对于人们如何表示注意听也有不同的准则。在跨文化传播中，传播双方或使用外语的一方，可能会赋予某种信息以原本没有的意义，这样可能会造成误解。此外，有些词字面上的意义虽然一样，但对于不同

文化群体的人或许会有不同的感情色彩。所以，对于不同文化的人群，对同一个词的字面或引申意义，可能会有不同的理解和释义。语言中的词或短词均具有文化色彩，人们对它们的理解和释义受文化的制约。

②语言转换。依据语言相对性理论，语言影响思维，从而影响词语传递中的意义。熟练地使用一门外语，并非易事。为了能够了解一种文化，首先要掌握这种文化的语言，并在传播活动中通过语言的使用更好地了解这一文化。人们在传播过程中从使用一种语言转换到使用另一种语言，被称为“语言码转换”。跨文化传播过程中，传播双方至少要有一方能够熟练使用两种语言。语言的种类可能会影响意义。在与外国人交流过程中，如果能熟练地使用对方国家的语言，会使对方产生一种亲切感，这样有助于建立和发展友好关系，消除隔阂。跨文化的传播，可以在宏观文化和微观文化基础上进行，语言的转换亦如此，它既可以在宏观文化基础上进行，也可以在微观文化中进行。例如，在医院，医生应尽量使用患者的语言，这样会使医患之间的沟通顺利进行。因此，语言（或方言）转换是跨文化传播的重要的语言能力。

③意义寓于文化之中。文化影响人们的感知和行为，也决定着语言的意义。字典并不能写出每个字词的全部意义，意义寓于文化之中。比如，英文“bad”可以指某些坏事，也可以指某些好事，这取决于具体的文化语言环境。跨文化传播中要求传播双方能了解或用对方的眼光去看世界，牢记文化与语言可以影响人们的感知结构。

（2）非语言传播能力与跨文化传播。

①文化规定非语言传播的行为规范。

不同的文化有不同的规范，适宜于一种文化的非语言行为可能会在另一种文化环境中引起反感。如果某人的行为违背了当事人的期望或侵犯了当事人的私人领域，当事人会不自觉地做出反应。文化规定哪些非语言行为在哪些场合下是符合规范的，如果别人违背了当事人的期望，当事人会对那个人产生不好的印象。比如，在苏联总理赫鲁晓夫访问美国时，在走下飞机的同时，他用双手举过头顶并紧握在一起的动作向到机场欢迎的群众表示致意。然而，这一动作却激怒了美国人。因为这是拳击比赛中胜者常用来表示击败了对手的手势。赫鲁晓夫的这一动作在美国文化中象征着美国人被击败了。

不同文化对于在某一环境中人坐立的姿势要求也不同。美国人有时与下属或朋友交谈时，把双脚放在桌子上，这种习惯对于中国人来说难以接受，因为这被认为是对客人不礼貌的行为。此外，美国人朋友之间告别时男士可以亲吻女士的脸颊，中国人很少如此，中国的文化不接受这种非语言行为。不同文化对传递细微情感的眼神，使用也有不同规则。美国人交谈时要求对方直视自己的眼睛，尤其是下级与上级交谈时下级要直视上级的眼睛，这是为人诚实的标志，否则是不诚实、恐惧、冷淡、心不在焉、内疚、虚伪的表现。与之相比，中国人在交谈时不像美国人那样直视对方的眼睛，尤其是下属对上级，交谈过程中有时下属会低下头或目光向下，以示谦卑、听从上司的教诲。

不仅不同文化对于体态语等非语言传播行为的要求不同，哪些非语言行为可以在公共场合使用，不同的文化也有不同的规范。在中国文化中，男女之间如拥抱、亲吻这些表达亲密感情的非语言行为较少在公共场合使用，旁边的人看到这些动作也会感到不舒服。而这在欧美等国则无伤大雅、不足为奇。

世界上常常不存在普遍正确的非语言行为。所谓正确或适宜的行为，都是对于具体文化、社会、环境和传播参与者而言。不同的环境对于非语言行为有不同的规范。

②一种非语言符号表达不同意义。

对于非语言传播行为规则的遵循，往往是在无意识中进行的。只有当人们违反了这些规则时，才意识到它们的存在。对于规则的违反，会影响传播效果，妨碍双方之间建立友好关系。因此，提高文化差异的敏感性，培养跨文化的非语言传播能力，是传播活动顺利进行的重要保证。

首先，跨文化传播的参与者要注意观察一种文化的非语言传播行为。了解不同文化群体的习惯性的行为，观察他们在何种场合下，针对何人、就何内容、使用何种非语言符号，并观察他们如何使用时间、空间和体距，在此基础上对于不同文化的非语言行为给予试探性的解释，然后再将试探性的解释应用于实践中，反复检验，从而得出正确的结论。

其次，跨文化传播过程中要注意避免情感因素对于非语言行为的评价和影响。世界上不存在普遍正确的非语言行为，一种文化认可的非语言行为可能完全不被另一种文化所接受。对于不同的气味、不同的体态语、不同的体距、不同的衣着，人们往往会产生不同的情感反应（如因看不惯而不喜欢等），这属于正常现象。重要的是传播者要多了解文化知识，控制自己的感情，克服民族中心主义，这是跨文化传播能力的重要部分。

最后，在跨文化传播过程中要注意多询问。即使进行了细致的观察，并在反复的实践中得出概括性的结论，也不能担保不犯错误，因为并非每个人的非语言行为都会百分之百地符合概括性结论。如果犯了错误，在适当的情况下，要询问对方，以便清楚错在哪里，加以改正，从错误中学习文化知识。非语言行为导致许多跨文化传播的误解。

学习另一种文化的非语言行为并非易事。许多规则不是写出来的，即使人们知道另一种文化的非语言符号，非语言传播的下意识性也需要使用者反复应用才能达到自如。培养跨文化传播中的非语言能力需要经过很长的适应过程。

第二节　英语教师的文化素质

一、英语教师文化素质的概念

教师的文化素质是一种综合的心理特征，是教师职业素养的重要组成部分，是教师在拥有一定文化知识并加以内化的基础上形成的，反映教师的人格、气质、情感、世界观、人生观、价值观等个性品质。由于教师职业的特殊性，教师文化素质应该包括三个方面：教师的任务是传播文化，因此教师必须具备建立在普通文化知识基础上的基本文化素质；教师应该是所教学科的学者，因此他必须精通所教学科的知识，并具备能驾驭本学科教学的文化素质；教师从事的是一种培养人的专业工作，因此教师必须通晓教育科学知识，并树立体现在自身教育态度和理念中的教育文化素质。

英语作为国际通用语，它在社会发展中的作用显得越来越重要。因此，在我国的英语教学中，实施素质教育势在必行。英语课程的任务是激发和培养学生学习英语的兴趣，使学生树立自信心，养成良好的学习习惯和形成有效的学习策略，发展自主学习的能力和合作精神；使学生掌握一定的英语基础知识和听、说、读、写技能，形成一定的综合语言运用能力；培养学生的观察、记忆、思维、想象能力和创新精神；帮助学生了解世界和中西方文化的差异，拓宽视野，培养爱国主义精神，形成健康的人生观，为他们的终身学习和发展打下良好的基础。持续进行的英语教学改革对英语老师提出了高要求，改革的成功与否关键在于教师，教师素质在提高教学效益中的地位至关重要。

二、英语教师文化素质的培养

（一）掌握精深的专业知识，应该具有一定的专业理论水平

扎实良好的英语专业基础知识和专业理论水平，是教师备好课、上好课的前提，是搞好英语教育教学工作的“金钥匙”。因此，英语教师必须明确本学科的教学指导思想和教学目的（知识、技能及标准），熟悉把握好教学内容，精心搞好课堂设计与安排，积极探究传授知识、培养学生技能的基本方式方法等；英语教师必须具备良好的专业基础知识，熟悉并了解英语的特点和语法等；英语教师还必须了解并向学生介绍古今中外的文化、历史、语言交际习惯和各具特色的民风民俗等。通过学习、比较与借鉴，学生对中外文学作品会有更深入的了解和认识，对英语阅读的兴趣也会更加浓厚，学习热情更加高涨。

（二）具有相当的文学知识和文学修养

中国是一个有着浓厚传统文化沉淀的礼仪之国，有着独特的伦理道德标准，也有着独特的历史文化底蕴。英语教师理应继承并弘扬这些优秀的古代文化，在教学中宣讲这些文化与伦理道德，教育学生尊敬师长、团结同学，既要报答父母的养育之恩，又要尊重教师的劳动成果；教育学生谦虚谨慎、待人有礼，树立正确认识、建立团队精神；教育学生在生活上互相关心，在学习上互相帮助，共同进步、共同成长。因此，英语教师必须有一颗宽容、博大的心，要有爱心，要平等、客观、公正地对待每一个学生。在英语教学过程中，教师要努力培养学生的团结合作意识，积极热情地为学生搭建“友谊桥梁”，为之创造共同合作的空间与机会。

（三）具有一定的精神文化和表达文化

教师的主要任务是教学，简而言之，就是上好课。在教学过程中，中学英语教师必须选择合适的教学方法，语言流利、形象生动地把自己所掌握的知识传授给学生，帮助学生完成阶段性的学业，并且使之掌握好的学习方法，树立“终身学习”的思想。为了传授英语知识和表达教师的情感，也为了完成教学任务，达到教育教学目的，英语教师应该做到以下几点：发音正确、吐字清晰、语言流畅、语意连贯；态度祥和、思想端正、表达准确。这就要求教师具备扎实的英语语言功底、较好的逻辑思维能力和英语言组织能力；选择合适的教育教学方式，形象生动地传授知识、表情达意。这是英语教师必须面对和解决的实际问题。

第三节　文化背景下英语教师的教学设计能力

一、明确英语教学的目标

（一）英语知识目标

知识作为教学目标是过去相当长时间里的惯例，甚至现在也有人认为，教师的教学目的是传授知识。

一般来说，在现代英语课堂的实践中，英语知识有两层意思。第一层意思是英语的基础知识，包括英语语音、英语语法、英语词汇，旧称英语的“三要素”或“三基础”。教学在于掌握基础知识，采用的方法是练习，目的是使学生具备英语的基本功。第二层意思是只认为“三要素”是英语教学知识的目标还不够，因为“三要素”的基础是英语的基本单位——单词，而后来的研究则认为句子或语篇是人们日常理解英语的单位，只靠独立的单词或句子确定不了英语的意义，尤其是整体教学方法的出现，更扩大了英语教学中对英语知识的概念。也就是说，英语知识应包括语音、词汇、语法、句子和语篇，也要包含有关它们的规则。

课堂英语教学的内容就是上述五项，较常用的是前三项或四项。教是英语课堂的主要现象，教师的教学工作占据了课堂的绝大部分时间，他们尽量让学生懂得所讲内容。用较少的时间进行练习，检验学生是否理解，最后用听写、提问等方法进行检查。讲授英语规则时，学生能举出例子便认为他们学到了知识。学生学习的主要手段是记忆英语单词，掌握语法规则，这样就算学好了英语。而事实上，英语知识转化为英语技能才可以说具备了英语语言能力。

（二）英语技能目标

英语技能作为教学目标是当前实行的中学、大学英语教学大纲中规定的。胡春洞先生（1980）讲：中学英语教学大纲规定中学英语教学的目的，是对学生进行听、说、读、写的基本训练，培养学生在口头上和书面上初步运用英语的能力，侧重培养阅读能力．为进一步学习和运用英语切实打好基础。大学的各种教学大纲中英语技能也是主要的教学目标，只不过英语技能的培养要求不同而已。

英语技能的内容众所周知，有人说外语要再加一个技能：翻译，这样就有

5个技能。听读有接受的作用，说写具有产出的功能，所以人们常把听和说作为一对，读和写作为一对来处理。听、说、读、写、译的单项技能训练是互相促进的，这也是为什么把听说、读写分别放在一起的原因。各种单项技能在不同阶段、不同课程和不同的教学环节中各有侧重。单项技能课要根据情况有意识地配合其他技能的培养。

听、说、读、写、译作为英语教学的目标显然是毋庸置疑的，当学生实际获取英语技能时还需其他附属技能。譬如，教授英语阅读时，就要教授学生如何处理英语词语的技能、处理英语文本技能，甚至在正规英语测试阅读中处理问题与文章顺序技能。这5项技能不是教出来的，是训练和反复练习出来的，所以，就要让学生多听、多读、多说、多写、多译，而且要把已学的英语知识与情境联系起来，把英语的言语形式与文化背景联系起来，言内之意与言外之意联系起来，语言手段与非语言手段联系起来，英语表达方式与交际功能联系起来。

（三）英语交际能力目标

学习英语，获得英语知识和听说读写译的技能，最终的目的是交际，因此，交际能力是学生课堂英语学习的目标。交际能力作为教学的目标，是英语教学发展和进步的需要。所谓英语教学发展和进步的需要只学英语知识是不够的，要把英语知识转化成英语技能，英语知识不是英语教学的终极目标，只是英语教学中要达到掌握英语技能的手段。而掌握了英语听、说、读、写、译的技能也不是英语学习的终极目标，因为掌握了这些技能的目的是交际，学生具有交际能力才算达到了英语教学的目的。

二、把握基本的英语教学原则

（一）精讲多练原则

学习语言基础知识是学习、掌握英语的手段而不是目的。语言知识当属知识范畴。知识不等于能力。但掌握了知识的人经过技能训练，则可使知识转化为能力。学英语不是为了学习语言知识，而是为了用英语进行交际。为此必须对学习者进行大量、反复的言语训练，即通过听、说、读、写、译的训练达到掌握听、说、读、写、译的言语能力，最终形成交际能力的目的。在听、说、读、写、译的训练过程中内化语言知识，使学习者能做到举一反三、触类旁通。

从我国大多数学生的基本状况来看，学生学习、使用英语基本上只限于课堂的 45 分钟。教师如不能在课堂上给学生提供足够的练习英语的机会，课后他们则很难做到这一点。为了培养学生为交际初步运用英语的能力，教师必须把每节课的大部分时间（如 35 分钟左右）交给学生，让学生在“游泳中学会游泳”，在言语操练中学会言语并形成熟巧。学生的思维能力已相当发达。他们在接受语言知识方面并没有太大的困难。只是由于汉语的干扰，在使用英语时常出错。为了克服汉语的干扰，教师要付出努力，才能使学生逐渐熟悉、掌握英语的语言规则。为此，言语训练应成为教师教学的重点，教学中要做到精讲多练，讲中有练，练中有讲，讲练结合。

“精讲多练”是人们在长期的英语教学实践中总结出来的一条经验，它既肯定了精讲基础知识和加强基本训练的作用，又明确了两者的关系。精讲就是精选教材重点，抓住关键问题和基本内容进行重点讲解。多练是由知到能，由能到熟练的技能训练，即基本训练。加强基本训练，就是要多练，要将语音、语法、词汇、日常交际用语及听、说、读、写、译综合起来进行，把机械识记和活用训练结合起来，练习的内容绝不是多多益善，而是要精心选择。

（二）注重交际原则

人们之间的交际主要通过语言来进行，通过语言交际，达到相互了解、交流信息、交流感情的目的。不论采用口头形式或笔头形式，都可以达到这个目的。所以，语言最本质的功能就在于它的交际功能。在交际过程中，人们应具有以下几种知识和技能。

1. 语言知识

（1）掌握外语的基本知识、一定数量的词汇和语法知识。

（2）具有一定的母语知识和能力。

2. 一定的听、说、读、写、译能力

听、说、读、写、译能力是言语能力的标志。语言的准确与流畅在交际中占有重要地位。言语能力是形成交际能力的基础能力。

3. 具有在一定情境下选择相适应的话语能力

即在什么样的场合会说什么话的能力，如喜庆的场合、庄重的场合和私下的谈话用语是不同的。外语教学不只是讲语法、操练句型，而主要是训练学生能在不同的交际情境中恰当地使用语言，使用和情境相适应的话语，使交际成功、和谐地进行下去。

4. 掌握交际者之间的关系

这就是说在说话时能考虑到双方的地位、身份，说出符合自己身份的话。“How old are you？”这句话，在用词、句子结构上没有什么错误。但在交际中并不是和谁说话都可以用这句话来问候的。对长者这么问，便很失礼，以致引起对方的不满，使谈话难以进行下去。

（三）加强训练原则

英语的教学过程就是对学生进行听、说、读、写、译的训练过程。听、说、读、写、译既是语言训练的途径，又是英语的教学目的，也是语言能力的表现。具有听、说、读、写、译能力的人才能把英语作为交际工具来使用。英语课即实践课。为了在教学过程中体现出实践课的特点，必须进行大量、反复的言语操练。言语操练的过程就是听、说、读、写、译的训练过程。

（1）课堂上教师要重视发挥学生在学习英语方面的智力因素作用，也要发挥其潜在智力因素的作用。机械操练在英语课堂教学中是一项必不可少的语言强化训练形式。通过这种训练手段可促使学生熟悉、记忆新学到的语言材料。它具有其他训练形式不可替代的特殊作用。但这项训练绝不是语言训练的终点。这项训练基本目的达到以后，必须适时地转向功能性交际训练和真实性交际训练上来。通过这三步训练，可以培养学生的沟通能力。在英语教学中，语言知识的讲解不是目的。讲语言知识是为了让学生实际地掌握语言，让语言知识在学生的言语实践中起指导和监察作用。内化语言规则的过程就是培养学生使用语言的熟巧过程，也是智力开发的过程。

（2）教学方法符合语言教学规律，符合五项能力训练的特点。每一节课教学目的明确，重点突出，难点确定准确，解决方法得力，关键抓得准，语言训练的广度、密度得当，就会大大提高课堂效率。教学得法，会极大地提高学生的求知欲望。好的教学方法会使学生一直处于积极思维状态，使每一个学生都会产生跃跃欲试、积极参加言语实践的强烈要求。学生在情绪振奋中会轻松愉快地完成一节课的学习任务，从而减轻了课后负担。

（四）开展第二课堂

第二课堂活动是学生在教师指导下自愿参加的一种课外活动形式。通过这种形式可以把对学英语有兴趣、有抱负的学生组织起来，以发展他们的个性与特长，培养他们的能力，开发他们的智力，开阔他们的视野。这项活动是课内活动的延伸，但不是补课。它有课堂教学不可替代的特殊作用。

英语第二课堂活动形式活泼多样，活动内容丰富，不受大纲、教材的限制，每次活动时间可长可短。在英语第二课堂活动小组里，可根据小组计划开展朗读、阅读、讲故事、唱英语歌、演短剧、书法展览、词汇竞赛、组织“英语角”、交流学英语经验等活动。活动小组可以由一个班的学生组成，也可以由同年级或不同年级的学生组成，发挥各自的长处，互相学习互相促进。

三、实施多种英语教学策略

（一）教学内容生活化

1. 导入教学生活化

导入就是引出课题。从开始上课到明确教学目标，这个阶段可称为“导入环节”。良好的开端是成功的一半。导入教学在整节英语课堂教学中占有重要的地位。它既可以集中学生的注意力，又可以激发学生学习的积极性，还可以增强英语教学的趣味性。例如，在教学新教材 JBII L70 时，首先让学生齐唱歌曲 *Are you sleeping*？，然后导出话题及学习任务，讨论“做梦”。因为每个人都经历过，特别是 10 多岁的孩子，正处于多梦的季节，这个话题马上就引起了同学们的兴趣，大家讨论激烈，气氛活跃，把英语教学导向人生。英语导入教学，应遵循一个基本原则，即导入的内容和方式要贴近学生的生活。导入还要注意做到自然贴切、新颖别致、紧扣句型。这是英语导入教学生活化的基本精神和根本要求。

2. 提问点拨生活化

英语课堂教学提问艺术最具代表性的现代形态是“点拨法”。“点拨”就是教师针对学生学习过程中存在的知识障碍、思想障碍和心理障碍，运用画龙点睛和排除故障的方法，使学生开动脑筋，自己进行思考与研究。例如，JBIII L95 第二部分，其要求是学习“though”的用法，在学生掌握了“though”的用法之后，可以向学生提出更高的要求：“Please say something about Australia. Why do we say Australia is very large, but the population is very small？”这些任务首先将知识还原为现实生活，是对生活本身的提问。

生活是人生智慧取之不尽用之不竭的源泉，是教学活动得以展开的现实土壤，是师生共同面对的现实世界。具有感染力的生活提问方式能够导致深刻的自我追问和反思，具有人性化的生活化点拨可以开启人生的自我感悟和探究。因此，只有坚持生活化方向，才能确保提问和点拨的质量。

3. 写作训练生活化

通过阅读教学让学生充分感知生活，对社会问题展开讨论，让学生探究生活，反思生活，与作者产生情感上的共鸣，这是提高英语写作能力的有效途径。新课程对英语写作要求越来越高，初中阶段主要是简单的英语应用文及段落写作，如日记、贺卡、留言、书信、看图写话及情景故事写作等。例如，初一学生学了教材 L28 后，可以要求他们根据学过的相关内容写一篇有关“Introduce yourself in English”的文章。另外，要求初三同学在学习语言的重要性一文后，根据中国申奥成功以及中国加入 WTO，要求他们写一篇有关“Why is English more and more useful？ And what should we do？”的文章，从而构建写作的生活化，基于现实生活积累人生体验，思考生活，理解生活，表现自我。

（二）教学方式互动性

互动是一种师生合作的实施形式。双向互动、情感交流、合作参与是互动的基本特征。它倡导参与者进行信息情感的双向交流传递，过程的参与、指导与互动合作可采取设问与提问方式、小组合作方式、集体讨论方式、师生合作参与实践以及其他多种方式。例如，教学 JBIII L28 *The Standing Room* 时，教师布置任务“What will happen if there are too many people on the earth？”

S1：If there are too many people on the earth，it will be difficult to find jobs.

S2：If there are too many people on the earth, there will be no enough food for everyone.

S3：If there are too many people on the earth, people can't find enough houses to live in.

S4：If there are too many people on the earth, there might be a lot of traffic accidents.

S5：If there are too many people on the earth, there will be standing room only on the earth.

（三）教学评价多元化

学习评价，往往会直接影响学生的学习状态。因此，教师一般会采用激励性的评价，但需要注意以下几个方面。

（1）评价角度的多元化。要从多个层面和角度评价学生的能力是否提高、素质是否提升，不能只测评学生的记忆力，只凭简单的分数就给学生排名次。

（2）评价机会的多层化。设置多次检查与测试，对自己学习结果不满意的学生可以继续参加测试，直到满意为止。取消一次考试评价学习结果的检测方式。

（3）评价方式的灵活化。平常的检测宜采用灵活多样的形式，不局限于试卷样式，可采用文章检测、口头表达检测等方式。

（4）评价标准的个性化。不同的学生可以根据自己学习水平，制定合乎个人的学习目标，目标最后的达成度是评价学生学习的重要尺度。

第五章　胜任力提升策略三：课堂管理能力

教学本身是一门艺术，而教学组织管理也是一门艺术。在实际的英语教学中，英语教师需要不断对教学组织管理展开研究和分析，对教育管理系统不断创新和完善，加强自身的综合素质以及其他能力的提升，并且不断完善和创新自身的知识结构，这样才能有效引导学生提高英语学习能力，实现教与学的有效融合。本章就来探讨英语教师胜任力的提升策略三——课堂管理能力。

第一节　教案设计与教材处理能力

一、英语教师教案设计能力

教案也就是课时计划，指的是备课过程中快结束时的一种基础性工作。无论备课的方式如何，都会以教案的形式呈现出来。一句话说，教案就是教学的实施方案。一般来说，英语教案的格式并不固定，可以是简单教案，也可以是复杂教案；可以是英语教案，也可以是中文教案，或者是中英混合教案。

一份较详细的教案通常应包括以下一些内容。

（1）章节课题。

（2）教学目的：教学设计部分相关内容的具体化，应重视能力的培养。

（3）课的类型：基础型、拓展型、研究型，或者新授课、复习课等。

（4）板书和教具：板书的设计，教具的必要性和合理性以及多媒体的运用等。

（5）教学重点和难点：教材和练习中的重点和难点。

（6）教学过程：如何引入、先讲什么、后讲什么等的具体步骤。

（7）教学方法：以一种为主，同时辅以其他方法。

（8）效果反馈：包括口头提问和书面测试等。

除了以上基本内容外，一份好的教案还涉及两项内容：教学说明和教学后记。前者不需要面面俱到，只需要将自己的思路阐明，即从学科课程标准与教学实际出发，说明这样设计的缘由与特色，并分析具体的步骤。后者是教学结束后写在教案后面的内容，是教师的一种课后反思。

二、英语教师教材处理能力

（一）分析开发教材

英语教材是指英语教学中使用的教科书以及与之配套使用的练习册、活动册、故事书、自学手册、录音带、挂图、卡片、教学实物、计算机软件等。基础教育阶段英语课程使用的教材是学生学习和教师教学的重要内容和手段。教材在英语教学中起着重要作用，是英语课程实施的重要组成部分①。

任何教材都不可能十全十美，教师在授课过程中应充分认识到教材的局限性，合理有效地分析教材是十分必要的。

（二）教材内容裁剪

如果学生基础好，教材“吃不饱”，应当进行补充；如果基础较差，教材任务过多，应当进行适当删减。把重点放在挖掘教材内涵上，按教学规律办事，依照教学内容的内在联系，克服每节课训练内容过于分散的弊端，使每节课以某一项语言技能为重点，集中时间、精力，保证每节课的技能训练目标落到实处。

1. 常见的剪裁原则

在内容剪裁、开发教材的艺术中，教师们常以下面几个原则处理教材。

1）化整为零，各个击破原则

“化整为零”，即把教材中所要达到的目标，要掌握的教材划分成多个小部分。“各个击破”是指以各小部分中选择最易达到目标着眼，然后由易到难一一攻克、掌握。不过各个击破后，还要把它们合为整体，完成交际目标。

2）提纲挈领原则

提纲挈领是外语教学中与“化整为零”相对的技巧。它不是把整体分割成部分，而是把握其要点。在外语教学中，从教学大纲的制定、教材编写、教学内容的选择以及课堂教学的组织与实施，都坚持了提纲挈领的原则。

2. 内容剪裁的方法

教学指导思想和教学方法对教学内容的选择、安排都有影响。一旦教学指导思想和教学方法确定下来，教学内容也就有了方向，因而教学内容的裁剪、

---

① 张瑞娟．初中英语课堂教学艺术 [M]. 北京：中国林业出版社，2005.

开发，不是盲目开发乱剪裁，而是在教学指导思想指导下谨慎完成的；是为了更能体现学生的主体性，为了教学内容更贴近学生生活，为了能真正培养学生交际应用能力。教学内容的剪裁开发主要有以下几种方法。

1）教学目的剪裁法

教学目的是在教学过程中要求学生达到的目标。根据教学目的的需要剪裁，即能够实现教学目的内容，多讲、详讲、多练、详练。反之则可略讲或不讲。例如，语音教学的好坏影响着学生的语音质量，语音质量又直接影响着整个教学过程。为此在外语教学中，无论其目的如何，都把语音教学放在首要地位。

初一学生学过字母和音标后，教师可凭借自己过硬的基本功组编一些语音教学材料，帮助学生练习发音要领，如把中学英语教材中编入的小诗、童谣、绕口令组合到一起，进行练习或比赛；充分地调动学生学习语音的主动性和积极性。学生在读以下小诗时，他们已不自觉地掌握了 /æ/ 的发音要领。

Chatter，Chatter

What a chatter

Clap your hands，it doesn't matter

当学生在读下面内容时，又在无形中掌握 /u/ 和 /uː/ 的不同发音规则。

At noon, I took a good book.

And sat by the pool in the wood.

I soon took off my boot.

And put my foot in the pool.

Oh！ How cool，how cool！

这样的内容剪裁，不仅活跃了课堂气氛，激发了学生学习兴趣，又轻松完成了教学任务。何乐而不为呢？

2）教学重点剪裁法

教学重点是在教材中起着关键作用和主要作用，并具有体现实际交际运用意义的知识内容。根据课堂教学的重点来剪裁，即与教学重点有关的多讲、详讲、多练详练，与之无关的则略讲或不讲。例如，在 Junior English for China（简称 JEFC）Book Ⅲ Lesson 31 *Merry Christmas* 中，本课意在练习特殊疑问句"+to do"作宾语。要求学生了解并掌握一些中外节日习俗，而本课 Part Ⅱ的 Practice 与此两者关系不太密切，教师完全可在课后充分练习巩固了 Part Ⅰ后，把 Part Ⅱ作为听力一带而过，而在对 Part Ⅲ进行讨论后再把 Work book 中 Lesson 32 的有关习俗的练习提前到 Lesson 31 的正课中进行补充练习，进而使学生更能自如表达在 Spring Festival 中的感受，并了解文化习俗，从而更好体现教学交际重点，加强实践性。

3）教学方法剪裁法

教无定法，教学方法由教学内容而定。为更好地完成教学目标和任务，教师可根据选定的教学方法来剪裁内容。例如，使用谈话法，可以选择那些易于提问的内容和形式；使用讨论法，可以选择有关键性问题的内容，重点突出组织学生讨论的方式；使用作业法，可以多设计些练习和语段，讲授的内容则相对减少。

4）文章体裁剪裁法

在英语教学中，学习的目的在于把所学语言知识自觉运用到实践中去，这不仅要求学生在语言交流中具备此能力，还要求学生能够阅读并掌握多种体裁的文章及各类应用文。文章体裁剪裁法，即可把同类体裁归纳到一起集中讲练，巩固训练，从而熟练运用。例如，在学生学习了一般现在时态后就可进行大量阅读了，教师可以把大量的小故事、小幽默组合在一起让学生学习，既帮助学生培养了阅读习惯，又扩充了词汇量，使学生获得成就感，进而提高对英语阅读的兴趣。

5）教学手段剪裁法

教学手段剪裁法是根据教学手段的不同，对教学内容进行剪裁。教师在教学中创造性地使用教材，特别是对教材适当剪裁开发更有利于因材施教，完成教学任务。但对教材的剪裁不能影响教材的完整性和系统性，这要求教师不断提高和完善教学手段，适应课程体系的要求。

（三）突出教材重点

教学重点是教材中起关键作用、主要作用，并具有现实运用意义的知识内容，或者说是某语言项目在某单元、某课节、某个环节中最基本、最重要的语言知识点。一节课的成败，整个教学的得失，关键在于能否处理好教材中的重点。具体突出重点的方法很多，可以归纳为以下几个方面。

1. 直观呈现法

直观形象是学生思维发展的主要特点，大部分学生的识记形式以具体形象起主导作用。在单词和简单的句型操练中，实物、卡片、挂图、简笔画、多媒体课件等直观教具更能提供形象、直观、多种感官刺激的语言材料。

例如，在初一英语教学中，首先要接触“What's this/that？ It's a...”的对话教学，由于句式简单，学生能快速操练。为巩固这一语言功能，教师一般会要求学生自由问答，但也可以借以实物、图片、挂图、多媒体课件等方式不断闪现新单词，扩大词汇量。例如，“apple，pear，banana，desk，chair，pen”等，既能让学生有目的、快捷地巩固操练句型，又由于新词的注入，使他们对句型操练保持新鲜感。学生可轻松掌握一节课的重点。

2. 悬念呈现法

悬念即悬而未解的问题。悬念呈现法是指教师根据教学重点精心设计制造各种悬念，引发学生好奇心，从而激发学生的学习兴趣，从而在探索追溯过程中，不知不觉主动展开思维，调动储备，为获取新知识而创造性地去听和解答，从而掌握重点。例如，在教授 JEFC Book I lesson 30 *Is this your bike*？时，先将一顶警察帽、一本执照、一辆玩具自行车的照片严肃地贴在黑板上，不动声色地在黑板上画出一张焦急的脸，然后提问学生“what has happened？”“What's wrong with him？”学生纷纷提出看法，这样学生的每一疑问解决后，整篇对话已呈现完毕，学生轻松地掌握了这一节的训练重点，而教师只充当了他们的导演和组织者，让学生运用所学语言点充分交际。

3. 问题设置呈现法

适时有效的课堂提问有利于新教材教学思想与教学目标的实现。适时有效的课堂提问使教师能牢牢控制课堂教学节奏和方向，突出授课的重点与难点，从而成为课堂主导；学生则根据教师的提问，有选择地把注意力集中到学习重点上，并在众多的信息中有目的地发现问题、解决问题，最终师生在愉快的交际氛围中完成预定的教学目标。课堂提问具有时段性特点，课堂教学的不同阶段可设置不同的提问。有效适时的引入性提问可使学生顺利进行新知识呈现阶段，如以 JEFC Book Ⅲ lesson 78 *Standing Room Only* 为例。

（1）首先复习旧知识，然后自然提问：

What's the population of China？

What's the population of the world？

Do you think the world's population is too big？

What can be done to slow down the population increase？

（2）利用以上问题充分把学生注意力吸引到世界人口的问题上，在学生积极讨论人口问题时掌握一些词和词语用法。

（3）要求学生阅读课文 *Sanding Room Only*，了解世界人口现状。

（4）在快速阅读之后，利用 Yes/No 问题小游戏，既了解学生的理解状况，又活跃了课堂气氛。

（5）要求学生再读课文，同时提出细节问题：

How many babies are born in one hour ?

What do you think is the greatest challenge of the world today ?

What will happen in about 100 years ?

（6）在充分理解课文之后，再引导学生就自己不明白的问题提问，师生互答，解决细节语言点。这种目标明确、快捷有效的提问既保证了课堂的有序快节奏，又推动了学生克服困难主动学习，从而保证课堂任务和课程重点顺利完成。

4. 以旧带新呈现法

心理学研究表明，知觉有赖于已有的知识和经验。人们在感知事物时，与该事物有关的知识经验越丰富，感知就越迅速、全面。因此，要使学生获得新知识，可在引入阶段，强化旧知识，在复习旧知识基础上，进行新知识教学。

例如，JEFC 教材中在学习“eleven”到“twenty”时，教师可先通过唱歌、吟唱小诗等形式复习“one，...ten”，接着对这些数词进行加法“What's three and four ？”“What's seven and four ？”等，引出“eleven”和“twenty”，再由此引出“5−4= ？”“7−6= ？”“2×3= ？”从而学习“minus，be multiplied，times”等单词。

5. 归纳法

英语教学要讲究效率。在一堂课结束的前几分钟让学生对所学内容进行归纳总结，既可提高课堂教学的效率，又可有的放矢地突出重点。教育心理学研究表明，课堂及时回忆，要比 6 小时以后回忆的效率高出 4 倍。

例如，教师在讲授主动语态变为被动语态时，经过多次实践练习后，可帮助学生把其归纳为：宾变主，谓“be”分，主语变“by”宾，使学生对重点一目了然，从而形成永久记忆。此外，还有教师在教学实践中常常用到的“架桥铺路法”“对比法”“联想法”。这里不再一一列举。

要达到突出重点的目的，还要达到“三性”，才能真正实现。

（1）注意充分性，即对重点内容作适度必要的情境训练。

（2）注意整体性，不能只局限于某个教学环节，应从备课、授课和指导学生实践等方面加强练习。在练习、复习的整个过程中突出重点。

（3）注意双边性，即师生互动。教师只有不断提高自身素质，熟练驾驭教材，才能真正做到突出重点。

（四）突破教材难点

教学难点，即教学中不容易理解的地方，是课堂教学的“拦路虎”，若解决不好会直接影响学生对新知识的理解和掌握。突破教学难点的方法很多，具体如下。

1. 实物教学法

学生学习书本知识，一般来说从感性知识开始，由感性过渡到理性。教师应根据所教内容，选择最能引起学生听课兴趣、师生配合最默契的教学方法，特别是要充分利用教室里的人和物，密切结合教材内容巧设情境，有效地突破难点。如教师教有关食物的单词时，把事先准备好的水果放在讲桌上，找学生进行问答练习。学生的问答此起彼伏，连续不断。这时教师拿起水果一一用英语介绍，领读几遍，学生很快记住了这些新词。组织两组学生展开问答比赛，课堂气氛异常活跃，收到良好的效果。此外以讲解“there be”句型为例，教师可用教室内外的人和物进行教学。例如：

Teacher：Is there a clock in our classroom？

Student：Yes, there is.

Teacher：Where is it？

Student：It’s on the wall.

在简单练习后，学生们即可准备好各自的对话进行表演，教师只充当“导演”和组织者。学生们说：“我们没有死记硬背就掌握了对话。”教师用此方法教语法，避免了繁杂的语法分析讲解和英汉互译过程，可使学生在轻松愉快中掌握语法知识。实物教学法也能使学生对所学的内容记得牢固。

2. 架桥铺路法

有些知识点比较难学，学生一下子记不住，教师可以设计一些铺垫，通过架“桥”铺“路”，帮助学生突破难点。学生在学习新知识之前，教师必须让他们有一个准备阶段。这个阶段实际上就是让学生运用已学过的知识，通过迁移解决新旧知识的连接点，从而使学生经常处在“跳一跳就能够得到苹果”的兴奋状态，缓解上新课的畏难情绪。例如，在上（How to Plant）这一课时，教师可首先引导学生复习耕种方面的必备词汇以及适于播种的作物名称，再用一个小纸盒盛半盒土，找来白菜种、细土、洒水瓶以及一把玩具伞，模拟种白菜的全过程，边做边说，先词后句，如“Seed：There are cabbage seeds；I saw the seeds in the earth. Earth：I cover the seed with earth...”学生轮流上台表演，教师帮助提示、纠错。这样学生在一堂课上能够尝试获得几次小小的“演说”，就可能形成一种敢于尝试的自豪感，为后面的继续尝试打下基础。教师设计新颖的课，学生乐于参与，记忆也会更深刻。

3. 设问教学法

提问是教师在课堂上采用的最常用的教学手段之一。把教学难点化解为问题的形式，通过提问、助答等方法帮助学生解决难点。教师依据教材新旧课的联系，抓住新课的重点，提出问题，导入新课，可以使学生积极思维，引发探索问题奥秘的兴趣。通过提问的形式使学生在课堂内保持一种既兴奋又紧张的精神状态，从而自觉主动地进行学习。例如，当学生对一般问句、选择疑问句、反义疑问句和特殊疑问句等基本掌握后，就可以设计一些多项性提问、判断性提问和逆向性提问。逆向性提问特别受学生欢迎。所谓“逆向性提问”，就是教师提供答语，让学生根据答语提问，所提的问题必须能用答语回答。这种方式使得同一个答语就可能有好几种提问。学生顺着答语去思考，可以开阔思路，提高思维能力。

例如，给出“Yes，I am.”和“No，I don't.”两个答语，让学生提问。针对“Yes，I am.”他们就会提出“Are you a boy？ Are you a student？ Are you playing football？”等问题。针对“No，I don't.”他们也会提出：“Do you speak Chinese？ Do you like English？”等问题。学生提的这些问题既忠实于课文内容，又凸显了语言重点。

4. 对比教学法

对比教学是掌握知识、巩固知识的一种有效途径，从学习字母、音标、单词到句子都可用对比的方法。通过找出英语中音与音、词与词、句与句以及汉英两种语言之间的联系，使学生产生接近联想或对比联想，建立起英语概念体系，培养学生的观察、分析和归纳能力，并使学生从大量陌生的语言材料中找出多种联系，加深理解和巩固记忆。例如，在学习和look（看）相关的词组中，可以把所学的“look”短语列举在一起分析它们的组合意义，加强记忆，如“look at，look after，look like，look the same，have a look，look around，look for，look over，look up”等。

（五）升华教材主题

如何深化升华教学内容呢？主要有如下几种方法。

1. 扩展术

教学中拓展教材内容，可以拓宽学生的知识面，加深学生对教材内容的认识与理解。例如，JEFC Book I Unit 3 *Autumn Festivals* 中，学生学习了形容词、副词比较级以及关于中秋节（Mid-autumn Festival）及感恩节（Thanksgiving Day）的知识。教师在把这单元总结后，给学生展示三张图片，要求学生对图中信息加以描述，且一定要用含有比较级的句子。

① The family in Picture 1 is the smallest.

② The table in Picture 2 is bigger than the table in Picture 1.

如此练习既加深了学生对节日的印象，又巩固了语法知识，还激发了学习兴趣。

2. 引申术

把教材内容进一步引申以加深学生的认识。例如，在讲解四季时，尽管课文中用短短的几句话概括了春、夏、秋、冬，但教师可进一步启发，如“What animal can you see in spring/summer/autumn/winter？ What's the weather like？ What do people do in different seasons？”等，在学生们充分讨论、想象后，教师可再展示 4 张图片，进一步引申：

① Which season is it？

② How do you know？

③ Which season do you like best？ Why？

3. 点睛术

画龙全靠点睛，讲课也是如此。在课堂上，如果能在教学内容关键处“点”上一两句话，可以使学生茅塞顿开。例如，在学习复合句时，教师可抓住从句连词的共性和从句语序、时态的特性，从上一单元的主句为一般现在时入手，如果引出主句为一般过去时，从句的连词、语序和时态的调整和变化（教师把陈述句、一般疑问句、特殊疑问句各选一例写在黑板上）。通过主句现在时和过去时的对比启发，学生马上从共性和特性中悟出做题规律，这样学生的记忆就不只停留在做题上，而是有了质的飞跃。

4. 暗示术

如果说“点睛”是教师明说，那么“暗示”则是让学生思考。例如，在学习 JEFC Book Ⅱ Lesson 66 的“snow”“rain”和“wind”时，摒弃了机械的讲练，取而代之以整体教学法把“snow”“ rain”和“wind”融于句子中，再采用上下句意不变的句型转化法，在下句抽去相关的词，诱发学生思考并准确地填写所缺的词。通过引导练习，学生对知识点有了更深层的理解和运用，也锻炼了他们的思维能力。

5. 浓缩术

浓缩术，即把教学内容进行浓缩，以突出其精华部分。例如，教师在讲解及物动词接复合宾语时，作为宾补的动词不定式可以省略“to”，学生做题往往选错答案，教师可把此结构浓缩成“一感、二听、三让、四看”。在这些词的后面，动词不定式作宾补要省略“to”，这样既概括了语法结构的精华，又便于学生记忆，一举两得。

6. 发散术

发散术，即教师根据教学内容的重点，引导学生进行发散性思维，并鼓励全体学生相互之间开拓交流渠道，从而适当拓展学生思路，使学生有时间、有机会展开积极的思维活动，在交际中增强语言表达能力。同时，通过讨论启发，教师可以从中得到教学效果的反馈。例如，在教《海底探险》一课时，针对海洋环保这一课文内容的主题，可以启发学生各抒己见，比如：“What can oceans bring us？ What harm does pollution do to our life？ What can we do to prevent pollution？等。这样可以加深对课文内容的理解，使课文内容得以升华。

（六）设计教学板书

板书是课堂教学的重要组成部分，是完成教学任务的手段，又被喻为“微型教案”。它要求以简驭繁，浓缩信息。教师必须在钻研教材的基础上提炼出教材中能牵一发而动全身的关键词语，组成板书的基本内容。好的板书是引人入胜的艺术品，不但能产生美感，陶冶情操，又有利于传授知识，发展学生的智力。在教学过程中，学生要通过视、听等手段来感知教师提供的信息。因此，教师备课时应认真设计板书，给学生以无限的启迪，以收到较好的教学效果。

在我们的印象中，板书无非就是“黑板白字”，不仅形式单一，而且枯燥乏味。提倡设计板书就是要一改这一传统模式，在原有的基础上加一些图片资料，使之图文并茂。为了丰富板书的内容，形式上适当使用彩色粉笔，充实板书的色彩。

在课堂教学中板书有着其他教学形式无法替代的作用，好的板书体现着一节课的精华、教学难点和重点，有利于学生记忆、复习和巩固。板书设计受教学思想、教学内容、教学方法的制约。板书设计的艺术性，一方面要求美观，另一方面表现在整个黑板版面的设计与科学安排。板书的设计应注意以下问题。

1. 重点突出、少而精

板书的设计无须面面俱到，应适当留下空白，在虚实之中让学生去联想，使他们的思维空间出现“创造的火花”，使所学的知识得到扩展。所以每一节课的板书不宜太多，但要突出重点，使学生受到启发。教师在设计板书时，要尽量做到有概括性，但又不能过于简单化，重要的是在简化内容的同时抓住教学重点、难点及关键词语。

2. 适当运用色彩

如果说简笔画是“催化剂”的话，那么色彩就是“兴奋剂”。许多学生厌倦色彩单调、弯弯曲曲的英文，如适时巧妙地让色彩发挥作用，那鲜艳的色彩就像一个个兴奋点。图文并茂的内容能形象地表达单词或课文内容，学生也会精神振奋，思维活跃起来。色彩对引起学生视觉反应有增强作用，但板书中的色彩使用不宜过多，以免引起反作用，转移学生的注意力。规范的板书应使学生耳目一新，从中得到美的享受，从享受中学习知识。

总之，教学板书的构思与设计也是一门学问，应注意从整体上反映教学内容的特点和结构，同时注意使教学板书自身形成一个相对完美的整体，使构成板书的各要素，像文字、符号、线条、色彩、图像等和谐统一，为共同的教学目的服务。

第二节　课堂提问与纠错能力

一、英语教师课堂提问能力

在英语课堂教学中，课堂提问是一项常用的策略，也是影响力最为广泛的教学艺术。问答这一形式对学生的英语学习具有很大的促进作用。在英语课堂教学中，问题的类型、反馈情况、教师对问题的控制能力等都会对学生的英语学习产生影响。可以说，英语课堂教学的有效性在很大程度上取决于教师的课堂提问情况。因此，英语教师需要掌握课堂提问的能力。

（一）课堂提问的原则

英语教师在进行提问时，需要遵循如下几个原则。

1. 有效性原则

高质量的英语课堂提问能够激发学生的学习兴趣和思维潜能，促进学生积极参与其中，提高学生解决问题的能力。英语教师要想保证自己的课堂提问质量更高，就需要坚持有效性的原则，具体包含如下几点。

①要保证提出的问题具体、清晰。

②能够让学生在各个概念之间建构联系。

③能够引发课堂对话。

④能够考虑学生的理解力，让学生能够畅所欲言。

⑤能够组织学生解释与推论，让学生更深入地理解教材。

⑥尽量设置一些开放性问题，发散学生的思维。

2. 启发性原则

教师的课堂提问要具有一定的启发性，即激起学生求知的欲望，使他们参与到问题中来，引导学生去思考，引发学生自主探究，从而促进学生的思维能力与创造能力。在具体的英语教学中，英语教师要从课程类型出发，采取不同的提问手段。如果学生给出的答案比较简短，教师可以进行追问，鼓励学生对自己的答案进行解析，扩展自己的答案。对于英语教学中的重难点，教师要进行针对性提问，有目的地对学生进行点播，这样学生才能突破难点。

3. 互动性原则

教师的提问要凸显互动性色彩。传统的英语课堂往往遵循的是“教师问，学生答”的模式，学生在英语学习中处于被动的地位，英语课堂行为受制于教师的指令，因此英语课堂变得死气沉沉。而英语课堂提问的互动性要求英语教师在提问时应该发扬民主精神，要保持自己和善的态度，给学生发表意见的机会，尽可能消除学生的紧张心理，这样才能让英语课堂的气氛更为活跃。

（二）课堂提问的策略

英语课堂提问是否有效，取决于英语教师应用的策略是否得当。一般来说，英语课堂提问涉及 4 个阶段，即准备、发问、学生组织答案、教师进行反馈。针对这 4 个阶段，英语课堂提问的策略可以归结为如下几点。

1. 计划策略

要保证英语课堂提问的有效性，英语教师在提问之前应该做好准备，因为很多英语课堂提问需要组织语言，因此教师需要提前做好计划，这样才能使学生运用到所期望的技能。在具体的英语课堂提问中，教师需要做如下准备。

（1）选择课堂提问的内容，即提问要慎重，不应该选择容易提问或者不重要的内容进行提问。

（2）确定课堂提问的目的。在提问时，教师应该从不同的教学目的出发对提问目的进行确定，采用不同的提问技巧。

（3）预测课堂提问可能出现的问题。

（4）对课堂问题进行组织。

2. 问题设计策略

问题的有效性会受到问题类别及教师提问方式的制约。帮助教师在提问阶段选择恰当的方法和技巧就是问题的设计策略。常用的问题设计策略有以下几种。

（1）调节。教师所提出的问题要与学生的知识水平和思维能力相符合。

（2）简化。教师所提问题的语言要简单、清楚，尽量使用学生熟悉的词汇进行提问。

（3）提问具有挑战性的问题。教师的提问不能过于简单，应该具有挑战性，这样便于建立学生的自信心。

3. 评估策略

评估策略指的是教师用于反馈的手段。教师要及时对学生的提问或回答做出应有的评价，这是提问有效进行的重要保证。常用的评估方式有鼓励、表扬、引用及使用身势语等。

（1）鼓励。在英语教学过程中，教师的鼓励对学生具有重要意义。当学生不能回答教师提出的问题，或学生的回答不得当时，教师切不可冷言相对，挫伤学生的自尊心，而是应该给予学生适当的鼓励或暗示，帮助学生分析原因。

（2）表扬。教师的表扬是对学生能力的一种认可。特别是那些能力相对较差的学生更需要得到教师的表扬。教师的表扬可以重塑他们的自信心，从而帮助他们走向成功。

（3）引用。引用是一种间接的表扬方式。教师在陈述答案或进行总结时，如果能够引用学生的语言，则会起到比口头表扬更好的效果。通过引用的方式对学生的表现进行总结，会使学生得到认可感和成就感，有利于帮助学生重建自信心，从而激励他们向着更高的目标去努力。

（4）使用身势语。通过表情、手势等身势语来传达自己的评价也是一种很重要的评估策略。

二、英语教师课堂纠错能力

英语课是一门实践性很强的课程。教师在教学中必须不断提高自身的文化修养，扩大自己的知识面。根据美国应用语言学家科德（Corder）等建立的错误分析理论，把研究从表层深入内层，即从语言学习者的角度去看待错误，是任务教学对教师提出的要求。学生在学习外语时，难免会与母语进行比较，那自然就产生了连接母语与目的语的中介语。

（一）学生发生错误的原因

要想有效地纠正学生在英语学习中的错误，就需要厘清学生产生错误的原因，这样才能保证纠错的策略更具有针对性。整体来说，学生在英语学习中产生错误的原因可以归结为如下几点。

（1）记忆干扰。很多学生活泼好动，有意注意时间较短，又缺乏科学的记忆手段，导致学生学过之后就会忘记。

（2）语间干扰。这是受母语的影响，当母语与英语在表达方式上存在差异时，很多学生就会受母语影响，出现应用错误。

（3）语内干扰。这是指学生根据自己掌握的有限的英语知识，类推出与语法规则偏离的语言形式，导致出现错误。

（4）文化干扰。这是指学生因文化习俗的差异导致出现错误。

（二）课堂纠错的策略

1. 预测错误，有目的性地培养纠错能力

在传授新的知识前，教师要根据预测信息，即课程标准的要求，结合教材的内容和学生的实际情况以及以往的教学反馈信息，预测出学生在学习中可能遇到的问题，在传授的过程中有目的性地、有针对性地进行知识的对比、分析和归纳，防微杜渐，将错误消灭在萌芽状态。例如，注意汉语对学英语的干扰，防止学生把汉语的语序、语法、词汇等与英语相混淆而产生错误。像地理

位置的表示法，汉语可笼统用“位于”“在”来描述，而英语却要视两地的位置关系分别用“in”“to”“on”三个不同的介词。例如，上海位于中国的东部（Shanghai lies in the east of China），日本在中国的东面（Japan is to the east of China），加拿大在美国的北部（Canada is on the north of America）。英语中名词有可数和不可数之分。许多从汉语的角度看是可数的，而在英语中却不可数，如“news，information，advice，soap，equipment”等，如要表示“一件”“一个”时，一定要加“a piece of”等表示数量，如，“a loaf of soap”（一块肥皂）。另外，有些在汉语中是不可数名词，译为英语时却要加 a 表示可数，如“have a break，have a good time，a knowledge of”等。教学中一定要对这些名词进行归纳总结，防止学生用错。再如定语从句和同位语从句极易混淆。对此教师应站在学生的角度，预测到他们可能会犯的错误，告知正确的区分方法。

2. 精选题目，有针对性地强化纠错能力

1）注意相似练习的分析

教师要着重让那些学生练习费解和易错的题目，如相似词语的辨析、相似句的练习，在不同的上下文中同一词的不同用法的练习等。例如，“such”可引导定语从句，亦可引导结果状语从句，为了让学生弄清楚，下列两个相似句可供练习。

① It is such a modern machine _______ few of workers know how to operate it.

② It is such a modern machine _______ few of the workers know how to operate.

A.which

B.that

C.as

D.the one

（答案：① B ② C）

学习 as 引导非限制性定语从句之后，可将它与主语从句进行比较。

2）注意练习的灵活性，进行触类旁通

例如，在新课的传授中，可以给出关键词让学生作扩展性的课文复述，复习重点句型，指导学生运用相关知识练习扩展性的改写。例如，

[原文] 她尽其所能来帮助林肯。

[译文 1]She did all that she could to help Lincoln.

[译文 2]She did what she could to help Lincoln.

[译文 3]She did everything that she could to help Lincoln.

[译文 4]She spared no efforts to help Lincoln.

第三节　课堂教学中的互动能力

一、课堂组织与课堂互动

从某种程度上来说，课堂组织都依靠教师的态度、意图以及组织课堂的技巧。课堂组织主要由两部分构成，一是决策，二是行动。决策涉及是否采取措施、何时采取措施、如何进行操作等；行动是指对这些决策进行实际操作。课堂组织最基本的技巧在于对各种问题的掌握、选择恰当的方式处理问题并付诸实践。

课堂活动互动是影响课堂组织的一项重要因素。互动方式是否得当，运作是否合理，都会对课堂组织的效果产生直接的影响。因此，英语教师有必要对各种互动方式的优缺点进行了解，从教学目的和学生心理出发，选择恰当的课堂互动方式。

课堂互动的方式一般有如下 4 种。

（1）全班互动，即尽量减少英语教师说话的时间，增加学生活动的时间。

（2）小组活动，即需要对学生进行分组，分组常用的有 5 种形式，即根据座次划分、学生自行分组、优差学生混搭、优差学生分配不同任务、抽签分组。当然，这些分组形式各有利弊，教师需要根据实际情况来决定采用哪种分组形式。

（3）同伴活动，即要尽量避免将两个同水平学生放在一起。

（4）个人活动，即要求教师应该明确活动目的、活动要求以及检查方式。

二、英语教师课堂互动的策略

（一）恰当利用课堂指令

英语课堂互动是在英语教师的指令下行动的。英语教师的指令是教师让学生做某事的言语行为，是互动中被用来解释与之相关内容和相关操作的语言①。

---

① 罗毅，蔡慧娟 . 英语课堂教学策略与研究方法 [M]. 武汉：华中科技大学出版社，2011.

英语课堂教学指令的语用功能是引发、启动或制止学生的学习行为，组织和维系课堂教学活动。从这个角度来看，课堂指令包括以下 3 种。

（1）学生行为引发指令是教学活动实施指令的“先行官”。

（2）课堂纪律控制指令则是指用于组织和维持课堂秩序的教学指令。

（3）教学活动实施指令是组织学习活动、指导学习活动如何开展的指令。

在实际的英语课堂互动中，教师经常会使用两种或者三种指令，这些指令使用的目的在于促进教学活动的实施，最终指导语言技能的练习和交际活动的开展。

下面是教师常用的课堂指令语言。

① Be quiet！ 请安静。

② Come here. 来这里。

③ Turn to page... 翻开课本第……页。

④ Are you ready？ 准备好了吗？

⑤ Listen to me carefully！ 专心听我说。

⑥ Look at your book. 看你（你们）的书。

⑦ Loudly. 说大声些。

⑧ Go on. 继续。

⑨ Understand？ 明白了吗？

（二）维持课堂纪律

英语课堂纪律是保证英语课堂互动的有效前提。英语教师应该尽可能通过教学设计，有秩序地保证英语课堂纪律，为学生创造一个和谐的英语学习氛围，促进他们养成良好的学习习惯。课堂纪律维持策略包括以下几个方面。

首先，要对英语课堂教学结构进行合理组织，保持学生的学习兴趣和积极性。英语教师应该以合理的课堂教学结构、良好的时间意识，来保证学生能够集中注意力，提高英语学习的效率。

其次，要区别对待学生在课堂内的积极行为、中性行为和消极行为。对待积极行为，英语教师可以运用面部表情、身体接触等，来鼓励学生的行为，或者允许学生参与自身喜爱的活动；对于消极行为甚至是干扰英语课堂秩序的行为，英语教师应该采取措施进行制止，如信号暗示、正确批评、转移注意力等。

最后，要正确有效地处理课堂纪律问题。教师可以运用非言语线索或合理运用表扬和惩罚来有效处理课堂纪律问题。非言语线索主要包括目光接触、手势、身体靠近或触摸等。教师可以通过采取表扬其他学生的方式来减少某个学生的不当行为，也可以从表扬学生所做出的与不良行为相反的行为入手。

第四节　课后批改作业能力

一、课后作业

课后作业是课堂教学的延续，是教学工作不可缺少的一部分。如果说英语课堂教学是在英语教师的主导下进行的，教师的教与学生的学在同一时间展开，那么课后作业就是学生根据教师的要求进行的独立学习活动。课后作业能够使学生更深层次地了解课堂上讲授的内容，并运用自身的知识对其进行深度分析和理解。英语作业的类型很多，如口头作业、听力作业、笔头作业等。

二、英语教师的作业批改能力

教师在评改书面表达练习时应该调动学生的积极性，注重“启发式”，摒弃“填鸭式”。要充分调动学生的积极性，发挥学生的主动性。只有这样，师生双方的劳动效率才会是高效的。然而，目前大多数教师的处理作业方法是：布置作业后学生做，做好后教师批，对的画“√”，错的画“×”，画“√”的同学看等次，画“×”的同学要订正，订正后教师再批改。实践证明，这样做既损伤学生的自尊心，教师又费时，迫使教师把主要精力放在处理作业上，而不能集中精力钻研教材。这样做甚至迫使一些学生为了追求“√”而互相抄袭，把作业当成负担。其实，教师批改作业的方式是灵活多样的，可以有以下几种。

（一）教师全批全改

教师逐本批改每个学生的作业，主要是批改翻译、造句等主观性较强的作业。其优点是教师可以详细地了解每个学生对教学内容的掌握情况，便于发现普遍存在的问题以利于及时采取措施弥补。但由于学生较多，全批全改会耗费教师过多的时间和精力，使他们无暇深入钻研教材和教学方法，影响了教学效果。因此，此方式不适宜经常采用，要有选择地进行批改。

（二）教师抽改

教师每次只抽改一部分同学的作业，其他同学的作业在教师讲评时自行更正。这种形式适合半主观性的语法练习作业，比如名词单复数、形容词比较级等。这样不仅可以节省教师不少时间，而且可以锻炼、培养学生自我检查和订正作业的能力。为了便于记录平时成绩，教师抽样批改可以有计划地进行。即这次抽改一部分同学的作业，下次抽改另一部分同学的作业等。这种形式称为计划性抽样批改。另一种抽改方法为针对性抽样批改，即主要是抽改某些平时英语成绩较差或错误较多的同学的作业，以便了解他们的进步情况，对他们进行个别指导，促进他们的学习能力。

为了防止学生对抽改作业可能产生的侥幸心理，教师可采取一些督促措施，如布置小组长检查作业的完成和订正情况，做好书面记录并向教师报告检查结果。

（三）教师面批

教师面批即教师有针对性地当面批改一些学生的作业，主要是用于批改难度较大的练习，如时态转换、翻译句子、作文等。因为这类练习出错率较高，有时甚至连教师也费一番功夫才能批好。批改时教师可以了解学生的思路，进行个别辅导。用这种方法批改书面作业，费时少，容量大，收益丰，效率高。另外，面批也可以与针对性抽批结合起来进行，但教师切忌在批改作业时，当面挖苦、斥责学生，以免伤害学生的自尊心，挫伤他们的学习积极性。

（四）学生相互批改

练习做好后，教师要求同桌互相交换练习本批改。这样，学生可以从别人的答案中得到启发，学到好的表达方法。另一方面，在发现对方的错误后，要帮助对方把这些错误改正过来，这样能使学生之间取长补短，互相学习。

第五节　考试评价能力

一、英语教师终结性评价能力

在英语教学中，终结性评价包括学期考核学段考核和毕业考试，一般采用考试的形式。尽管存在学生个体差异这一因素，考试分数仍然是一项较为有效的、能够评价教师教学质量的重要依据。对于考试的实施，要遵循如下原则。

（1）考试的目的和试题设计应与英语新课程标准所规定的相应级别目标相符，与学生的年龄特点和认知能力相适应。在终结性评价中，通过理解与表达的任务来检测学生运用语言知识的能力。

（2）考试命题应依据英语新课程标准，仔细斟酌内容及题型，使不同的题型能发挥不同的功用。试卷中主观性试题应占一定比例，要根据特定级别的目标要求与具体试卷要求而定。考试内容应加强与社会实际和学生生活经验的联系，不仅考查学生的语言组织能力，还应该涵盖功能知识、社会语言知识和策略能力，把需要特别强调的能力训练安排在测试之中，重视考查学生分析问题、解决问题的能力，淡化以记忆性内容为主的考试。考试任务所涉及的知识应该不超过学生的知识面，杜绝设置偏题、怪题的现象。同时要严格控制考试的频率和题量。这样变某些学生只为考试而学习这一消极因素为积极因素，确保了考试的真实性与互动性。

（3）考试形式应为学生所熟悉，并且要体现先进的评价理念。除纸笔测验以外，还可采用灵活多样的其他考试方式，如辩论、课题研究与论文、表演情境测验等，在综合应用中检查学生的学习发展状况。鼓励非升学、毕业考试阶段实行开卷考试，将过程性评价与终结性考试相结合。倡导提供多次考试机会，统一考试也可多样化呈现，给予学生更多选择的空间。另外，考试还可分类、分项进行，加强综合评价。

二、英语教师形成性评价能力

（一）英语教学评价的理念

1. 主体性

英语教学长期存在“费时低效”的情况，其根本原因在于英语教学过分重视教师教授，而忽视了学生学习，对于标准化与一体化教学过分看重，未重视学生的个体化差异。

在新时代，英语教学需要考虑学生的情感与认知因素，允许学生对自己的学习内容进行自行选择，可能全部承担或者部分承担自身学习的前期准备、实际学习以及学习效果监控与评价等责任，让学生在学习与评价过程中形成一种监控意识。

2. 交互性

每一名学生都是一个完整的整体，教师与学生的目标是不同的，但是彼此之间也不是孤立的状态。教师和学生都是社会互动中的一部分，并且只有融入整个社会体系之中，才能将各自的效能发挥出来。英语学习本身属于一种社会性活动，对英语教学模式的探索必然与教师和学生相关，并且师生之间的互动也是英语课程的核心。师生互动对教学活动的质量起着决定性的作用，并且师生之间的交互模式也对他们各自的角色起着决定性的作用。在这期间，学生从被动的听课角色变成学习活动的计划者、对自己学习过程的调控者、对自己学习结果的评价者的身份。教师的角色也发生了改变，从之前的知识的播种者转变成课堂活动的组织者、教学活动的研究者、学生学习的指导者的身份。

3. 情感性

外语学习不仅是一个语言认知的过程，还是一个情感交流的过程。当师生围绕着教材展开教学活动的时候，教师、教材与学生之间不仅是在传递信息，还是在交流情感。英语教学被视作传播异域文化的价值观念、实践成果等的中介。在英语课程发展中，培养积极的情感是非常重要的。在新时代的英语教学改革中，情感、态度、价值观需要引起教师与其他学者的关注。学生对英语学习的情感不仅能够激发学生的学习兴趣，还能够使其感受到英语学习的快乐，是一种丰富的内心体验过程。

（二）创新英语教学评价的方法

1. 学生自主展开评价

1）结合具体任务

自我评价要结合具体的任务进行，如针对听力、口语、阅读、写作方面的某一具体任务的完成情况来进行自我评价。比如，在写作教学中，为了让学生进行循序渐进的训练，教师可以让学生进行“controlled writing”（控制写作）。具体实施步骤为让学生用某章的重点词组来造句，慢慢发展成一段文章（充分发挥自己的想象力），互批造句（利用批改符号），把错句加以改正，给自己一个评价。这样做目的是提高学生用英语思维，活用单词、短语、句型的能力，为进一步写作打下良好的基础。此项活动每周可以进行一次。教师指导学生对第一稿进行自评、他评、修改，即可以得到一篇比较好的短文，虽然仍存在一些错误。在自我评价的过程中，学生短文写作能力得到一定的提升。当然，作文中存在着些许错误，可让学生讨论并改正，这也是自我评价的一种形式。当学生找出错误后，教师应有针对性地进行评价，纠正错误。几乎每单元都可以采用这种方法。活动结束后，学生可以根据互批和教师批改进行自我反思和评价，及时弥补自身存在的知识缺陷，达到成句、成篇的写作目的[1]。

2）制定反思内容

反思内容最好以表格形式呈现，并且要结合具体的任务来设计。可采用自我反思表的形式，如表 5-1 所示。

表 5-1　关于听力的自我反思表[2]

学生姓名________ 填表日期________ 本人认真回顾了从_____月______日到______月______日早自习时间的听力情况，共听______次，收获很多。 1. 在听力习惯和能力上，我的进步体现在：______________。 2. 我觉得取得听力进步的原因有：____________________。 3. 在听的过程中，我还需要改进一些方法（听力习惯、语音、语调、句型、非智力因素等）：_____________________________________。 4. 教师、同学、家长的意见：___________________________。 5. 我想说：____。

3）自我评价

学生对自己应该有一个评价，可以用优、良、中、差进行等级评价。当然，也可以考虑按照一定比例进入总结性评价，只是这不是教师个人所能决定的，需要全校教师、学生、家长的综合参与和民主讨论后做出决定。在教与学的过程中，学生不仅是被评价的对象，而且是评价的参与者。自我客观评价可以提高学生学习的主动性和积极性，促进学生对自己的学习结果进行反思，并帮助学生掌握评估技术，同时为教师增加评估信息，有效地让学生进行自我评价，实际上完善了教师的评价工作，能更加有效地促进学生的学业发展。

2. 用成长记录袋记录

实行学生学业成绩与成长记录相结合的综合评价方式，让一些教师感到困惑。例如，在英语教学中该如何建立和使用成长记录？使用后会产生什么效果？成长记录是根据教育教学目标，有意识地将学生的相关作品及其他有关证据收集起来，通过合理的分析与解释，反映学生在学习与发展过程中的优势与

---

① 陈勇 . 新课程有效教学疑难问题操作性解读 高中英语 [M]. 北京：教育科学出版社，2008.

② 王哲 . 互联网环境时代背景下的初中英语教育形态 [M]. 哈尔滨：黑龙江教育出版社，2013.

不足，反映学生在达到目标过程中付出的努力与进步，并通过学生的自我反思激励学生取得更高的成就的一种记录方式。成长记录的基本成分是学生作品，学生作品的收集是有目的的，教师要重视学生在成长记录创建和使用过程中的参与程度，尤其是学生的自主评价和反思。

1）成长记录的建立

成长记录作为一种典型的质性评价方式，主要用于教师的课堂评价实践。英语学科的成长记录可以按照听、说、读、写等分门别类，根据教学需要来设计。

（1）量的积累和结构训练。

①听：

能否听懂教师的教学指令：_______

能否听懂同伴的交流语：_______

听力练习时间：_______分 / 天

听力材料所涉及的话题：_______

完成听力指令的比率：_______

②说：

上课的发言次数：_______

教师的评语：_______

同学们的反应情况：_______

完成课堂活动的情况：_______

在与同学完成任务中扮演的角色、所起的作用：___________

你学习的话题：_______

你能用这些话题完成的任务：_______

③读：

阅读量：________字 / 天

阅读速度：________字 / 分

阅读的准确率：_______

能否概括出段意：_______

生词积累数：_______

④写：

自拟题写作情况（题目、词数、关键词）：_______

阶段反思：______

（2）指导学生选择放入档案袋中的作品。

①听：

你最喜欢的听音材料：______

你最骄傲的听音结果：______

②说：

你最骄傲的课堂表现记录：______

你得到的嘉奖证明：______

③读：

你最喜欢的作品：______

你最感兴趣的作品：______

你最骄傲的作品：______

④写：

修改前的作品：______

修改后的作品：______

最骄傲的作品：______

最不满意的作品：______

⑤其他：________________

2）成长记录的运用

（1）每名学生都需要有成长记录。不同的学生应建立符合自己特点的成长记录，关注其英语薄弱面的学习过程，随时发现问题，解决问题。建立成长记录可以按照知识模块，也可以按照内容专题，由教师和学生根据学习内容的特点来确定。

（2）成长记录电子化。成长记录需要搜集大量的文本资料和非文本资料。利用先进的设备（扫描仪等）把本来属于非文本的材料电子化、图像化，以方便查询、展示和反馈，还可以节约大量的空间。一名学生设置有一个电子文件夹，方便快捷。

（3）成长记录与学业成绩相结合。成长记录合理使用，能提高学业成绩。学生在学习过程中，如态度积极，对于教师的指导认真对待，能自主查漏补缺，有切实可行的学习计划和措施，并且对于学业中所出现的问题及时纠正。成长记录与学业成绩的结合主要体现在学分认定过程中。也就是说，学分认定要包括“纸笔测验+平时作业+课堂表现+成长记录”。教师要关注学生的过程性学习，关注他们的每一次作业、每一篇作文、每一次测验，关注他们的每一次进步，给他们一个公平的学分。成长记录是对学生学习情况的有目的的收集，它能展示学生在一个或多个领域的努力、进步和成果。

值得注意的是，建立学生成长记录需要师生双方长期的不懈坚持和努力，尤其是起始阶段，需要教师的引导和督促。也就是说，教师需要有意识地提醒学生明确搜集材料的目的，定期更新成长记录，展开学生之间的交流，甚至争取家长的支持，以便相互借鉴，共同提高。相信随着时间的推移，成长记录会成为教与学的珍贵的第一手资料。

第六章　胜任力提升策略四：教学组织设计能力

教学组织设计能力，即英语教师根据现代科学理论，对教学活动中的问题和需要加以确定，提出具体的解决问题的方法和步骤，并进行系统安排的能力。教学设计能力涉及导入课程能力、呈现课程能力、复习巩固能力、信息获取和反馈信息处理能力、结课能力、课外活动能力。这些都是英语教师需要具备的最基本的英语教学组织设计能力。英语教师需要掌握这些能力，总结自身的经验，使自己成为适应时代发展的优秀英语教师。本章就来分析英语教师胜任策略四——教学组织设计能力。

第一节　导入与呈现

一、英语教师导入课程能力

（一）导入的作用

一堂课堂教学如同一首交响乐的演奏，只有当台上的表演者、台下的听众对灌入耳际的声音有了兴趣，对所聆听的声音的内涵有所理解，继而产生心心与共的相融，才能称之为成功。扣人心弦的交响乐的前奏能引导听众进入意境，课堂成功的“导语”，即“开场白”能激发并加深学生听课的兴趣和求知欲望。只不过前奏曲是徐徐地引人入胜，导入却要求教师能迅速地让学生了解教师的教学意图，进入新的教学情境。所以说，要收到较为理想的教学效果，导入的设计和内容是非常重要的。导语是一堂课的“头”，要使一堂课获得成功，必须从“头”开始。它在课堂教学中所起的重要作用是毋庸置疑的。

英语课堂授课 ESA（engage（导入），study（学习），activate（激活））模式，它把学生的注意力集中到授课上，复习旧课以导入新课，为传授新知识做好学习准备。导入恰当与否，直接关系到教学效果。如果新知识的呈现方法单调呆板，千篇一律，学生会产生厌学情绪。在许多课堂实践中，最难设计、最伤脑筋的环节有时并不是课文的讲解，而恰恰是新课的导入。如何在课堂开始就牢牢抓住学生的注意力，需要教师下一番功夫。

（二）导入的要求

导入要求教师全盘考虑，对学生有所了解，对教材有所知，对语言有所掌握。导入时应考虑到以下几点。

（1）紧扣教学目标，即紧扣教学目的和要求，不能脱离教学内容。教师要熟悉教材，要着重关注教材内容中的重点、难点和关键之处。

（2）满足和激发学生的学习兴趣和求知欲望。导入得当可以使学生迅速进入良好的学习状态，从而集中精神学习新的内容。

（3）注意新旧知识之间的连接点和转折点。温故而知新，由旧到新，由已知到未知。

（4）导语的语言本身要有趣味性，若有悬念则更佳。

（三）导入的策略

导入的方式方法多种多样、各有千秋。较为常见的有以下几种：趣味性表现法、提问法、背景介绍法、板书法、运用教具法、卡通导入法。下面介绍其中的几种。

1. 趣味性表现法

趣味性表现法即教师先根据教学内容巧妙设计一些具有较强趣味性的可操作性的活动，再讲解学生学习的具体内容。

例如，处在高中阶段的学生对“天才”这个话题很感兴趣，但普遍没有一个理性、完整和独立的见解，所以，导入关于天才的定义一定会引起学生的关注。上课时，教师开门见山地引出讨论话题：“什么是天才？”“What is a genius？”在实际操作中，这个做法收到了预想的效果，学生们迅速进入了上课的状态，但他们一开始并不能用英语完整流畅地描述自己眼中的“天才”。因此，教师采取引导的方法，让同学逐步说出“person，talent，ability”等关键词。

经过大家对于天才定义的讨论，课堂气氛逐渐活跃起来。教师顺藤摸瓜，引导大家进行逆向思考：“这个天才是谁？”这是一个全班同学参与的小游戏。教师逐句讲述出一个天才的事迹，学生可以猜测“这个天才是谁”，也可以在任意时间打断描述并说出答案。

Teacher：As I read the information about a genius，please guess who he is. You can stop me and say "Bingo！ It's ..." There will be no punishment for these who guess wrong，but the student who gets the right answer will be awarded with the opportunity to hold the same game to the class tomorrow. He is an American. He went to Harvard University but he left the school halfway. He started his own company with a childhood friend. With his talents in software engineering，his company is growing in reputation and becoming the world's largest software giant. He is now one of the richest men in the world. The famous computer software "Microsoft Windows" is his masterpiece.

学生在听到"with his talents in software engineering"时，就猜出了所说的天才是 Bill Gates，此时，课堂气氛活跃，教师顺势导入课文的学习。教师事先准备了多个趣味游戏，上课时根据学生的水平和时间选择作描述。

Albert Einstein：U S physicist and mathematician，the theory of relativity，also noted for his work for world peace，Nobel Prize in Physics.

Mozart：The famous Austrian composer showed talent in music at the age of 5.

Da Vinci：The Italian painter，sculptor，architect and engineer，whose most famous paintings are *Mona Lisa* and *The Last Supper*.

2. 介绍背景法

介绍背景法即教师在授课之前介绍一些与课文有关的背景知识，引发学生的联想，使学生能迅速、正确地理解课文。

There are four pictures on page 23. Do you know who they are？ Albert Einstein：The U. S. physicist and mathematician. He created the theory of relativity and is also noted for his work for world peace，Nobel Prize in Physics. What about the second one？ Madam Curie？ Actually the elegant woman on the picture is Nightingale. Have you heard of this name？ She is the founder of trained nursing as a profession for women. The International Nursing Day is established to honor this lady. All the girls seated should especially pay respect to her because she is a model for us. The third one is Charlie Chaplin. Right. A famous film actor as well as a director. The character he is portraying in the photo — *The Little Tramp* — was a character in his film. As for the fourth one，I'm sure you are quite familiar Sun Wukong.（孙悟空）. How do you say that in English？ It is the Monkey King，a well-known hero written by a Chinese ancient writer Wu Cheng'en in his novel. Which novel？ Xiyouji（《西

游记》）. Correct. The English name is *A Journey to the West*. Of the four characters，who is not real？ The Monkey King. So we call him a fictional character. A fiction is a writing describing imaginary events & people. The story is based on imagination.

3. 运用教具法

运用教具法即教师运用直观性较强的、与教学内容紧密联系的教具来演示某一环节，接着再讲授主要内容。教具可以是实物的，也可以是数字化的，包括模型、彩色幻灯、录像、DVD，现在常用多媒体，更具有渲染性，能给学生留下深刻印象。

例如，教师可以展示两张图片，一张是卓别林（Chaplin）的剧照，另一张是他的生活照。这样，学生对“fiction”一词及其衍生词就有了非常直观的了解，而且不容易遗忘。教师又提供了一些爱因斯坦的照片，学生对后面的课文充满了好奇。

Teacher：（While putting some pictures of famous figures，the teacher started the lesson.）There are a lot of famous people in the world. They are all good at certain areas. Could you tell us who they are，which field they are good at，and whether they are real or are created？

二、英语教师教学呈现能力

（一）教学呈现的意义

教学呈现是英语教师运用各种手段，如讲解、简笔画、挂图、手势、实物、对话表演、录音机、录像机等创造情境与环境，介绍新的目的语言材料（综合语音、语调、意义、书面形式及功能），指导学生理解和掌握知识，传递教学信息的行为方式。呈现演示过程中，教师既是讲解员，又是示范表演者。清楚生动地呈现有利于学生快速、准确地获取新的语言材料和知识[①]。

（二）教学呈现的策略

新授课的呈现必须突出重点和难点，以帮助学生理解。课文是语音、词汇和语法的综合语言材料，不能够孤立地学习语言知识，应实施整体教学。但在整体呈现课文时，要有所侧重，注意处理好本课的重点和难点，便于学生理解课文，避免因插入语法、词汇的讲解和练习而影响内容的连贯性。呈现的艺术多种多样，目前常见的如下。

---

① 杨连瑞，肖建芳. 英语教学艺术论 [M]. 南宁：广西教育出版社，2003.

1. 通过录像、电脑呈现课文

具体、直观、活动的事物容易引起学生的兴趣，而根据语言材料制作成的录像或电脑软件能激发起学生的学习兴趣，使材料由抽象转化为具体、形象，降低学习的难度。

2. 通过录音与图的结合呈现课文

教师一边放录音，一边展示与录音有关的图片，然后提问学生。从视听角度入手，让学生的感官更多地参与到学习中去，使之对语言材料有一个初步的感性认识。也可以只听录音，不看图。

3. 通过教师讲解图片的内容呈现课文

教师把课文内容概括成一组情景图片，逐一讲解，使之组成一个完整的故事。通过视觉效果加深对语言材料的理解，帮助学生在语言与表达对象之间建立直接的联系。

4. 通过游戏方式呈现课文

教师可设计一些有趣而又包含课文内容的游戏，调动学生的学习积极性。这样，学生在轻松愉快的氛围中就能感知要学习的语言知识。

5. 改写对话呈现课文

教师可把课文对话改编成寓言、童话或故事，由教师或课代表进行讲述。通过讲述者的语言、表情、动作等，以最直观和生动形象的方式把语言材料呈现出来。

6. 通过简笔画呈现课文

教师一边讲述语言材料，一边画简笔画，学生就可以较为容易地通过画面来理解语言材料。

7. 通过表演呈现课文

由教师、学生或用木偶作道具就课文内容进行表演，现场情景表演可以使语言材料变得更生动真实，也能激发学生的参与热情。

8. 教师与学生对话呈现课文

教师事先根据语言材料设计好对话内容，对话时要注意充分运用学生的口语知识，使用实物或教具，还要注意对话参与面，要让各层次的学生都有机会参与。

9. 通过图表呈现

对于有较多的人物、事件或两类事物对比性较强的课文，可以选择利用图表呈现，教师在讲解时把有关内容简洁地填到图表中。看到图表，学生可以一目了然地知道本节课要学的课文内容。

10. 根据课文重点难点组织课文

当学习材料比较复杂时，教师可以根据课文的重点、难点组成若干个情景，在情景中与学生进行交流，由浅入深，逐层递进。

11. 通过串讲的方式呈现课文

教师可以用叙述的方式，把课文介绍给学生。在讲述的过程中，教师可顺带讲解一些知识难点，便于学生更好地理解课文。

12. 通过阅读呈现课文

学生阅读课文，了解课文大意，教师再对课文难点进行讲解（如课文较长，可分段进行），最后是总结课文知识点。

13. 通过讨论呈现课文

教师根据教材内容提出一些问题让学生进行小组讨论并回答问题，再根据讨论结果呈现课文。

14. 通过猜测呈现课文

教师可把课文内容画成连环画（可给予某些提示），按顺序逐张呈现图画，让学生猜测下一张图的内容。通过猜测，把课文呈现出来，也可适当地讲解课文的重点。

15. 通过听呈现课文

听写法可分为填空补缺听写法与短文听写法。填空补缺听写法是学生通过听写把课文的某些缺漏部分补全。短文听写法是学生先听写课文或缩写后的短文，教师再讲解课文的某些难点，整体呈现课文。

第二节　复习巩固能力

一、英语教师课堂复习能力

（一）复习的形式

复习的形式多种多样，有检查性的口头、笔头复习练习，以发现和解决普遍存在的问题，也可以用竞赛评比、评估测试、听写、检查作业等方式复习。例如：

① Revise the numbers 0~100（TB4 L31）.

Practice the numbers and give a short dictation.

Count the numbers from 1 to 100.

Students write down the figures.

② Do Ex2 in Wb4 L33.

③ Practice the words and expressions in SB4 L14.

④ Dictate the words and the sentence in SB2 L17.

Call 2 students to write on the blackboard.

Check the spelling with the class.

⑤ Check the homework and Ex in Wb2 L32.

（二）复习的策略

复习的方法也很多。有帮助记忆复习法，比如用归纳、图解、表演或借助实物、模型、玩具、图片等，都可以让学生加深印象，帮助记忆。还可以通过复习旧知识为新课的知识点铺路，采用以旧引新，承上启下的方法。例如：

① Revise the sentence "What's this in English？"

With real objects：a book/bag/ruler/pen.

Then use real objects to teach pen and pencil.

② Revise numbers 1~14 and teach 15.

在复习的过程中还可经常采用提问的方法。这里提供两种常见的方法。

1. 连珠炮似的提问

这种提问要求教师快速地口头提问，并要求学生也迅速做出反应。例如：

Who's on duty today？

What's your name，please？

How old are you？

What grade/class/row are you in？

What's your number？

Who's your English/Chinese teacher？

Where's your chair/book/pen？

How many students are there in your group？

How many groups are there in your class？

How many days are there in a week/month？

How many weeks/ months are there in a year？

这种无准备的提问复习方法，可以培养学生根据当时的实际情况真实地运用英语的能力。当然教师所提的问题不应超越学生所学的范围。

2. 连锁操练

连锁操练可以由教师开始，先向学生A发问，学生A回答完问题后接着向学生B提问，B回答完问题后再问学生C，以此类推。例如：

Teacher：What's your name，please？

Student A：My name is A.（转问B）What's your name，please？

Student B：My name is B.（要学生说自己的真实姓名，然后并转问C）What/Which class are you in？

Student C：I'm in Class 4.（转问D）What row are you in？

Student D：I'm in Row 6.（转问E）How old are you？

Student E：I'm ten.（再转问F，F再转问G，一直转问下去）

这种学生之间有问有答的连锁操练最好不要按座位顺序进行，可让一个学生出其不意地向另一个学生提问。这样做可以使全班学生的注意力都集中，能认真听问题并积极思考答案，同时还要积极地提出问题。这种连锁操练可以随堂进行，进行得越早越好。它既可以活跃气氛，又可以使更多的学生参与进来，几乎每个人都能得到练习和复习的机会。

二、英语教师课堂巩固能力

巩固是英语教学中不可缺少的步骤。巩固是加强、加深、加固的意思，加强学习运用、巩固这一教学步骤主要体现在以下几个方面。

（一）巩固每个单元的语言项目

教科书中每个单元后面都安排一两节复习课内容，复习归纳每个单元所学的语言，为的是进一步巩固学生的记忆。从JEFC Book Ⅲ开始每单元最后的复习课中还安排了各单元的“复习要点”。复习要点主要归纳该单元及该单元以前要求学会的语言点，包括单词、简单的语法结构以及有用的表达方式等。每节复习课基本包括三部分内容：语音的归纳、语法及词汇的归纳和复习本单元词语的情景会话。

（二）完成课堂练习册中的练习

巩固这一步骤主要体现在完成课堂练习册中的练习。课堂练习册中所设计的各种听、说、读、写、译练习都是为进一步巩固学生课本中的语言项目。练习的内容和形式都是由浅入深、由简单到复杂，以不同形式紧密配合练习的内容，在某种程度上可以说是课文练习的补充和扩展，目的是进一步加深印象，巩固记忆，加以运用。课堂练习册中的练习，均可先口头做，再笔头做，绝大部分可以随堂做完，再留一小部分当作课外的笔头作业。课堂练习，顾名思义，就是课堂上做的练习，课堂练习尽量当堂完成，当堂巩固，教师尽量不留或少留家庭作业给学生。

第三节　信息获取与反馈信息处理能力

一、教学信息反馈及其特点

英语教学过程中的信息传递具有以下特点：其一，信息传递有着同时性与双向性，既有教师向学生发送信息，又有学生向教师发送信息；其二，教学信息的传递是多渠道的，实现信息多种形式、多种感官的多路传送，有利于保证信息交流的通畅；其三，教学过程也是信息增强的过程，教师在教学中采用各种方式和手段增强和扩大教学信息是非常必要的。

在英语教学过程中常常发生各种信息反馈的现象，它的形式是多种多样的，并且贯穿于教学的全过程。比如，学生在英语课堂和课外的各种反应；英语教师通过练习、提问、作业、活动等方式了解学生的学习情况，则属于有目的、有计划的高级反馈方式。

二、获取与处理反馈信息的意义

反馈信息是学生对知识的了解程度和对语言技能掌握程度的反映，也是对教师的教育方法和教学技巧的评定。在上课过程中，教师应树立教学信息观念，注意加强对教学信息的调整和对教学反馈信息的处理，这样才能保证教学信息传输流畅，流量适度，才能有效地帮助学生学习和掌握英语，从各方面排除学习英语的障碍，让学生能够轻松学习英语并掌握学习外语的技巧。由此可见，获取与处理反馈信息处于举足轻重的地位。教学信息的反馈是协调整个教学系统活动，是保证其有效性和连续性的不可缺少的工作。

三、英语教师获取与处理反馈信息能力

英语教师获取来自学生的反馈信息的途径是多方面的，主要有观察、提问、批改学生练习（课上 / 课下）、观看学生课外活动等。除观察外，其他途径就实质而言，有一定的共性，即教师输出信息（提出问题或设置一种问题情境），学生接收信息后经过一系列思维活动，做出回答或反应。

课堂上来自学生的反馈信息不仅形式多样，而且停留的时间一般也比较短。英语教师要善于捕捉学生的反馈信息，其主要方法就是留意观察学生的情绪和行为，由学生的表现反思自身的教学，进而采取适当的调控措施。比如，当学生对教师的讲解很感兴趣、有所领悟进而产生共鸣时，会表现出注意力集中、目光有神、会心微笑等相应的情感反应。这说明教师的授课恰到好处，可按计划展开教学。若学生目光呆滞、表情淡漠，或有非正式的发言，如小声说出“为什么？”“这是怎么回事？”等，可能是他们没有听懂或教师讲的内容不够连贯，此时教师可变换教学方式。当学生在认真听课时皱起眉头、目光迟疑时，可能是讲课速度太快，教师应调整讲课的节奏和速度。

第四节　结课与课外活动能力

一、英语教师结课能力

课堂小结的重要思维形式是归纳概括，有激情的课堂教学小结有利于学生抽象思维能力的培养与提高。课堂教学小结不是教学过程的简单重复，而是从教学目的出发，对教学重点和难点及时整理回忆。在小结活动中，起主导作用的仍然是教师。教师可以面向全体学生做教学小结，也可以让学生通过整理听课笔记进行总结，还可以师生共同总结。小结的最终目的是培养学生自己概括教学要点、抓住教学本质内容的能力，即学生自己对学习内容的总结概括能力。课堂教学小结不是对教学内容的重新讲述，而是需要用概括性的语言小结教学内容，防止语言的零碎与不系统；方法要灵活多变。中学英语教学“听说读写译”，内容较多，应具体内容具体分析，采取相应的方法。根据教学过程中的实际情况，确定小结的内容和方法，防止因枯燥、呆板而使学生失去参加教学小结的兴趣；结课要严格掌握时间，按时下课。因为结课安排在一堂课的

最后，如不考虑时间会拖堂下课。学生对教师拖堂是十分反感的，下课铃响了，教师再讲也是无益的，学生的心思已经不在课堂上了。所以，结课必须有时间观念，否则再好的结课也是无用的。

（一）悬念法

悬念的作用就是要引起学生的求知欲望。英语课的结尾合理地设置悬念，能够引导学生对本课知识作适当的延伸和扩展，为学习后面的内容作铺垫。比如，学习高一课本中 *The Green Hills of Tangsa* 一课就可以这样结尾：

Teacher：If there weren't any trees left in the world，what would happen to human？

Student 1：Human beings can't live.

Student 2：A lot of things can't be produced without wood.

Student 3：...

学生会议论纷纷，这时教师可用彩色粉笔书写板书："No trees，no life. Why？" 接着用惋惜的神情说："So much for today. You'll find out the truth tomorrow." 这样就有了悬念，学生对本节课的主要内容也有了深刻印象，还对下节课有了向往。悬念是为其继续学习做了必要的心理准备。

（二）归纳法

较好的归纳小结最好安排为巩固练习的内容，采用谈话、问答、画表格等方式，帮助学生通过自己的练习活动进行归纳小结。比如，*The Olympic Games* 一课，就可用以下两个问答代替小结。

Teacher：Do Chinese athletes take an active part in the Olympic Games？

Student：Yes，they do. Over the past ten years Chinese athletes have been very active in taking part in the Olympic Games. They have won a number of gold medals and have won honor for our motherland. For example，in Barcelona Olympic Games，1992，the Chinese team got 16 gold medals，12 of which were won by women athletes.

Teacher：What's the major purpose of the Olympic Games？

Student：It's exact to promote better understanding and friendship among different nations.

说明文和议论文常采用归纳法。在学生阅读能力提高的基础上，要求学生找主题句，归纳段落大意，选标题或列标题，这样有助于学生对文章整体和深层含义的理解。

（三）画龙点睛法

这种结尾在初中教学中多为体现本节课语言点的一句话或几句话，在高中教学中则多为提示课文的主要内容。比如，高一学生在学习 *Abraham Lincoln* 一课之后，教师提出两个问题就可对全课内容画龙点睛：

What did Abraham Lincoln work for in all his political life？

Why was Abraham Lincoln killed after the war ended？

（四）活动结尾法

课末做书面练习、唱支歌、做个小表演、朗诵本节课学的名言警句，都可能成为好的活动结尾。比如，教授课程 *American Country Music*，教师在课末可放一段乡村音乐；读了 *Abraham Lincoln* 一课，可朗诵“American must strengthen government of the people，by the people and for the people.”

二、英语教学课外活动组织能力

为了使英语课外活动发挥其应有的作用，教师在此过程中要体现科学的态度和方法，讲究一定的艺术性。课外活动应丰富多彩，富有吸引力，才能充分发挥学生的积极主动性；课堂教学和课外活动相互配合，互相促进；课外活动内容应符合学生的年龄特征，照顾学生的兴趣特长，因地制宜。英语课外活动的形式多种多样，凡能对教学起辅助作用并能引起学生兴趣的形式都可采用。教师可以根据学生的不同年龄、性别、兴趣、爱好以及实际英语水平等，向学生推荐合适的课外活动形式。

（一）英语课外教学的意义

英语课外教学是课堂教学的延伸与补充，是整个教学体系的重要组成部分。概括来说，英语课外教学的意义主要体现在以下几个方面。

1. 有利于培养学生良好的文化价值观

文化价值观涉及人文精神与科学精神。一个社会的规范、风俗、价值、意义等均可以通过文化价值观体现出来。

教师经常组织各种形式的英语课外活动，使学生置身于具体的语言情境中，在语言训练的同时，感受其中所蕴含的文化魅力，从而提升学生的文化品位、人文素养以及审美情趣，使学生逐渐形成良好的文化价值观，这其中包括人文精神中的思想道德素质方面的有关个人、社会、国家与世界的价值标准。

2. 有利于适应新课程改革的要求

随着教育改革的逐步深入，对英语教师的要求也越来越高。教师应转换教育角色，调整教学策略，组织课外教学活动。课外英语活动丰富多彩，有利于营造良好的语言环境，因此教师应积极开展英语课外活动，尽可能多地使学生接触英语。

在课外活动中，学生可以采取多种方式，充分利用机会来训练与提高自己的语言运用能力，通过切身体验、感知、实践、参与、交流并逐渐形成语感。同时，学生在教师的指导下，采用探究性学习模式达到学习目的，获得成就感。学生通过真实的、丰富多样的课外活动，可以接触到与学生学习、生活息息相关的信息资源；学生参与意识逐渐提升，交流方式不再局限于课内活动的单向、双向交流，而逐渐转为多向交流的方式。在课外活动中，学生可以独立自主地发展，不受教师倾向或教材范围的制约。

3. 有利于提高学生交际能力

在我国的许多课程中，英语课程可以说是教学课时最多、时间跨度最大的课程之一。但是，课堂依然是学生接触英语的主要场所。目前英语教学模式单一，多采用“复习—预习—讲解—巩固—作业”的模式；教学方式主要还是“黑板 + 书 + 粉笔”，虽然也有些教师借助多媒体技术，但是改变并不大；教学内容组织缺乏趣味性，这样的教学效果收效甚微，同时也不利于激发学生的学习兴趣。

在课堂之外，很多学生都基本不接触英语，不能运用流畅的英语进行日常交际。从客观角度来讲，这一现状对我国外语教学的整体质量与效率的提高非常不利，导致我国的英语教学不能满足社会对英语人才的需求。很多学生的听力能力薄弱，这在很大程度上影响英语学习的效率。这就要求教师应该帮学生扩大学习英语的范围，多给他们提供接触英语的机会。

英语教学模式改革主要体现为“学生个性化学习方法的形式和学生自主学习能力的发展”。实际上，英语学习是在教师的指导下长期连续的学习与练习的过程。教师应对课外教学给予充分的重视，多组织学生开展丰富多彩的课外活动，从而逐渐提高学生的交际能力。

4. 有利于提高学生的整体素质

学生在课堂学习到的知识往往十分有限，这不利于学生提高整体素质，而课外教学则可以弥补这一缺点。学生通过参加各种形式的课外活动，可以获取丰富的知识，学生在课堂上所学的知识能得到很好的巩固与拓展，同时通过语言的具体运用，可以使学生更好地理解知识，掌握相关的技能，为学生整体素质的提高做准备。

除此之外，有些课外活动有利于加强学科之间的联系，有利于学生知识面的扩展。例如，学生通过独立参加课外主持活动，不仅有利于提高英语表达能力，锻炼心理素质，还有利于锻炼组织管理能力。由此可见，课外教学活动的开展有利于提升学生的整体素质。

5. 有利于培养学生的自主学习能力

与课堂教学相比，课外练习活动的内容与形式更加丰富多样，这不仅有利于使学生逐渐养成自主学习的习惯，同时为学生的英语学习提供了良好的环境。课堂教学一般都比较严肃、紧张，而在课外教学中，学生完全根据自己的意愿或爱好来选择想要参加的活动。在完成活动任务的过程中，学生学习的积极性与主动性都比较高，并且遇到问题或困难时可以主动思考、探索、分析、总结，对其独立解决问题能力的培养起到促进作用。由此不难看出，经常组织课外活动，对学生学习兴趣的激发、自主学习能力的培养都大有裨益。

（二）课外活动组织的要素

为了使课外活动更有效地进行，教师要把握英语课外活动的核心要素，具体如表 6-1 所示。

表 6-1　课外活动组织的要素

活动目的	活动目标决定英语活动化教学开展的方向与目的，也决定了英语活动化教学开展的效果；它是英语活动化教学的“骨骼”
活动内容	活动内容是英语活动化教学开展的“蓝图”，起着统筹规划的作用；它是英语活动化教学的“血肉”
活动形式	活动形式体现活动内容、影响着活动目标的完成程度，且规范英语活动化教学开展的方式、条件、要求等方面；它是英语活动化教学的“皮囊”
活动评价	活动评价影响英语活动化教学开展的效果、学生学习和自身发展情况，以及学生参与课堂活动的积极性；它是英语活动化教学的“营养”

（资料来源：张琪，2014）

1. 活动目标

任何学习活动的开展都是以明确的目标为前提的，目标引领并指导教师和学生通过一系列教学活动完成教学任务。在英语课堂中组织活动也需要明确的活动目标，这一活动目标不仅包含教学内容所要实现的教学目标，还包含英语课程标准对英语课程规定的课程目标。教师不仅要明确教学整体的综合性目标，还要明确其中每一个活动的具体目标与主题。活动目标决定了英语活动化教学开展的方向与效果。教师应努力将所学的文本知识通过创设的一系列活动进行动态教学，在这个过程中每一个活动都充当着教师与教材的职责，因而每一个活动都必须有明确的活动目标。同时，要摒弃传统英语课堂中“活动只是调味剂”的理念，从而实现英语活动化教学的有效性。

2. 活动内容

英语活动化教学的开展依靠活动内容的设定。活动内容就是教师以本节课的教学内容为依据，充分利用课内课外英语资源中的活动因素，将教材内容与学生学情相融合并创设一系列不同形式或主题的活动。

（1）活动内容体现着教学内容，发挥着统筹规划的作用。一般情况下，活动内容规定了一节课的活动主题、活动开展形式、每一个活动的目的、活动之间的衔接情况，以及活动的开展等方面的内容。

（2）活动内容的选取与创设来源于教材、学生生活与经验。教师基于教材内容、教学重难点，以师生合作、学生合作的形式共同开发相关英语教学资源，从而选取、创设相关的活动内容。这一过程不仅体现了新型的师生关系，也充分实现了学生的主体地位。

3. 活动形式

相对于活动内容而言，活动形式是可以直观看到的，它有具体的外在表现。形式决定内容，内容反过来也作用于形式。每一个活动形式的确定都直接影响着活动内容与活动目标的实现程度。每一种活动形式的确定都以充分考虑活动内容为前提，以活动目标为导向，以学生学情和教学大纲为依据。活动形式的确定也决定了英语课堂中师生参与活动的方式、人数、条件和策略等。教师通过组织目标清晰、内容丰富、条件适宜、准备充分的活动形式，来增强英语教学的效果。但是，形式是动态发展的，并且多种多样，主要有认知类形式、扩展类形式、迁移类形式以及整合类形式。同一活动形式可以对应多种英语教学内容，同一教学内容也可以通过多种活动形式来呈现。

4. 活动评价

教学评价可以为教学活动提供反馈信息，从而为教师调整教学活动提供依据，最终优化整个教学过程。依据《英语课程标准》（2020），英语教学要建立多元化的英语课程评价体系，避免评价过分强调差别和选拔、划分等级的功能，从而有效促进学生综合语言能力的发展，不断改进教学，进而真正实现评价的价值与意义。总之，评价对于学生和教师都具有重要价值。

对于英语课堂中活动的组织而言，活动评价也发挥着促进、拔高、鼓励等积极作用。活动评价的有效性影响英语课堂的效能。

（1）多元化的活动评价机制可以促进师生的共同进步与发展，评价机制包括评价主体、评价方式、评价内容等多个层面。

（2）多元化的活动评价机制有利于学生得到全面公正的评价，有利于培养学生的认真、勇敢、自信等品质，以及提高其观察、分析、判断等能力。

（3）多元化的活动评价机制，不仅充分体现了学生的主体地位，还有利于学生与老师、学生与学生之间建立良好的人际关系，营造良好的学习氛围。

（三）课外活动组织的原则

1. 活动目的明确

组织英语课堂活动，需要有明确的目的性。英语教师通过挖掘教学文本内容，将静态的教学内容通过活动的方式转化为动态的学习过程。例如，学习词汇的活动、练习句子的活动、综合运用语言的活动，或者某一主题的口语交际活动等有层次、不同分类、有序衔接的独立活动，相互协作、共同完成教学任务。因而，这些活动的开展，将“玩”与“学”相结合，在完成教学任务的同时，也促进学生其他方面的发展。

2. 活动环环相扣

英语课堂活动环环相扣，具有衔接性。从一堂课最开始的热身活动到最后的升华活动，前一个活动总是为后一个活动做铺垫，它们前后衔接且活动之间的转换也很自然。一方面，当每一个活动独立存在时，都具有自己明确的目的性。另一方面，当它们作为构成整体的部分时，又是层层递进的关系，它们相互协作，就能完成在独立情况下完成不了的教学任务。由最开始关于词汇、句子等简单活动逐渐升华为语言综合运用活动、口语交际活动等，由简到难，逐渐帮助学生巩固并升华所学内容。

教师应该根据教学内容组织开展与学生认知、思维方式相符合的活动，其活动的开展是随着教学内容与学生认知发展由浅入深、层层递进的。正是这些环环相扣、层层递进的活动使学生对英语教学内容的吸收不断深化，最终帮助学生在活动中将每节课的英语知识内化。

3. 活动真实有意义

英语课堂活动是真实的、有意义的。活动的真实有效是指活动情境的创设来源于学生的生活实际，同时活动开展的内容与方式符合英语学科的内在逻辑以及学生的认知水平。活动的意义是指活动的开展能有效地促进学生的综合语言能力的提高。只有源于生活，且创设的活动情境、开展的形式和内容都与学生的学情和生活经验相符合，活动才是有意义的，且活动开展的过程也才是有效的。

（四）常见的英语课外活动形式

英语课外活动宜以小组型的活动为主，间或组织一些较大规模的年级性或全校性的活动。常见的英语课外活动形式有以下几类。

1. 小组型活动

小组型活动主要包括以下形式。

（1）课外英语阅读小组。

（2）课外英语会话对子或小组。

（3）英语角色表演小组。

（4）英语短剧表演小组或戏剧社。

（5）英语唱歌小组。

（6）英语游戏小组。

除唱歌小组可以全班参加外，其余小组参加人数不宜过多，为便于活动开展，最好由同班的学生组成。

2. 竞赛型活动

针对学生好胜心强的特点，教师可在课外适当组织一些竞赛活动，以提高他们对英语学习的兴趣，调动他们的学习积极性，培养他们的集体荣誉感以及参与竞争、奋力拼搏的勇气和品质。常见的竞赛活动有以下几种。

（1）英语书写比赛。

（2）英语朗读比赛。

（3）英语单词比赛。

（4）英语演讲比赛。

（5）猜英语字谜比赛。

（6）英语知识抢答赛。

3. 集会型活动

集会型课外活动适合于已有一定英语基础的高年级学生。常见的集会型活动有以下几种。

（1）英语读书报告会。

（2）英语故事会。

（3）英语电影和电视晚会，放映英语录像和电影，转播电视英语学习节目。

（4）英语角。

（5）英语晚会。

4. 其他课外活动

（1）英语趣味墙或英语学习园地。

（2）英语广播。

（3）开放英语语音实验室活动。

（4）空中英语（英语调频台）。

（5）英语公众号建设、更新与维护。

第七章　胜任力提升策略五：创新思维能力

随着知识经济的进步与发展，创新思维培养也越来越受到关注。在英语教学中，也需要不断培养学生的创新性思维能力，这就要求作为教学主导者的英语教师，在思想品德修养上以及学识、能力上具备相当的素质，并不断提升自己和学生的创新思维能力。对于教学的主体学生，英语教师也应该鼓励学生培养创新思维，鼓励他们展开联想，求新求异，从而开展创新性的教与学。本章旨在研究英语教师胜任力的提升策略五——创新思维能力。

第一节　创新思维的内涵

一、创新思维的基本原理

"创新思维"在现代汉语的表述中是"创新"和"思维"两个基本概念的结合体。了解创新思维的概念离不开"创新"和"思维"。

（一）创新的含义及特征

1. 创新的含义

从词语意义上讲，创新，在商务印书馆1983年出版的《现代汉语词典》里解释为"抛弃旧的，创造新的"。它既是一个名词，又是一个动词。在英语中，创新的名词形式是"innovation"，动词是"innovate"（更新、变革、创造新事物）。从概念意义上讲，最早提出创新这一概念的是哈佛大学教授、美籍奥地利经济学家约瑟夫·阿罗斯·熊彼特（1883—1950），他在1912年出版的《经济发展理论》一书中将创新定义为"企业家对生产要素之新的组合"，也就是把一种从来没有过的生产要素和生产条件的"新组合"引入生产体系。按照这一提法，"创新"是经济学概念。

概括来讲，创新是指人们为了一定的目的，遵循事物发展的规律，对事物的整体或其中某些部分进行变革，从而使其得以更新和发展的活动[①]。

---

① 唐殿强.创新能力教程[M].石家庄：河北科学技术出版社，2005.

这一界定包括以下几个方面的含义。

（1）创新的主体是现实生活中的人。人是认识世界、改造世界的主体，也当然是创新活动的主体。

（2）创新的过程是遵守客观规律。规律是事物内在的本质的必然联系，创新活动一定要遵守事物固有的规律。

（3）创新的关键是改变。发展和变化是事物的基本特征，也是人类创造新事物，改造旧事物，推动人类社会历史不断进步的关键。

（4）创新的目的是满足人们的需要。需要是人类生存和发展的直接动力。倘若没有人类对物质生活和精神生活的不断追求，人类社会就停止了发展。满足人们日益增长的物质成果和精神文化成果的需要是人类社会发展的动力源泉，也是创新的动力源泉。

2. 创新的特征

创新的特征表现为新颖性、独特性、价值性、目的性、风险性、社会性等方面。其实，人类在社会实践中也体现出创新、创造、发明、发现等特征。只是随着人类社会实践的不断深入，人们的视野不断拓宽，认识不断深化，它们彼此间所涉足的范围和涵盖的领域由发现、发明、创造、创新依次而不断扩大。发现、发明、创造、创新相对的最本质的特征就是“新”，即对旧事物进行新的突破，从而产生新的成果。所谓“突破”要敢于打破陈规戒律，敢于独立思考，标新立异，敢于实践和探索。否则，即使有渊博的知识，精湛的技术，高尚的情操，也不可能取得有价值的成果。

（二）思维的含义与特征

1. 思维的含义

思维是人类特有的、能动地反映客观事物的现象。伴随人类的实践的产生而产生，伴随人类的发展而发展。由于人类特有的思维奥妙，创造了一个又一个人间奇迹，引起了古今中外学者对思维的特有兴趣和关注。现在，思维已成为哲学、逻辑学、心理学、美学和生理学等多门学科研究的内容。20 世纪 80 年代以来，我国钱学森教授倡导的思维科学，则专门把人的思维问题作为研究对象。由于各学科研究思维的角度和研究的侧重点不同，人们往往从不同意义上理解和使用思维的概念。那么，在研究创新思维及其培养的过程中，如何来理解思维的概念呢？

根据《现代汉语词典》（商务印书馆 1983 年版）的解释：思维是人们在表

象、概念的基础上进行分析、综合判断、推理等认识活动的过程。思维是人类特有的一种精神活动，是从社会实践中产生的。“思想是主观的东西，做或行动是主观见之于客观的东西，都是人类特殊的能动性，这种能动性我们名之曰自觉的能动性，是人之所以区别于物的特点”①。综合哲学、教育学、逻辑学、心理学、美学以及从事创新思维研究的学者们普遍认同把思维概括为：思维是人类在社会实践中，人脑利用已有的知识，对客观事物进行分析、综合、判断、推理、概括和间接地反映客观现实的能动过程。它揭露事物的本质和内在联系，是认识的高级形式，是智力活动的核心。思维的工具是语言和文字，人们往往借助语言文字把思维的结果表述记录下来，通过思维对丰富的感性材料进行由此及彼、由表及里、去粗取精、去伪存真的认识，揭示事物的本质和规律。思维既能反映客观世界，认识客观世界，又能反作用于客观世界，即改造世界。

思维最重要的作用是发现、发明、创造、创新。人们通过大脑的思维，把通过学习、感知、记忆、贮存在大脑皮层中的信息作超常的组合，从而产生一个能被社会实践检验证明，能推动社会进步和发展的新的信息体。这个新的信息体的形成过程，就是一个发现、发明、创造、创新的过程。因此，思维是创新的源泉，人类社会物质产品和精神产品的创新都是思维的结晶②。思维形成创新，创新思维创造产品，推动人类社会的发展。

2. 思维的特征

实践基础上的思维具有以下特征。

1）反映性

思维就其本质上是客观世界在人脑中的反映。人的思维、意识是在反映过程中产生的观念的东西；它们与劳动一起，成为物质运动的社会形式的特点。每个人的思维都不能脱离其所生存的自然环境和社会环境。

2）概括性

思维是在大量的感性材料的基础上，把一类事物的共同的本质特征和规律抽取出来，加以总结、概括，从而揭示事物的本质。

3）逻辑性

逻辑即思维的规则。思维总是按照一定的逻辑规律进行的。只有对客观事

---

① 曾杰，张树相．社会思维学 [M]. 北京：人民出版社，1996.

② 余华东．创新思维训练教程 [M]. 北京：人民邮电出版社，2007.

物进行科学的、理智的分析、综合、判断、推理，才能对客观事物做出客观的评价，在创造活动中创造出人类社会需要的新产品和新成果。

4）间接性

思维活动往往凭借一定的媒介，主要是知识经验和技术技能来反映客观事物。比如：早晨人们看到地面的湿洼，通过推理推测出昨晚可能下过雨；夏天，人们观察到蜻蜓的低飞状态，通过思考预料将会下雨。人们可以根据社会发展的规律，通过思维预测未来社会发展的趋势，这是思维的间接性。

二、创新思维

（一）创新思维的内涵

当我们分析和了解了“创新”和“ 思维”的概念和特征之后，分析探究创新思维的内涵和特征就显得尤为重要了。人类的思维分为一般思维和创新思维两大类。一般思维是指人脑对客观事物的感知和反映，人们以此来指导人的基本活动，如说话、写字、交谈、重复简单的劳动等。很多人在同等条件下的社会生活现实中，为什么会业绩平平，不能有所作为，一定程度上是因为其思维活动只停留在一般的思维状态下，缺乏人类应有的创新思维。

那么，何为创新思维？专家们从不同的角度和不同的理解对创新思维进行了分析和研究，并进行阐释。

综合各家所长，从广义上理解，所谓“创新思维”是创新主体利用已经掌握的知识和经验，尊重客观事物发展规律，在从某些事物中寻找新关系，探究新答案，创造新成果的高级的、综合的、复杂的思维活动中，对社会发展具有新颖独特意义的任何思维都是创新思维。这一定义的基本含义包含如下几点。

（1）创新思维的基础是创新者已经掌握的知识和经验。从一定意义上讲，知识和经验影响着创新水平的高低和成果的大小。

（2）创新思维必须尊重事物发展的客观规律，避免盲目性。

（3）创新的结果必须是新思想、新观点、新成果。

（4）创新思维是一种高级的、综合的、复杂的思维活动，既源于其他思维又高于其他思维，而不脱离其他思维。

另外，从狭义的理解来看，创新思维也可具体指在思维角度和思维过程的某些方面具有独创性，是前所未有的，并由此在人类认识史上具有较大意义的高级思维活动。

本书所提及的创新思维是包括狭义和广义层面上的创新思维。这种规定使本书更具有研究和实践操作运用的双重性意义。狭义的创新思维是建立在广义的创新思维活动之中的，是广义创新思维的特殊高级形式。而广义的创新思维存在于人们处理日常具体的学习、工作、生活的各个方面的思维活动之中，人在不同的职业生涯中都具有创新思维能力，因而更具有普遍性和可培养性。总之，在研究创新思维及其培养的过程中，不能把二者对立起来，并注意二者的有机统一。

（二）创新思维的特征

要更好地开发创新思维，就要对创新思维的主要特征有一个明确的认识和准确的把握。理论界对创新思维的基本特征有过种种分析，归纳起来，具有代表性的看法表现在以下几个方面。

1. 开拓性和独创性

开拓性和独创性这是创新思维最重要的特征，反映了思维内容的与众不同，体现了创新主体不满足现状、锐意进取的精神境界。独特性反映了思维的深度及对事物本质特征的把握程度，只有触及事物的本质，才能真正理解事物。具体在社会实践中创新思维的开拓性和独创性表现为：一是从原理上对前人的突破，方法上的更新，更包含着创新主体对事物和现象的首创。创新思维不满足人类已有的知识和经验，往往是对已有物质形态的一种否定，不同程度地表现出与旧事物存在某些差异，努力探索客观世界中尚未被发现的事物发展规律，所要解决的是实践中不断出现的新情况和新问题，从而为人们的实践活动开辟新领域。

2. 求异性和突破性

创新思维实质上是一种求异性和突破性的思维。它体现出与其他常规思维活动形式所不同的独到的创新意义。创新思维是对已有知识经验的更新组合，目的是获得新的思维成果。这个“新”体现在创新思维主体敢于怀疑权威，不畏强权，坚持真理，勇于突破，大胆求异，不断突破传统思维模式，消除习惯性思维的影响。在人类创造新技术、新理论、新成果的整个过程中，没有求异、突破就没有创新，这已被众多的学者所认同。

3. 综合性和发散性

创新思维是一种高级的、综合的、复杂的思维活动。它既寓于各种思维之中，又是各种思维的有机地综合。所以，发散性和综合性又是创新性思维的一个明显特征。综合性是指善于选取前人智慧宝库中的精华，通过巧妙结合形成新成果，能把大量的概念、事实和客观材料综合在一起，加以抽象总结，形成科学的结论和体系，并从中概括出事物的规律。没有综合就没有创新，但在事物发展过程中，往往表现为多元性，交叉性与联系性，创新思维在揭示事物变化规律的过程中，往往可以是正向的、逆向的、线性的思维，还可以是纵向的、横向的、平面的思维。发散思维是综合的前提，由先发散后收敛到综合是创新思维的明显特征。

4. 灵活性和变通性

创新思维强调根据不同的对象和条件，具体情况具体分析，灵活运用，反对一成不变的教条和模式。坚持动中思动，以变应变。它既独立于别人的思维框架，又独立于自己以往的思维框架。它是一种开创性的、灵活多样性的思维活动，并伴随有“想象”“直觉”“灵感”等非规范性的思维活动。因而，具有极大的随机性和灵活性。具体表现在如下几点。

（1）能及时变换思维的角度和方位，举一反三，触类旁通，从而形成多视觉、多方位的思维态势。

（2）能及时抛弃一些旧的思维观念和旧的思维方式，转向新的思维方式和新的思维层面，调整思维活动趋向。

（3）能主动抛弃一些无效的思维方法和思维材料，而运用新的思维方式和新的思维材料。从而得以形成动态的富有创新意义的创新思维的灵活结构。

5. 探索性和风险性

表现在创新思维过程中的显著特征，一是“创”，二是“新”。以“创”促“新”，以“新”带“创”。其根本问题是创新主体要在发展的路途中求创新、求突破。而不是原来事物的再现重复，要在探索中发现和解决问题，没有成功的经验可以借鉴，也没有一成不变的方法可以套用。因此，创新过程是极其艰苦的探索过程。其结果也不能保证每次都取得成功，有时可能毫无成效。甚至可能得出错误的结论。这也就是创新思维在创新过程中本身具有的风险性。在社会生活中，很多人从孩提时代就体会了恐惧、顺从和害怕失败。对于创新的主体，不怕艰苦，勇于探索，敢于承担风险就成为可贵的品质。

6. 科学性和有益性

科学是关于规律的知识理论体系，是前人知识经验的总结。创新决不是凭个人的主观意志获得成功的，它必须建立在科学认识的基础上，即在坚持以辩证唯物主义和历史唯物主义的科学理论的指导下，经过对客观事物的细致观察和认真剖析，才能有效地对客观事物进行部分的或整体的继承、改造与否定。促进客观事物的进步和发展对人类社会产生积极的意义。因此，任何创新活动都必须遵循客观事物发展变化的规律，一切从客观实际出发，在实践中经受检验，才会使创新活动处于令人信服的科学性之中。缺乏科学的“求异”，只不过是一种盲目的标新立异，甚至是异想天开，无效劳动。同样，缺乏科学根据的“继承”势必良莠不分，真伪不辨，故步自封，阻碍和推迟客观事物的发展进程。总之，创新的目的是造福人类，创新的成果也只有有益于人类才能被承认、接受。因此，在创新过程中，科学性和有效性是创新思维的重要特征。

第二节 英语教师创新思维培养的目标与方式

一、英语教师创新思维培养的目标

在知识经济社会里，知识产业成为社会的主导产业，脑力劳动者成为劳动的主体，教育因而上升到经济发展和社会进步的首要位置，成为社会生活的中心。教育是知识经济竞争的基点，它对知识的再生产、知识的传播和知识的应用都具有重要作用。

为了适应知识经济对人才的要求，应该把对英语教师教育的重点转移到培养创新型英语教师上来。这不仅要求加大教育发展的力度，更需要对英语教师培养模式进行重大改革。

（1）知识经济是全球性经济，教育要有全球视野，培养具有全球眼光和国际竞争能力的英语教师，特别是能跟踪世界发展趋势、驾驭全局的战略性英语教师。

（2）知识经济是创新型经济，教育自身要有创新观念和运作方式。培养具有知识创新和技术创新攻坚能力的创造性英语，尤其是培养在关键科学技术问题上有突破能力、能带领学科和技术进入世界先进水平的优秀英语教师。

二、英语教师创新思维培养的方式

（一）发散思维训练

发散思维在整个创造性思维中处于核心地位，对人的创新活动的意义非常重大。英语教师如果学会了发散性思维，可以说就基本上学会了创造性思维。因此，英语教师要注意对发散思维的培养和训练。发散思维即大脑中呈现的一种扩散思维，一般可以采用如下几种方式。

（1）材料发散法，指以某一物品材料作为发散点，想象其具有的用途是多样的。

（2）形态发散法，指的是以事物的形态作为发散点，想象其具有的形态是多样的。

（3）功能发散法，指的是以事物的功能作为发散点，想象其具有的功能是多样的。

发散思维训练需要注意如下几点。

第一，把握好发散思维和想象思维的关系。发散思维和想象思维是密不可分的。英语教师在任意展开想象时，也就是在发散思维。所以，英语教师在进行发散思维训练时，应尽量摆脱逻辑思维的束缚，大胆想象，而不必担心其结果是否合理，或是否有实用价值。

第二，要注意流畅性、变通性和独特性的要求。在训练中要尽量追求独特性。当然，如果一开始产生不了具有独特性的思维结果也不要着急，那就从流畅性到变通性，再到独特性，循序渐进，就可以进入较高水平的发散思维状态。

第三，注意跳出逻辑思维的圈子。一开始往往会受逻辑思维的影响，这是避免不了的，但要有意识地提醒自己，一旦进去就立刻跳出来，然后进入发散思维状态。

第四，注意不受其他思维形式的干扰。在训练时，人们也可能会出现其他思维形式，如想象、联想、推测等，这也没有关系，因为发散思维训练实际上也是一种综合性的思维训练。不过，要尽量以发散思维为主。

（二）辩证思维训练

辩证思维是指客观地看待某一个事物，并在头脑中形成反映，这是辩证法的体现，它要求人们用系统全面的观点看待问题、分析问题。辩证思维是一种科学的思维形式，与其他思维方式存在差异，并具有系统性与全面性。

辩证思维也有很多方式，如抽象思维方式、具体思维方式、综合思维方式、分析思维方式、归纳思维方式、演绎思维方式等。这些方式是以辩证思维的规律为指导的，是辩证思维的主要表现。

当前，辩证思维已经发展成为对问题加以解决的主要工具和方式，是促进现代科技进步与发展的杠杆。

（三）想象思维训练

想象思维在人脑中的实际操作过程，目前在脑细胞的生理活动研究中还没有能够给出微观的科学结论。但从心理学的研究方法来看，也就是从外部观察实验的结果来分析，可以为英语教师培养和训练想象思维能力提供一些有益的借鉴。

培养自己的想象思维能力，需要从日常做起，要有意识地使自己敢于想象、乐于想象和善于想象。

第一个途径是强化创新意识。人生的目的和态度决定了人的思维积极性和活跃性。很难想象，胸无大志、得过且过的人会有丰富的想象力。只有献身科学，献身正义事业，愿为人类的幸福奉献自己的力量和智慧的人，才能够成为真正的创新者，他的想象能力才能达到人类思维能力的高峰。

第二个途径是学习。学习包括从书本上学习，也包括从实践中学习，还包括向一切有知识、有经验的人学习。从书本上学习，就要深刻理解书本的内涵，为人类的进步做出贡献。从实践中学，主要是深入社会生活之中，使理论知识和实践生活进行有机的结合，从而丰富自己的想象力。向他人学习的方法可以表现为听课、听报告，也可以从和别人的谈话中学习，甚至是随意地和朋友聊天，也是培养想象思维的好方法。

第三个途径是静思。静思才能达到高远的境界。可以说，要静思，才能想得很远，想得远不就是想象吗？如果整天在闹市一样的环境中生活、应酬，无疑是不利于培养想象思维能力的。英语教师只有沉下心来，不受外界的干扰，慢慢地让思绪畅游，才能使想象力得以培养和发挥。

第三节　学生主体理念下培养学生的创新学习思维

一、学生的主体理念

树立以学生为主体，以“学”为中心的“主体观”。学生是教育教学的主体，而且是具有能动性的主体，学生在学习过程中是信息加工的主体，只有抓住“学”这个中心，才能完成“教是为了学”“学会是为了会学”的转化过程。

树立符合社会发展需要的人才观。培养符合社会发展需求的合格人才是教育的根本目的。应树立以符合社会发展需要，符合学生个性发展，并使二者形成最佳结合的人才观。

在英语教学中，应该以教师与学生共同构成课堂平衡，强调二者之间的合作与互动，从而使这一系统稳定持续发展。具体来说，学生主要扮演如下几个角色。

（一）课堂系统的主体者

课堂系统的构建是彼此相互促进、相互依存的结果。学校的课堂系统一方面是要实现学生能力与知识的发展，促进学生在学校这一环境中能够自由全面健康的发展。另一方面，学校的课堂系统也是要实现教师的专业化发展。当然，促进学生的发展是主要方面。因此，在英语教学中，学生应该被视作课堂系统的主体，以学生的可持续发展作为中心，通过促进学生的健康成长来实现整个课堂系统的和谐发展。

（二）自我学习的开拓者

当前，教师占据主导地位、学生占据主体地位已经被大多数人认可。教师从成年人的立场出发，通过较为成熟的世界观与人生观，对每一位学生的行为加以关注与了解，分析他们的具体需求。但是，对于学生而言，没有比自己对自己更了解，因此学生需要不断挖掘自身的需要，明确自己的发展方向。因此，在学习英语的过程中，学生应该成为自己学习的开拓者，选择自己的学习方向与目标，有规律、有计划地开展自己的学习，这样才能更好地掌握知识。

二、学生创新学习能力的培养

（一）自主学习

当前，自主学习不再仅仅作为一种学习方式在学习领域存在，并且其往往被视作一种课程论领域的课程目标，也作为一种教学论领域的教学方法。因此，有必要对自主学习进行界定。在这里，自主学习对于学习者而言是个人特色与学习倾向、学习策略的综合。

简单来说，本书所说的自主学习主要是基于教师的指导，运用元认知策略、动机策略与行为策略三大策略，进行主动学习的一种手段。一般来说，对于这一定义可以从如下几个层面理解。

（1）首先需要界定这三种策略。元认知策略，即在获取知识的过程中，自主学习者在学习中制订的学习计划、确定的学习目标、组织自身的学习、对自己的学习进行监控与评价。这些方法使得他们的学习更具有自我意识性与见识性。动机策略即学习者展现的自我抱负与自我效能，以及对自己的学习是否感兴趣。在他人看来，这些学习者也是激发自己潜能的人，他们越是努力，越是持之以恒，越能够坚持下去，越能取得好的学习效果。行为策略即学习者对学习环境进行选择、组织与创造，他们向他人进行咨询，并寻找适合自己的信息，为自己创造合适的学习环境。他们往往通过自我指导来进行学习，通过强化自己来执行自己的计划。

（2）对于这三种学习策略，学习者往往是自觉运用的，即他们在学习中都有意识地对这三种策略加以运用，这就是虽然很多学生的学习已经涉及自主学习的成分，但是还需要不断提及的原因。但是，很多学生的自主学习并不是有意识的，往往是无意识的。其主要表现是他们并不能说明其所运用的学习策略，或者是不明白其所运用的学习策略与其所取得的学习结果之间的关系，所以就有许多学习好的学生不知道自己成功的经验是什么，而学习困难的学生不知道自己学习的障碍，应该从何处入手加以改进。而自主学习要求学生自觉地运用这些学习策略，必要时还需要对策略的使用做一定的记录并加强练习，以使学生对这些策略的使用达到自动化的程度。

（3）学生的自主学习往往需要主动性，即通过主动的学习来达到一定的成效。关于主动，首先表现在激发学生的学习动机；其次表现在学生对各种学习策略的运用。而达到一定的成效即有效性，这主要表现在学生通过自主学习来不断提升自身的能力，他们能够随时考虑学习任务的难易程度，对学习方法进行调整。另外，还表现在他们不断提升自身的学习成绩以及自我效能感。当然，正如《自我调节学习实现自我效能的超越》一书中多次提到的那样，学习策略的更新可能会造成学习成绩的一时下降，学生的自我效能感也会受此影响而暂时有所下降。这些都是在所难免的，因为每个人对学习策略都有一个适应的过程，关键是自主学习的最终结果应该是提高学生的学习成绩及其自我效能感。

1. 自主学习的意义

1）自主学习是教育教学的指向

按照教育教学理论，所有的教育行为都要通过学生自身的努力才能起作用。因此促使学生积极主动地学习是所有的教育教学理论、教学原则和教学方法的不二的法门。学生积极主动地学习，从根本上来说就是指向自主学习的学习行为。现代的许多教育教学理论都把学生视为学习的主体，注意在教育教学中促进学生自觉学习，而且把学生们主动的自觉学习视为实现教育教学目标的主要的、唯一的途径。在这种理论背景下，如果能使学生自己确定学习目标、自己选择学习方法、自己监控学习过程、自己评价学习结果，那么就达到了教学的至高境界。而这恰恰是自主学习的基本要求。现代教学理论还十分重视学生在学习中的情感，许多学科的教学目标中都有情感态度与价值观的内容，重视情感体验，把情感体验与认知系统相结合以达到自我整合，这也是自主学习的基本要求。由此看来，自主学习可以说是许多教育教学理论的理想状态，是教育教学活动所指向的目标。

从学习情况来看，对系统性的文化知识的学习，本质上是一种个人行为，没有主体的有意参与是不可能成功的。自主学习要想取得若干成果，必须有学生自觉参与，“机械学习”或“他主学习”则排斥或不注意学生的自主参与。从学生学习的角度看，所有的教学行为也都应指向学生的自主学习。由此看来，任何一种教学模式或教学方法，本质上都应以促进学生的自主学习为目标。

2）自主学习是学生个体发展的动力

人的发展表现在各个方面，对于现代社会而言，特别看重的是创新精神，它也是基础教育的培养目标，在《基础教育课程改革纲要》中作为培养目标的组成部分。自主学习对创新精神的培养有“ 推动发展”的作用，所以本书视之为“发展的动力”。

创新现在受到了空前的重视。经济的发展贵在创新，科学技术的发展贵在创新，民族的昌盛也贵在创新。在21世纪，这个面临知识经济挑战的时代，国家的创新能力是关系到一个国家综合国力和国际竞争力、在世界总体格局及经济全球化中的地位的重要因素，国家的竞争归结为创新能力的竞争。因此提高创新能力就成为各级各类教育的重点，为此就必须提倡并培养创新精神。

创新精神的培养可以从“策略机制”入手，实际上创新精神的培养工作也的确是从策略机制出发的。在教育教学中按创新的策略机制，可以对自主学习的教学过程进行解释，也就是用自主学习的要求解释按策略机制进行创新教育培养的问题。

2. 培养学生英语自主学习能力的策略

1）改变单一的教学模式

传统的教学模式比较单一，往往采用的是“教室＋板书”的形式展开。但是，在新时代，这种教学模式已经不符合英语教学的要求，需要改变传统的教师单纯讲授的教学模式，学生仅在课下死记硬背。对于教师来说，他们需要创造多媒体教学环境或者网络教学环境，利用先进的教学资源，改变单一的教材、参考书模式，使学生能够在多媒体教学环境或者网络教学环境中对网络课程资源进行主动挖掘，对有效的网络知识进行主动学习，从而不断提升自己的自主学习能力。

2）激发学习兴趣

心理学中兴趣的含义是指个体对某人或某事物所表现的选择时注意的内在心向。在课堂讲授上，一般来说，教师除了要求对知识的科学性和严谨性外，一般还具有表演性、创造性、审美性和情趣性的特征。在课堂教学的过程当中，由于教学内容的差异，教师的讲授方式也千差万别：有时适宜“平铺直叙，直奔主题”；有时可以“故设悬念，意在言外”；有时只须学生“披文入境”，教师“适时引领”；有时必须“师生多重合奏，擦碰火花”；有时可以“精雕细刻，点面俱全”；有时需要“大刀阔斧，重难突出”；有时讲究“抽象思维，逻辑推理”；有时应该“借助形象激发兴趣”。讲授的境界就是对综合效果的整体追求，就是为了达到最优讲授效果而设计的最佳美学结构、逻辑结构、表达结构。当然，讲授的过程也是一个人的知识水平与才华技艺的集中表现。

3）养成自主学习的习惯

自主学习论，不仅对当今信息时代的社会变化做了分析，还系统地介绍了学习的知识、方法，更主要是强调了成人学生如何在全新的网络教学环境下，真正理解信息时代学习所发生的深刻变化，更新自己的学习观念，学会运用学科的学习观念指导自身的学习和发展，总结和反思已有的学习经验，了解自己的学习类型、特点和个性，从而发挥自己的优势，克服障碍，激发自己的学习兴趣和动力，学会主动捕捉知识，学会自主学习，学会主动利用现代信息技术高效地学习，提高自己的学习效率。

（二）体验学习

当需要对一个词或一个概念下定义并对其仔细审视时，很快就会发现，它的含义会变得含糊不清，甚至我们越深入研究，就越模糊难辨。“体验”一词也不例外。那么，让我们先来看看词典上的解释，或许有所帮助。

Oxford English Dictionary 上这样定义“体验”：“对某种状况或条件的影响的有意识接受；对某个事件的影响的有意识接受；对某种状况或条件的主观看法；影响某人的某个事件；通过实际观察或亲身经历获得的知识。”

词典的解释提供了一个起始点，但撰写了大量有关体验的文章并建立了图书馆索引系统的约翰·杜威（1925）说过：“体验是一个灵活多变的词。其灵活性反映在很多思想家矛盾的性格中。”①

词典对“体验”一词的解释把行动与对行动的感觉和思考联系起来。更确切的说法如库费罗（1995）所强调的：“行动和思考不是体验的两个不同方面。我们不能先行，而后在行动结束时再去考虑结果。要强调的是这两者不能分开对待，因为他们互为解释，相互联系。”②

正如许多学者们描述的那样，体验与学习有着紧密的联系。威尔逊（1999）将学习定义为“正式教育或培训或非正式体验所引起的知识、态度或行为的相对永久性改变”。③

因此，体验与学习是相互紧密联系且密不可分的。从诸多方面来看，体验和学习指的是同一件事情，因此体验学习是同一思想的同义反复和重复。我们可以将体验学习定义为“人们在以往的体验和知识的基础上，通过对自己的经历或事物的观察有意识或无意识地内在化中获得的洞察”。

1. 体验学习的基本模型

1）认知方法 / 学习方法模型

体验学习的有效性体现在认知人、情感人、身体人上。并且，体验学习就发生于这三种认识方式的结合之中，如图 7-1 所示。

---

① 柯林·比尔德，约翰·威尔逊，黄荣华．体验式学习的力量 [M]. 广州：中山大学出版社，2003.

② 胡美高，王新．来自基础教育的研究 高中学生自主学习方式的培养 [M]. 上海：学林出版社，2007.

③ 王小柳．体验式终身学习探索 [M]. 上海：上海科学技术文献出版社，2016.

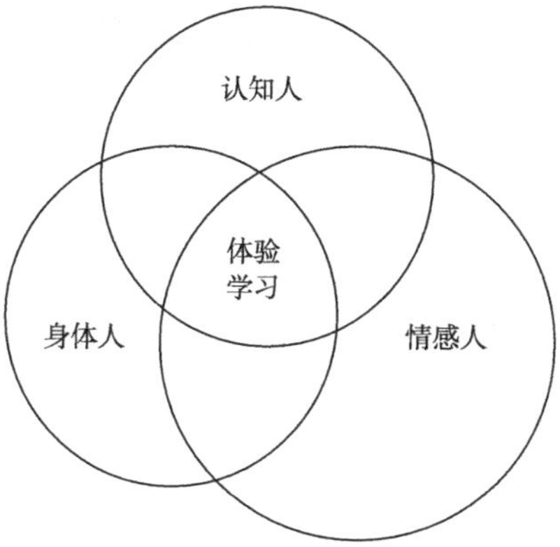

图 7-1　认知方法 / 学习方法模型

2）赫伦模型

英国心理学家约翰·赫伦（John Heron）强调，在体验学习中应该注重情感，并将第一步“情感”纳入其范畴之中，如图 7-2 所示，这一模型是建立在原始经验的基础上，第一步是“情感”。第二步是“想象”，即将来所发生的情况往往通过想象、直觉等体现出来。第三步是“概念”，是通过语言或者语言符号对所学的科目进行解释。第四步是“行为”，是通过具体的行为来进行学习的过程，要做到知识与行动的统一。也就是说，在赫伦看来，只有将情感连动起来，体验学习才能够发生。

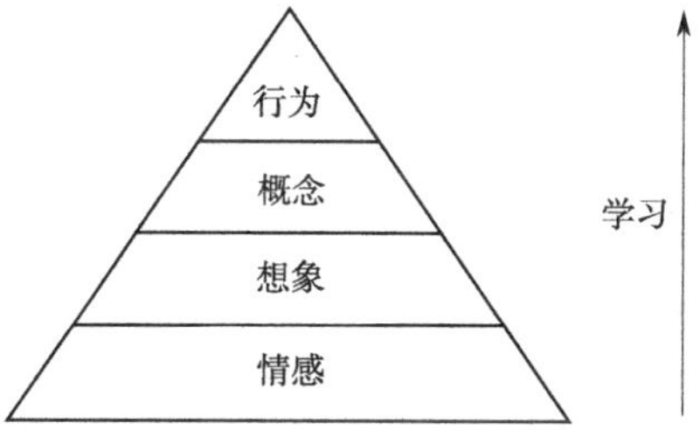

图 7-2　赫伦体验学习模型

3）舒适区域模型

很多学者都提到了舒适区的概念，这一概念认为如果学生从舒适区域走出后进入学习区域之后，就往往会产生学习这一过程。学习区域中会涉及一些不熟悉的层面，这时候就会产生兴奋与刺激，从而不断提升学生的深度学习机会。当学生离开学习区域，进入恐慌区域的时候，这种学习过程往往会被削弱。学习者要想进行有效学习，必然走出舒适区域。舒适区域、学习区域、恐慌区域的关系如图 7-3 所示。

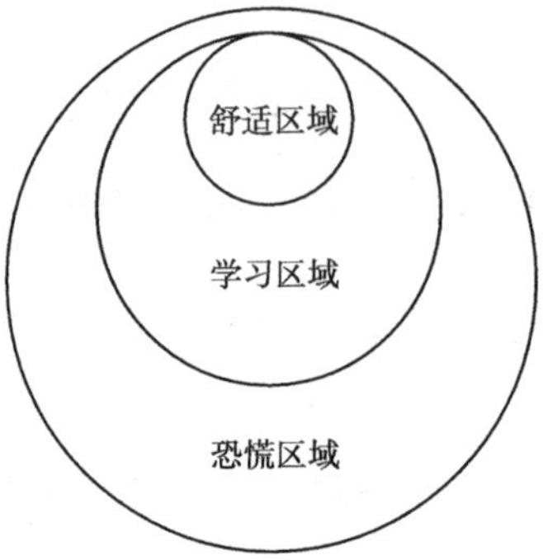

图 7-3　舒适区域模型

4）刺激模型

学者耶基斯（Yerkes）与多德森（Dodson）很多年前就对刺激理论进行了研究，如图 7-4 所示，这一理论强调行为与刺激之间是二次项的关系，是一种线形的关系，并且构成了一个倒立的“U”形结构。也就是说，如果对学生的刺激增加，那么他们的热情也会随之增加，直到某一最理想值的出现。如果刺激继续增加，他们的学习热情就会逐渐减少。在使用这一模型的时候，很多学者往往将最理想值标记成“学习区域”。

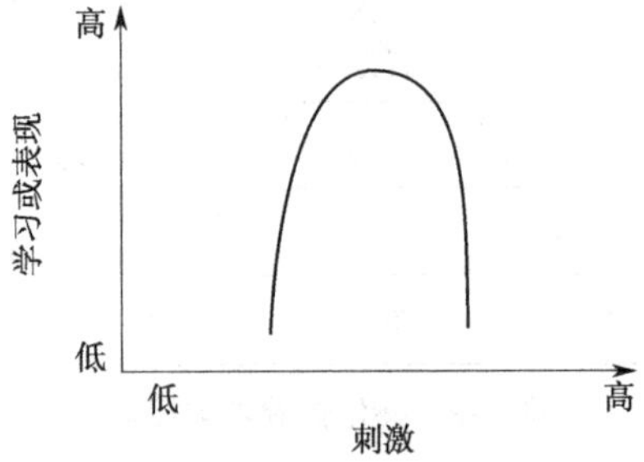

图 7-4　刺激模型

5）灾变理论模型

灾变理论模型是在刺激理论的基础上产生的。灾变模型理论认为，如果学生受到过度的刺激之后，尤其是出现焦虑之后，他们的学习热情往往会减退，并且出现剧烈的下降，如图 7-5 所示。在灾变理论模型中，很多学者将其称为

“恐慌区域”，学生们往往在恶劣的环境中感到恐慌，导致他们退缩甚至很可能放弃学习。

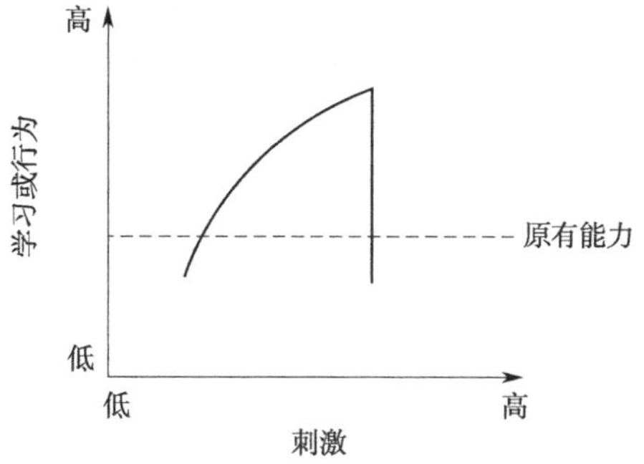

图 7-5　灾变理论模型

6）自我效能模型

自我效能主要是一个人履行预期要求能力的个体概念，这一概念主要包含 4 个层面，如图 7-6 所示。按照学者班杜拉（Bandura）的观点，在这 4 个层面中，先前的经验是最强有力的层面，只有具有有益的先前经验，才能对后期的体验产生有利的影响。如果先前体验是消极的或不是有益的，那么他们后期的体验也是不好的。因此，要想确保体验的有益性，往往会需要通过相同的体验来进行鼓励，给予反馈（即言辞劝说），并为人们提供令人激动的环境（即激励）。一般来说，前期的学习任务准备工作、之前的课堂作业、学生课外的学习经验、学生在课内的活动以及教师对学生课堂内的指导等，都能够在自我效能中发挥作用。

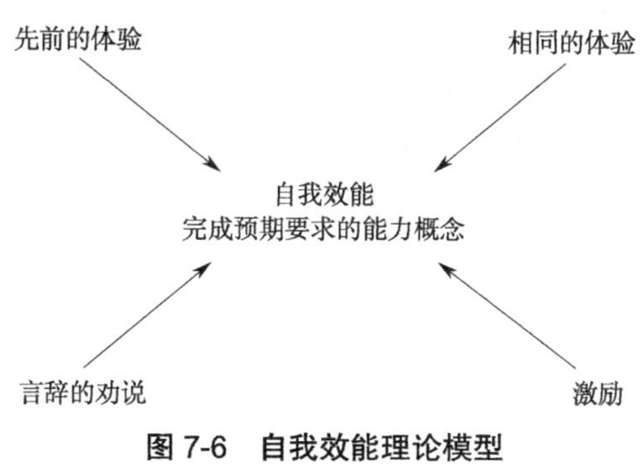

图 7-6　自我效能理论模型

2. 培养学生英语体验学习能力的策略

1）实施实时交互与协作

在新时代，教师与学生之间可以通过网络进行实时交互，学生可以通过网络将自身的感受与心得发布出来，或者在网络平台中获取他人的经验，教师也可以根据学生的反馈信息，对学生学习中的重难点进行把握，从而给予学生一定的指导，帮助学生更好地习得知识。由于网络平台不受时间、地点的限制，学生与教师或者其他学生甚至专家可以实时进行沟通，学生之间也可以组成学习小组，进行分工合作，从而真正做到不同学生之间的取长补短。

2）创建个性化的学习环境

体验学习主张将学生的个性特点发挥出来，让学生在学习中不断成长。在新时代，网络资源的运用可以为学生的个性化体验学习提供必要的基础和条件。众所周知，不同的学生个体之间存在差异性，因此他们在学习中所需要的学习资源也是不同的。传统的英语课程往往由于各方面的限制，很难满足每一位学生的需要，导致教学处于一种硬性规定的统一状态下。在网络环境中，教师可以为学生设计不同的体验性活动，让学生对自己的学习享有自主权，学生也可以从自己的兴趣出发进行学习。这种学习能够不断提升学生的成功体验，增强学生的自豪感与自信心。

3）开展网络游戏化教学

网络游戏化教学，即借鉴游戏自身的挑战性和自主性等特点，将英语教学目标隐藏之中。教师可以从不同学生的学习情况出发，采用相应的游戏化教学策略，让学生在娱乐中学习，让学生在放松的状态下对一些英语知识与技能加以掌握。游戏化教学往往是建立在网络环境基础上的，通过网络教师能够构建更为逼真、有趣的学习空间，让学生在网络中扮演不同的角色，对语言交际中所运用到的规则与知识进行学习等。

第八章　胜任力提升策略六：信息技术应用能力

为深入贯彻落实党的二十大精神，扎实推进国家教育数字化战略行动，完善教育信息化标准体系，提升教师利用数字技术优化、创新和变革教育教学活动的意识、能力和责任，教育部于 2022 年 11 月发布了《教师数字素养》教育行业标准，文件中包括数字化意识、数字技术知识与技能、数字化应用、数字社会责任、专业发展等五个一级维度。教育部副部长吴岩（2023）指出，深入探究数字时代学生成长成才规律，强化师生数字素养培养及数字化胜任力评估，加快数字转型，重塑数字化育人新范式。

为适应信息时代教学发展的需求，尤其是在国家数字化战略行动的引领和人工智能的冲击下，为满足英语课程教学改革的需要，英语教师迫切需要提升自身的教育信息技术应用能力，提升自身的信息素质。只有掌握了这些信息技术，英语教师的教学才能如虎添翼、事半功倍。而且，在英语信息技术的辅助下，英语教师可以采用多种教学模式，构建英语智慧课堂，也能够转变课堂形态，构建数字化教学平台。本章就来研究英语教师胜任力提升策略六——信息技术应用能力。

第一节　英语教师的信息素质

一、英语教师信息素质的特点

英语教师的信息素质可以理解为英语教师在英语教学过程中所用到的一种特殊能力，这种特殊能力涉及英语教学活动中信息技术的运用以及相关教学任务的完成等方面，其中也蕴含着若干子能力。

英语教师的信息素质是在信息化实践知识的基础上建立起来的，其要进行进一步的发展，对信息化情境有一定要求。关于英语教师信息素质的特点，可以大致归纳为以下几点。

（一）复合性

英语教师的信息素质所涉及的具体能力是多方面的。比如，从基本的教学方面来说，不管是知识、技能的传授能力还是实践能力，不管是针对英语教师发展的能力还是促进学生信息化学习的能力，不管是什么级别的信息能力都属于英语教师的信息素质的范畴，这就体现了其复合性的特点。

尽管传统意义上的英语教师也具有复合性能力，但是信息素质与之存在差异性，这与信息技术要素的动态介入有着直接的关系。在信息化的学习环境中，对英语教师驾驭教学的能力提出更高的要求，期待英语教师的教学能力能够尽可能地全面发展。具体来说，要求英语教师不仅要有信息化教学知识内容的传授能力，更要具备促进不同学习风格和不同学习策略的学生实现信息化学习的能力。由此可见，英语教师的信息素质具有综合化、多层次化的特点。

（二）关联性

英语教师应该具备的信息素质，并不是指某一种能力，而是众多子能力的综合，并且这些子能力之间是相互联系、相互影响、相互作用的。

（1）英语教师的信息素质是在基本的教学能力基础上实现的。基本的教学能力主要涉及驾驭学科教学内容的能力、一般教学法的相关能力、基本的教学技术能力等。

（2）对于英语教师来说，其信息素质主要涉及英语学科内容能力、信息化英语教学法相关能力等，这就在一定程度上体现出英语教师教学能力形成与发展的融合性特点。

（3）英语教师的信息素质的发展是呈递进形式的。另外，在不同的发展阶段，英语教师的信息素质是有着不同的侧重点。要想使英语教师的信息化教学子能力得到良性发展，在动态的发展中寻求新的平衡与协调是重要途径之一。

（三）发展性

信息化带来时空结构的变换，对英语教学的整体发展起到促进作用，也促进了英语教师综合素养的发展和提升。

（1）英语教师不仅要具有信息素质，还要不断发展，这样才能更好地适应不同的、复杂的信息化教学情境与信息化教学实践，也才能使不同的学习对象的不同学习发展与能力要求得到较好满足。

（2）在当今这个信息化时代中，信息技术更替周期逐步缩短，信息化学科教学与相关的教学方法也处于不断发展变化之中，这样才能使相关教师的教学能力变化发展的需求得到满足，才能与新技术、新工具、新方法带来的变革相适应。

（3）英语教师的专业发展呈现出动态性、终身性的显著特点，这也在一定程度上将信息化社会的特点反映了出来。英语教师要想得到专业化的成长，要求其要根据不同的职业发展阶段来不断发展和优化自身的教学能力结构。英语教师信息素质的发展具有一定的导向作用，这主要体现在英语教师信息化教学智慧的创造方面。

（四）情境性

在信息化社会中，英语教师信息素质的形成与发展是在一定的信息化教学情境中才能发生的，这就赋予了其显著的情境性特点。对于同一教学对象、同一教学内容，在不同的信息化教学情境实践中开展的学习活动，对英语教师的信息素质有着较高的要求，为了使二者有良好的适应性，需要英语教师的信息素质也必须是多样的。英语教师的信息素质是依赖于信息化教学情境中主体实践的体验，因此英语教师信息素质的发展在信息化教学情境体验方面是有一定要求的，否则，发展就无法实现。

二、英语教师信息素质的构成

（一）知识体系

英语教师知识体系包含三个层次。

1. 第一层次：知识基础

第一层次的知识基础可以大致分为以下几个方面的内容。

1）学科知识

学科知识主要是指英语专业的知识、概念、理论、方法以及相关联的学科理论内容等，对于英语教师来说，则是其从事英语教学的专业知识准备。

2）一般教学法知识

一般教学法知识指的通常是英语教学的一般性原理、策略和方法等。这方面知识的主要功能在于完成教学的准备、教学的实施、教学的管理、教学的评价以及对教学目标和教学过程等，从而进一步对教师教学和学生学习起到促进作用。

3）学科教学法知识

学科教学法知识实际上是两方面知识的综合，即学科知识和一般教学法。

4）教学技术知识

教学技术知识主要是指教学媒体和教学手段的应用知识，包含各种传统教学技术和先进科学技术的重视和技能。

2. 第二层次：知识主体

第二层次的知识主体所包含的内容主要有以下两个方面。

1）信息化学科知识

教学技术与学科知识相互融合后的知识，就是信息化学科知识。教学技术的作用在于使学科知识以信息化的方式更方便灵活地表达、呈现与扩展。

2）信息化教学法知识

教学技术与一般教学法融合后产生的新知识，就是信息化教学法知识。在教学活动中应用一定的教学技术之后，就会在一定程度上使英语教学中的要素发生相应的变化。比如，巩固拓展原有的教学法、创新一些新的教学方法等。

3. 第三层次：最高知识要求

第三层次的最高知识要求所包含的内容主要有以下两个方面。

1）信息化学科教学法

教学技术与学科知识、教学法融合后产生的一类知识，就是信息化学科教学法知识。这类知识是特殊的，主要表现为其是英语教师信息素质的最高知识要求，也是在英语教师信息素质发展中，教师获得知识的最高境界与追求。

2）教师信息素质的知识核心

处于英语教师信息素质知识核心地位的内容主要有四个方面，分别是信息化学科知识、信息化教学法知识、信息化学科教学法知识、教学技术知识。

（二）能力结构

通常人学习知识可以逐渐将学习转变为能力。从这一角度上，可以将英语教师的信息素质理解为信息素质知识体系与信息化教学实践的有机统一。通常情况下，可以将英语教师的信息素质分为 6 种子能力，其中处于核心地位的是促进学生信息化学习能力。

1. 信息化教学迁移能力

英语教师的信息化教学迁移能力是信息素质的基础能力，又可以进一步分为以下两种类型。

1）信息化教学纵向迁移能力（转化迁移）

英语教师将学习获得的知识技能应用于解决信息化教学中的实际问题，应用于提高现实的信息化教学活动中的能力，就是纵向迁移能力。英语教师信息化问题的有效解决，是不能缺少迁移的，从某种意义上说，迁移也是信息化教学知识技能向信息素质转化的关键。也可以将这一能力理解为是学以致用。

2）信息化教学横向迁移能力（适应迁移）

英语教师将一种信息化教学情境中的教学经验创造性地应用于其他新的信息化教学情境中的能力，就是横向迁移能力。也可以将这一能力理解为是举一反三、触类旁通的能力。

2. 信息化教学融合能力

英语教师的信息化教学融合能力也可以进行进一步划分，具体包括以下三个方面。

1）信息化学科知识能力

信息化学科知识能力，实际上就是信息技术与学科知识融合在一起的能力。

2）信息化教学法能力

信息化教学法能力，是指将信息技术与一般教学法融合在一起的能力。

3）信息化学科教学法能力

信息化学科教学法能力，是指信息技术与学科教学法融合在一起的能力。

3. 信息化教学交往能力

英语教师的信息化教学交往能力有两种类型，每种类型又都有其各自的特点和作用，具体如下。

1）课堂信息化教学交往能力

课堂信息化教学交往能力就是英语教师在课堂信息化教学情境中与学生的教学交往能力。在信息化社会的英语教学中，英语教师的课堂信息化教学交往能力往往会对教师有效教学和学生有效学习起到促进作用，因此备受重视。

2）虚拟信息化教学交往能力

在虚拟的信息化教学情境中，英语教师与学生的教学交往能力，就是虚拟信息化教学交往能力。通过对其进行进一步的分析，从严格意义上讲，可以将其理解为，在虚拟的学习情境中，师生之间的有效教学交往是保障学生学习顺利开展的前提条件。虚拟信息化教学交往能力是由多方面内容组合而成的，主要有：英语教师为学生提供虚拟学习环境中的学习支持，监控学生在虚拟学习环境中的学习行为，对学生学习中遇到的各种问题，能够通过虚拟的学习情境提供尽可能多的帮助。另外，虚拟信息化教学交往能力的形式也是多种多样的。

4. 信息化教学评价能力

通常情况下，英语教师的信息化教学评价能力可以大致分为两种类型，涉及英语教学中的两大主体。一个是针对学生的学生信息化学习的评价能力，强调的重点在于以促进学生信息化学习能力的发展、创造性实践能力的提高为评价的主要价值取向。另一个是针对英语教师的教师信息化教学评价能力，强调的重点则是以促进教师专业发展为出发点的发展性评价，以帮助教师不断提高自身的教学能力和相关业务水平，实现针对教师信息化教学的过程性动态评价。

5. 信息化协作教学能力

对于英语教师来说，在信息化社会中，信息化教学协作能力与信息化教学集体智慧是要同时发展的。这就要求将数字化网络资源充分利用起来，并且与同事、专家合作，提高基于信息和传播技术的集体教学知识和多元化的集体教学能力，如此一来，才能为学生的有效学习和创新能力的发展创造有利条件，也积极影响着英语教师自身的职业发展。

6. 促进学生信息化学习能力

进入信息化社会，英语教师的教学能力方面也被提出了更高的要求，学生的学习能力也有所变化。目前，学生的能力发展已经成为研究的重点，因此英语教师在发展教学能力方面，也要以此为目标，能够更加全面深入地了解和掌握英语教师的信息素质发展状况。可见，“促进学生信息化学习能力”在教师信息素质的结构图中已经处于核心位置，是其他教师信息化教学系列子能力都围绕的中心，也是教师教学的最终的目标。

三、英语教师信息素质的培养策略

关于英语教师的信息素质，要想有效促进其发展，需要采取相应的培养和发展策略。这方面的策略有很多，为了便于理解和操作，可以将这些培养策略大致分为三个方面：一是促进英语教学发展的外部环境条件——宏观策略；二是促进其发展的方法论——中观策略；三是促进其发展的内部系统和直接条件——微观策略。每一个策略又包含了很多具体的内容。

（一）宏观策略

英语教师信息素质培养的宏观策略，主要包含社会发展的需求、国家政策的保障、教育改革的引导、学校组织的支持以及教师成长的动力这几个方面的内容，如图 8-1 所示。外部环境条件的建设是英语教师信息素质培养发展的重要基础。

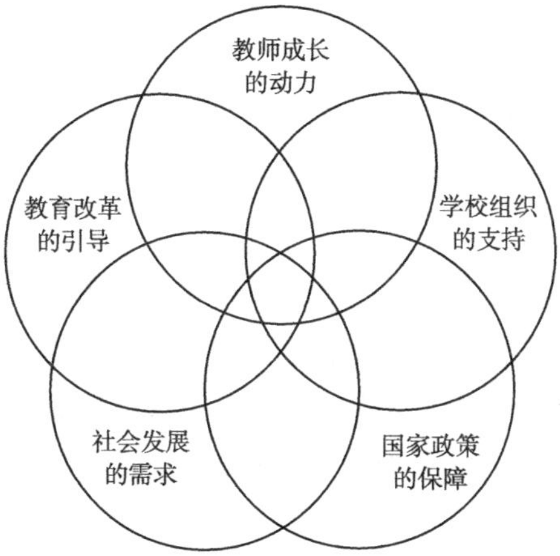

图 8-1　英语教师信息素质培养的宏观策略

1. 社会发展的需求

信息化社会的一个显著特点就是信息量激增，知识更新周期缩短。对于英语教学来说，教育的信息化已经渗透其中，因此作为教育实施者的教师，信息素质的培养至关重要。信息化社会对信息化人才的培养要求是要具有创新精神和实践能力，因此，从英语教师自身的角度来说，自身的信息化发展就显得尤为重要了。可以说，英语教师信息素质的培养，不仅是信息时代对英语教师的能力要求，也是信息技术深入渗透教育的发展需要。

关于英语教师在信息化社会中需要培养的教学能力，大致可以分为三个方面，一是信息化学科知识，二是信息化教学法知识，三是信息化学科教学法知识。

2. 国家政策的保障

关于国家在政策方面对英语教师信息素质培养策略的支持与保障，主要从相关通用教师教育技术能力标准的颁布与实施、教师相关信息技术能力的国家层面的培训项目支持等方面得到体现。

从国家政策保障的层面来说，要重视英语教师教育技术能力中与教师信息素质相关的明确要求，根据实际情况来对教师相关能力标准的规范进行适当调整，也不能忽视教师相关能力的培训、考核与认证等方面的工作内容。经费投入方面也是需要重点关注的方面，由此来保证英语教学信息化发展的基础和条件。这样才能从政策和资金等方面有效保证英语教师信息化教学能力的培养和发展，使其多层次和终身化的实现得到保障。

3. 教育改革的引导

教育改革成为现代社会促进教育教学发展的一个重要途径。应该说，教育教学改革在课程体系、实践教学、教学方法策略等方面，已经有了很大的改变。

英语教师教育改革往往跟不上基础教育课程改革的步伐。这在英语教师相关信息技术能力的培养和发展过程中也有着突出的表现。因此，英语教师信息技术能力的相关培养和发展，不能仅仅局限于教师信息化教学能力的提升，也要涉及其能力标准、相关教学评价以及相关科学研究等各个方面。

4. 学校组织的支持

英语教师的教育教学活动的开展，几乎都是在学校中进行的，可以说，学校是教师教育教学活动的场所，教师教学能力的发挥也需要在这样的平台上来实现。

对于英语教师信息素质的培养与发展来说，这一目标是需要在一定的支持条件下才能实现的，而重要的条件之一就是学校组织的支持。具体来说，这一支持包含着丰富的内容，比如，校长的重视、资源的准备、培训的参与、教学的交流等。

5. 教师成长的动力

英语教师的信息素质培养和发展要具备重要的条件，这一条件主要是指外部因素，而起到关键性作用的是内部因素，换言之，英语教师自身必须具备培养和发展的最终内驱力，才有可能实现信息素质培养和发展的目标。英语教师信息素质培养和发展的内因主要包括英语教师的自信心、正确的态度、时间保证、知识的储备等。同时，信息化社会英语教师的专业成长需要，也对英语教师信息素质的培养和发展起到了促进作用。

（二）中观策略

英语教师的信息素质培养与发展，在方式、方法和策略方面也有一定的需求，也就是要有促进其发展的方法论，即教师信息素质发展促进策略的中观层面。关于英语教师信息素质培养与发展的中观策略，主要有以下几个方面。

1. 职前培训与在职培训相结合

教师信息素质发展是一个系统的过程，并且整个发展过程实现了动态、开放、多元、协作、终身能力发展的转变。职前培训与在职培训在英语教师信息素质培养和发展的过程中是非常重要的环节，二者之间有着紧密联系。其中，职前培训所涉及的主要是英语教师的技术知识、技能的学习和模仿，虽然也有一些教学实践环节，但总体上要以英语教师信息化教学知识和技能的获得为主；在职培训所涉及的内容主要为知识、技能在新情境中的动态应用实践，当然也包括一些技术知识、技能的学习。

2. 传统方式与网络在线相结合

在现代信息化社会中，尽管获取学习信息资源的渠道是多元化的，并且对英语教师信息素质发展的网络在线途径的重视程度比较高，但是，这并不是唯一的方式。传统的方式也不能完全被忽视，也要适当采用，从而保证其知识获取、教学经验分享、教学研讨、协作教学等的顺利实施，实现两种方式的有机结合。

3. 技术知识与实践应用相结合

英语教师信息素质的获取，是由处于基础性地位的英语教学技术知识，经过教育教学实践，转化而成的教学应用能力，因此也可以将英语教学的信息素质，理解为英语教师技术知识与实践应用相结合的结果。这两个方面，缺少了任何一方，英语教师的信息素质都不可能实现，因此，将两者有机结合起来是非常有必要的。

（三）微观策略

英语教师信息素质培养与发展的微观层面的促进策略大致可以分为三个方面。

1. 以自主学习为主的知识积累

对于英语教师的信息素质的培养和发展来说，教师的自主学习是非常重要的基础条件和动力源泉，也是英语教师专业发展的内驱力。自主学习能使英语教师实现知识积累，促进教学和学生的发展。这在英语教师的职前培训和在职培训中都有所涉及。从某种程度上说，自主学习能够使英语教师在信息素质不同发展阶段获得的离散知识更加系统化，使得信息化社会中教师的专业发展更加动态化、可持续、终身化。

2. 以教学实践为主的应用迁移

关于英语教师信息化教学实践的形式，可以将其理解为英语教师教学技术知识、技能在具体情境中迁移应用的体现，是一种“理论化的实践”。因此，英语教师要以教学实践为主，在不同的信息化教学情境中，实现信息化教学融合与信息化教学交往，在实践中反思，在反思中成长，最终实现英语教师信息化教学智慧的生成与创造。

3. 以协作教学为主的对话交流

英语教师的信息素质包含很多子能力，其中之一就是信息化协作教学能力。教学观摩、教学研讨、协作交流、协作科研等都属于英语教师的协作化教学能力的范畴。从某种意义上说，英语教师在信息化社会中以协作教学为主的对话交流策略，是现代社会的一种体现，具有显著的时代特点。

第二节　采用多种教学模式，构建英语智慧课堂

一、采用多种模式组织英语教学

（一）慕课教学模式的优势及应用策略

慕课（Massive Open Online Course，MOOC），即大规模在线开放课程，是指通过互联网面向所有人开放的一种网络教学课程。在线课程分为两大类：一类是慕课；另一类是基于在线课程的混合式教学（Online Courses Based Blended Classroom ，OCBC）。

随着慕课的日渐成熟及其社会影响力的逐步增大，它的特征也表现得日益明显。

第一，大规模。大规模意味着对学习者数量不做限制，与传统课程只有几十个或几百个学习者不同，慕课一门基课课程动辄有上万人参加。肯 · 马斯特斯（Ken Masters）对慕课概念的解释如下：大规模主要是指大量的学习者，也可以指大规模的课程活动范围。那么，多大规模才算得上“大规模”呢？现实表明慕课的学习者远超常规，可轻易达到几千人。而在未来，随着该模式的普及及其影响力的扩大，参与者变得越来越多，所以说慕课是一种巨型课程。

第二，开放性。开放性是指慕课的学习者可能来自全球各地，信息来源、

评价过程、学习者使用的学习环境都是开放的。在美国，慕课是以兴趣为导向的，凡是想学习的人，不分国籍，只需注册一个账号，就可参与学习。为此，人们强调，只有当课程开放的时候，它才可以被称为“慕课”。因而，“慕课”是一种将分布于世界各地的授课者和学习者通过某一个共同的话题或主题自愿联系起来的方法。

第三，非结构性。从内容上看，慕课大多数的时候提供的只是碎片化的知识点，是一组可扩充的、形式多种多样的内容集合，这些内容由一些相关特定领域专家、教育家、学科教师提供，汇集成一个中央知识库，就像网站一样。这些内容集合的独特之处在于其能够被“再度组合”——所有的学习资料并非堆砌在一起，而是通过“慕课”彼此关联。

一般而言，在西方，慕课并没有一个组织者进行课程的顶层设计。最初，它只是一些热心教育的人士，或者是一些领域的顶尖专家为传播该领域的知识而提供的“志愿者”服务。当然，在这之后也有一些大学出于授予学位或学习证书的需要，试图对慕课设立课程标准，以便为其课程与学位提供质量保障。在我国基础教育领域，微视频已经走出了仅仅提供课后辅导的角色，进而试图借助慕课，实现课堂教育模式的翻转。由于中小学的课程主要是以教学目标或课程标准为基础的，因而，在提供碎片化知识的同时，让教师与孩子共同理解知识点之间的内在逻辑乃至一门学科的知识，也被作为重要的问题提了出来。这决定了中西方的慕课建设会有相当大的不同。我们把中国未来的中小学慕课学习称为“基于系统设计的碎片化学习”，它在结构形态上会与西方的慕课有一定的区别。

第四，自主性。不同的学者对慕课的自主性有着不同的理解。在关联主义的慕课推崇者看来，其一，“自主性”意味着慕课没有明确的学习预期，学习者可以自设学习目标；其二，虽然有特定的学习主题供参考，但在什么时间、什么地点学习，阅读多少资料，投入多少精力，进行何种形式和程度的交互等都由学习者自己决定；其三，没有正式的课程考核。当然，需获取学分的在校学生除外，学习者根据自己的学习预期对自己的学习收获进行评判。因此，关联主义的慕课几乎完全依赖于学习者的自我调控。然而，在大多数学者尤其是关注中小学慕课建设的学者看来，慕课的自主性主要意味着学生对自己的学习承担责任。根据教师提供的教学内容，学生可以自定学习的方式、步骤、时间，自主地讨论与研究，主动且积极地学习。

1. 英语慕课教学的优势

第一，英语慕课教学有利于突破时空限制，转变传统的英语教学模式。慕课教学突破了传统大学的限制，让学生在接受高等教育的时候，不因时间、地点等受到限制，这对于传统的高等教育来说，面临着巨大的挑战。慕课教学模式对于大学课程的设计与开发、师资发展等影响巨大，更明显的影响主要体现在教学方法与策略层面上。因此，当前的高等教育除了要适应社会发展的趋势，还需要考虑慕课教学在我国的本土化问题。一些专家学者通过研究国外的慕课教学，建立了很多国内本土化的英语在线开放课程群，这样学习者不仅可以自己选择适合自己的课程，还能学到英语知识，提升自身的英语水平。也就是说，英语慕课优化了教学，不断提升教师的教学质量与效果。具体来说，英语慕课在教学层面有如下几个优势：使英语教师从传统的教学模式中解放出来，但他们也将面临巨大的挑战，即英语教师应该不断学会运用技术，为学生构建高效、多样的英语慕课课程；运用慕课教学模式，对教师的需求将会减少，并且慕课教学中会出现一些“明星”教师，每一位教师也有很多的学生“粉丝”。另外，教师的授课重点也会发生改变，尤其是明星教师提供的精品课程，这些课程必然需要有好的教材、视听材料等，为了给学生创造优质的视觉感受，教师还需要添加一些肢体语言表达。

第二，英语慕课教学有利于提高学习兴趣，使学生的学习更为自由。在慕课教学模式下，人们更多关注的是慕课是否激发了学生的学习兴趣，是否发挥了学生的主观能动性。因此，通过慕课平台，学生从繁重的课堂中解放出来，而在这种轻松的学习模式下，他们获取知识的欲望将会逐渐增加，从而变成主动获取知识。学生可以在自己设定的时间内，对知识的来源与结构进行充分的了解，把握好关键性的知识与内容，学生的学习过程也限于如何提出问题、寻找答案、解决问题等。

另外，慕课学习环境让学生处于学习中，便于学生培养自身的自主学习能力。他们通过自主学习，积攒大量的课外学习实践经验，从而不断拓宽自己的学习视野，提升自己的兴趣点。

2. 英语慕课教学的策略

第一，构建多层次的慕课课程。如前文所述，慕课教学模式冲击着传统的英语教学，尤其是传统的、单一的英语教学模式。从师资力量上说，传统的师资力量比较薄弱，教师资源非常有限，导致很多课程的讲授都没有针对性。相比之下，英语慕课教学是基于学生的兴趣和积极性来设置课程，这使得学生学习英语的动力明显提升，从而不断提升他们的学习效率与质量。

第二，采用多种教学方式展开慕课教学。虽然很多学校都要求不断进行英语教学改革，在上课方式上也不再使用单一的手段，但是在教授方式上还是过多倾向于知识点的讲述，即便是将多媒体融入其中，也多是课堂讲授的辅助手段，只是将传统的板书形式替代成现在的多媒体形式。相比之下，英语慕课教学模式更为多样化，学生即便不在学校，也能够通过网络获取知识。

第三，展开多渠道考核学生的慕课学习情况。在慕课教学模式下，英语教学设置了多渠道的考核手段。如果仅仅是传统的笔试或者论文写作，那么很难检测出学生的实际能力。但是，英语慕课教学，可以进行个性化的考核，这种考核可以将学生的积极性激发出来，从而开展下一阶段的学习。

（二）微课教学模式的优势及应用策略

微课教学是指教师将微课的资源整合到日常课堂中，根据学生的学习特点和学习进度，将微课资源与普通课堂相结合，从而实施教学的过程。

微课教学的特点主要体现在以下几个方面。

（1）内容易懂，精力专注。

（2）集中强化教学技能。

（3）突出自身优势，彰显个性特点。

1. 英语微课教学的优势

1）促进学生学习积极性的提升

在英语微课教学中，教师用直观的教学手段清晰地展示抽象的理论知识和技能，为学生理解与掌握知识和技能提供了方便，使学生学习起来更容易。学生对新鲜事物总是充满好奇心，而对于高校学生来说，新颖的微课教学模式是比较新鲜的事物，能激发他们的好奇心和求知欲，在新的教学模式下学生学习的积极性会得到提升，更愿意主动学习，这对于提高学习效果、提升英语素养具有重要意义。

2）使学生的个性化学习需求得到满足

英语微课教学可以使不同学生的个性化学习需求得到满足，学生可以根据自己的学习需要对所要学习的内容进行灵活选择，既能强化自己已经掌握的知识与技能，又能重点学习自己还未掌握的知识与技能。英语微课教学为学生提供了延伸性的学习平台，学生利用这一拓展化的学习资源可以查漏补缺，完善自己的知识体系，巩固自己的学习技能。在传统英语教学中，由于一节课时间比较长，学生的注意力很难始终保持高度集中的状态，注意力分散，无法与教师配合，自然就会影响课堂教学的顺利进行和最终的教学效果。而在英语微课教学模式下，由于授课时间短，而且学生面对的是生动形象的教学资源，所以他们更容易集中注意力和准确抓住知识点，还能主动思考与探索，这对于促进学生视野的拓展及学习水平的提升是有好处的。

2. 实施微课教学的策略

英语微课教学的组织与实施过程可分为以下 3 个阶段。

1）课前准备

教师课前准备工作的好坏直接反映教师的内容编制技能。准备阶段的工作主要包括教学内容的选取、教学目标的确定、教学策略的制定、教学顺序的安排及教学器材的摆放等内容。选取教学内容一定要有明确的主题，对某一个或少数几个选定的问题集中进行说明，这样才能体现出高校英语教学的目的性、计划性，才能使教学目标发挥引领作用。

2）课中教学

首先进行课程导入。微课时间较短，在有限的时间内尽可能地用新颖的方法引出课题，这样才能在短时间内吸引学生的注意力，使其在接下来的时间里集中精力学习。这一环节用时较少。其次正式进入教学活动。教学活动是主体部分，以解决技术问题为主线。教师的讲解要简短精炼，留出学生自主练习的时间，教师在旁边巧妙启发并积极引导。最后进行课后小结。课堂小结是对教学内容要点的归纳及整个教学的总结。课堂小结贵在“精”，要起到画龙点睛的作用，不要做不必要的总结，以免画蛇添足。

3）课后反思

教学探究和解决问题是课后反思的基本立足点，反思的要点有两个，即教和学。通过反思来检验目标的合理性与达成情况，根据现实问题而提出解决方案与改进建议。

（三）翻转课堂教学模式的优势及应用策略

“翻转课堂”这个术语是由“Flipped Class Model”翻译过来的，通常被称为“反转课堂式教学模式”。传统的教学模式一般是教师在课堂上把知识讲解清楚，再布置一些相关的课后作业，学生利用课后时间巩固练习，由教师定期批改。“翻转课堂”教学模式的课堂形式与传统课堂有着根本性的区别，在翻转课堂教学模式下，学生可以利用一切空闲时间在线上学习知识，而课堂成为师生之间和学生之间互动的场所，这些互动包含答疑解惑、知识的运用等内容，以此来达到更好的教育效果。

翻转课堂的本质在于教学者赋予了学习者更多的自由，翻转课堂把知识传授的过程放在教室之外，让学习者选择最适合自己的方式去接受新知识，而把知识内化的过程放在教室内，以便学习者之间、学习者和教师之间有更多的沟通和交流。这样既吸收了传统课堂和在线学习的优点，又摒弃了它们的缺点。学习者在网络上可以随时学习、反复学习在线课程，摒弃了传统课堂中一时没听懂而满堂发蒙的情况；学习者带着问题参与课堂合作学习，摒弃在线孤独学习的状态；学习者在课堂教学中感受到教师就在身边的亲切感，摒弃在线学习师生之间的隔阂感。好的翻转课堂学习能将以学习者为中心、基于问题的学习以及合作学习等教育理念发挥得淋漓尽致，最大限度发挥传统课堂和在线学习的优势。

“翻转课堂”教学模式需要大规模借助计算机及网络通信来支撑，而近十年来，计算机及网络技术愈加成熟，费用越来越低廉，加之信息技术在教育领域的迅猛推广，为翻转课堂提供了物质基础，一些新的想法和理念也变得可行。学生不再依赖某个教师的课堂授课，可以通过互联网检索到优质的教育资源。而课堂和教师的角色也更新了，教师更应该发现学生在学习中可能碰到的问题，引导学生去解决问题，培养其运用知识的能力。

翻转课堂的独特之处在于它为教师和学习者提供了更深入、更广泛的学习条件和环境，同时改变了传统的教学模式，为教育事业注入了新的活力。与传统教学模式相比，翻转课堂主要有以下突出的特点。

第一，翻转了教学理念。不似在传统教学中学生要紧跟教师的节奏，翻转课堂中的学习者有了更多的自主性。翻转课堂更加突出“以学习者为中心”“因材施教”，以实现个性化学习。一是学习者在课外，可以自己掌握学习时间和进度，易学部分或自己原来就掌握的内容可快速通过，而对于难学难理解的部分则可在线上课程中反复学习，从而提高学习效果。二是能调动学习者的主动性。学习者在线上学习的过程中，必然会遇到大量的问题，其中部分问题是学习者自身难以解决的，在课堂上，学习者可以就学习中遇到的疑惑，与教师、同学积极地探讨。三是进入教学课堂，完全是以学习者为中心的，帮助解决学习者的问题。教师为了让学习者更好地、更深入地掌握课程内容，提出若干研讨题目，以学习者为主体进行讨论研究。教师对在学习中遇到困难的学习者可以进行针对性的辅导。

第二，翻转了教学流程。在传统教学模式下，学生的学习过程可以划分成两个阶段。第一个阶段是“信息传递”阶段，该阶段往往通过上课的方式让教师传授知识给学生，学生与学生之间也可通过互动来加强学习。第二个阶段是“吸收内化”阶段，这个阶段教师无法参与，往往由学生利用课后时间自己去完成。在“吸收内化”阶段，没有教师的参与和同学提供的帮助，学生常常会，去学习的动机和成就感。“翻转课堂”重构了学生的学习过程。学生在现实课堂前完成“信息传递”阶段，在该阶段中，教师单单提供视频给学生学习，同时能够在线上辅导学生；而“吸收内化”阶段改在现实课堂中完成。由于学生有了一定的基础，教师能够迅速发现学生在学习中碰到的问题，在课堂上有针对性地进行解答，同时，学生之间的讨论也对学生的知识吸收和内化有着巨大的帮助。

第三，翻转了师生主体角色。在传统教学中，教师站在高高的讲台上，往往被认为是知识的权威代表，负责将知识传播下去，而学习者被动地听，这种上课方式抑制了学习者的主观能动性，也削弱了学习者的学习积极性。在翻转课堂学习中：课前，学习者以自己的学习需要和能力为基础主动学习；课上，无论在学习小组还是班集体，主要是学习者在研讨发言，学习者在课内和课外的学习过程中都占据主动地位，而教师只起到组织、指导、帮助、督促的作用。在学习过程中，学习者一直是学习的主体。

第四，翻转了教学模式。由传统课堂的教与学，转变为由网络技术和课堂双重支持的教与学，并且将知识传授和内化进行了优化。在翻转课堂中，教师课前把帮助学习者学习的学案、课程 PPT、教学视频、测试题等各种学习资源共享到线上学习平台上，学习者可以随时随地下载资源进行学习；课上学习者和教师集中在线下的课堂中进行实时交流。可见，利用信息技术的混合学习模式能将在线学习和面对面的教学有机结合起来。教师可在视频同页面上设置几个小问题，用于学生在看完了教学视频之后，帮助其检查是否理解了视频的内容。通过这种即时性质的检测，学生可对自己的学习情况有大致的了解。如果存在有问题回答不出的情况，学生可以退回到相应知识点再学习一遍，这样带着问题去学习是非常有效的。同时，学生完成线上作业后可以及时上传到云平台或后台，由教师进行批改处理，这样，教师可以掌握学生在线学习的基本情况。此外，教学视频还有一个好处，在一门较长课程的学习后，学生往往会忘记前面的知识，而翻转课堂视频就方便了学生课后的复习和巩固。评价模式的转变和技术的进步，使得学生在自主学习环节有实证性的资料做支撑，这能帮助教师更好地了解学生。

1. 英语翻转课堂教学的优势

第一，英语翻转课堂教学真正实现了以学生为中心的教学方式。翻转课堂教学模式是对传统教学场所、教学时间等的改变。通过这一教学模式，教师将讲授的媒介转向视频，学生通过自学来获取知识。教师可以通过各种交流平台等为学生提供资料，学生可以在网上对这些资料进行获取，从而主动进行学习。课堂成了师生、学生之间交流的场所，从而激发学生的探究学习、协作学习积极性。

第二，英语翻转课堂教学让学生的英语学习更为自主。翻转课堂教学的课前学习部分以及课堂的任务活动部分都需要学生参与其中，这不仅仅是让学生对学习负责，还是让学生认识到只有通过学习，才能够与教师或者其他学生展开探究。这时学生从被动的学习转向主动的学习，从而培养他们的自主学习意识。

2. 英语翻转课堂教学的策略

第一，设计英语教学过程。美国创新学习研究所（Innovative Learning Institute，ILI）提出了翻转课堂设计流程。ILI 认为，翻转课堂的设计过程主要包括如下几个步骤：对课外学习目标进行确定；选择翻转课堂的具体内容；选择翻转课堂传递的手段；准备翻转课堂教学的资源；对课内学习目标加以确立；选择翻转课堂评价的手段；设计具体的翻转课堂教学活动；辅导学生展开学习。

第二，开发英语教学资源。从广义层面来说，教学资源指的是用于教学的材料以及相关的人力、物力、设施等，能够帮助个体展开学习。随着科技的进步，信息化教学资源呈现出来，其指的是在信息技术环境下，为了实现教学的目的，而出现的各种教学资源，如人力资源、信息资源等。

随着信息化资源的不断丰富和在教学中的不断应用，人们逐渐提出了翻转课堂的教学理念。从上述翻转课堂的过程可知，要想实现翻转课堂，教师需要具备一些基本的教学资源，如教学视频、阶段训练、学习任务单等。

当然，要想实现翻转课堂，除了需要具备上述一些资源外，还需要考虑借助一些软件工具，这类资源贯穿于翻转课堂教学的全过程。这些软件的作用在于帮助教师设计教学视频，帮助师生展开协作交流，展示学生的学习成果等。

（四）多模态互动教学模式的优势及应用策略

模态，即交流的渠道与媒介，是一种囊括语言、图像、技术、音乐等符号的系统。多模态教学模式是建立在多模态话语分析理论的基础上。20 世纪 90 年代，西方学者提出了多模态话语理论。这一理论指出，语言属于一种社会符号，音乐、绘画等非语言符号对语言意义的生成起着重要的影响作用。各种语言符号与非语言符号模态之间既是相互独立也是相互影响的关系，共同生成语言意义。

在多模态话语分析理论的基础上，新伦敦小组（New London Group）提出了多模态教学方法。其作为一种教学理论，涵盖了多种符号资源，如声音、视觉、图像等。根据多模态语言理论，语言的输入、输出会受到多种符号模态的影响，因此在英语教学中，可以将多种符号模态融合，结合音乐、图像、网络等形式，丰富英语课堂，调动学生学习的积极性与主动性，从而交互式学习英语语言，达到对英语语言的充分记忆以及恰当应用的目的。

在信息技术支持下，教师采用多模态互动教学，充分运用网络多媒体等手段，创设各种语言学习情境，让学生真正体会到语言学习的乐趣，多渠道地激发学生的听觉、视觉等感官，为学生提供全方位影响的环境，促进学生不断提升自身的语言技能。

1. 英语多模态互动教学的优势

第一，英语多模态互动教学改善了学生的英语学习模式。首先，英语多模态互动教学将多种符号模态引入英语教学之中，对学生的多种感官进行刺激，让学生将多种感官应用到英语学习之中，对自己的信息输入加以丰富，让学习者直观地接收、记忆学习内容。与单一的语言讲解相比，多模态互动教学能够提升学生的记忆力。其次，从多模态表现形式的需求出发，英语多模态互动教学往往采用的是不同的教学手段，对教学形式加以丰富，避免英语教学过于单调。这样的方式可以调动学生的学习积极性，通过参与各项活动，学生对英语学习也变得更为主动，便于学生形成自主学习的意识。同时，学生的参与也能够不断训练他们的综合能力。最后，英语多模态互动教学能够弥补传统单一的模态教学的不足，从教学目标、教学内容出发，采用不同的教学方法，用直观的方式，让学生主动积极地参与其中，提高他们对语言的使用效率，进而提升学生的综合运用能力。

第二，英语多模态互动教学提升了英语教学的质量和水平。英语多模态教学是将多种模态结合起来展开教学，调动学生的各个感官，让学生对学习内容有清楚的理解，在同样的时间里，多感官要远比单一感官更容易理解与记忆。这从一定程度上大大提升了教学的效率和质量。

第三，英语多模态互动教学有助于培养学生的跨文化交际能力。英语多模态互动教学要求教师运用多种模态的教学手段，并要求多种模态的互动。多种教学手段的运用可以大大提升学生的思维能力与感官能力。互动环节是学生展开实践的舞台，从而不断提升学生的交际能力与实际运用能力。英语多模态互动教学对于提升学生的跨文化交际能力有着明显的作用。文化是跨文化交际能力的核心，文化能够将地理、历史、风土文化、思维方式、生活方式等传承下来，可见文化能够在物质中得以体现，但是并不是物质的形式存在。正是因为文化的特殊性，如果仅仅依靠文字，教师很难让学生深刻体会某一种文化，学生也无法在特定的文化背景下展开交际，因此教师需要借鉴多种模态和手段，通过一些影像资料展示，这样才能让学生逐渐形成对文化的认知。

2. 英语多模态互动教学的策略

英语多模态互动教学作为一种新型模式，充满活力，在大数据背景下必将日趋完善。下面就来具体分析英语多模态互动教学的构建策略。

第一，充分利用多媒体资源展开多模态互动教学。在英语教学中引入多媒体技术，是英语教学的一种变革手段。多模态教学强调调动学生的多种感官，从而满足英语教学的需求。多媒体课件正是运用这样一种实现手段，将文字、音频、视频等结合起来，便于调动学生的多种感官。当然，教师在制作多媒体课件的时候，需要多手准备，考虑到不同的教学任务，对各种资料进行搜集与设计。

第二，建设多模态化英语网络空间。随着网络技术的不断进步，大数据技术的不断革新，校园网、校园论坛的内容更加丰富，也被逐渐应用到教学中。网络空间教学，即教师通过网络平台与学生展开交流与互动。他们可以在网络上进行实名认证，从而展开师生交流。当进入英语网络空间教学之后，教师与学生之间可以突破时间、地点的障碍，在线问答，展开互动，这样不仅便于教师了解学生的学习情况，也能增进彼此之间的关系。通过网络空间，学生按照固定的时间提交作业，教师进行批改与反馈，这样不仅可以节约用纸，还可以进行师生互动。需要指明的是，网络空间要想发挥出应有的作用，首先必须让学生积极参与其中，学生需要登录平台完成学习和作业，教师要实时进行分析和审阅，从而评估学生的学习情况。

（五）混合教学模式的优势及应用策略

混合教学是教学信息化发展的新阶段，它体现出信息技术从教学辅助向教学深度融合的发展轨迹。信息技术应用于教育教学最早始于计算机辅助教学（Computer Assisted Instruction，CAI），并且衍生出了计算机辅助学习（Computer Assisted Learning，CAL）、计算机辅助训练（Computer Assisted Training，CAT），以及互联网时代的网络教学平台（E-Learning）等，这些教学应用的特点都是从属于已有的教学流程，在教学过程中更多是起到辅助、补充和支持作用。

当前从教学角度而言，混合教学使互联网技术在教学中发挥的作用不再仅仅是工具或支撑平台，而是对教学思维、教学元素以及完整教学流程的重构。因此，混合教学对于教学系统设计中的信息技术环境和条件、教学参与者的信息技术素养、教学管理的信息化水平都提出了更高的要求。

具体而言，在网络教学环境中，需要有稳定的有线网络和无线网络接入，而云计算服务器需要安装在专业的数据中心机房内，教师和学生应该普及智能手机和笔记本电脑等终端，并能够随时随地稳定快速地接入平台；教师和学生对互联网教育教学以及信息化时代教学和学习的新理念、新思维有一定程度的认识和理解，能够适应教学流程重构和翻转，这对教师和学习者都提出了新要求，能够主动调整自己在传统教学和学习模式中的习惯思维和行为，积极融入混合教学的新模式；作为教务管理部门而言，在混合教学的教务管理过程中必须继续提高管理的信息化水平，努力消灭数据孤岛，跨越数字鸿沟，重构教务管理规则和流程，避免传统教务管理中的一些规定和流程原样照搬到混合教学的管理之中，以免造成生搬硬套影响混合教学开展的不良后果。

另外，混合教学中的教学绩效考核制度和教学质量评价体系也与传统教学评估的指标和模式存在较大的差异，需要教务管理部门与时俱进，研究制定混合教学的考核和激励机制，从制度上推动基于慕课的混合教学在学校教学中的应用、普及与深入发展。

由于混合教学是对传统教学模式的流程重构，不仅仅是简单的互联网应用，必将改变教师的传统教学观念和工作模式，甚至是触动教师的个人利益，这些问题与技术问题交织在一起，使混合教学模式的施行势必会遇到一系列问题和阻力，因此学校教务管理部门和教学单位的首要工作目标应该是区别并解决各种矛盾和问题，对症下药，多管齐下地予以逐步解决，切忌以点带面，放大次要矛盾而忽视或回避主要矛盾，从而使问题复杂化，导致关键问题更加难以处理。

1. 英语混合教学的优势

第一，英语混合教学有利于发挥集合优势。开展混合教学有助于将新旧教学模式结合起来，彼此之间进行相互学习，系统展开思考，对各种教与学的方法进行整合和分析。这样不仅能够将教师的教学技能挖掘出来，发挥教师在教学中的主导地位，还能够以学生为中心，发挥学生的主体性作用。同时，教师集中先进的教学技术、教学设施等，为学生创设必备的学习环境，从某种程度上说，这种混合教学对教师的要求更高。

第二，英语混合教学有利于及时反馈。在传统教学模式中，教师很难进行准确的全面反馈，但是在混合式教学模式下，教师可以运用一些网络平台，结合线上线下教学环境，全面准确地了解学生，帮助学生解决学习中遇到的问题，从而不断提升教师的教学效果。

第三，英语混合教学有利于高效互动课堂的建立。传统教学模式主要侧重于教学活动，教学内容主要是教师灌输给学生，是一种单向的转移。学生在学习中不能有效地参与到课堂之中，很难实现与课堂的互动。教师的教学方式也比较单一，缺乏灵活性。在混合教学模式下，教师选择先进的教学手段，目的是实现师生之间的互动，从而便于师生解决教与学的问题。

第四，英语混合教学有利于个性化学习。在学习中，学生可以根据自己的需要选择适合自己的学习方式，激发他们主动参与课堂的积极性，展开与师生、生生之间的协作。同时，学生也有充足的时间进行课外实践。显然，这与当前的英语教学改革潮流相符。学生能够自主选择也属于一种深度学习，是一种创新手段，便于学生获取更好的成绩。

2. 英语混合教学的策略

1）课前阶段

在英语混合教学中，教师在展开授课之前要从教学内容、学生实际学习情况出发，对课程资源进行整合，并考虑实际的情况，设计具体的教学任务，从而培养学生的自主学习能力。例如，通过“朗文交互学习平台”“新理念外语网络教学平台”等平台，教师可以将与教材相关的学习目标、学习计划、学习主题等预习任务发送给学生，学生从自身的能力出发，通过各种形式完成预习任务，从而不断提升自主学习能力。同时，在混合教学中，学生与教师或者其他同学之间还可以进行互动，如果遇到问题，学生也可以向教师或者其他学生寻求帮助。

2）课堂阶段

混合教学实际上是线上线下混合教学，其中的线下，即课堂讲授，这一阶段主要通过课堂与自主学习平台的融合，展开多媒体辅助教学。首先，教师要对学生的预习情况进行检查，并指出学生在预习过程中存在的问题。其次，教师运用多媒体对教学内容进行丰富，提出一些具体的问题，让学生进行思考。再次，教师从实际情况出发，设计相应的学习任务，让学生之间进行探讨，或者通过一些角色扮演的形式，调动学生的参与积极性。最后，教师让学生进行思考，或者进行自评、互评，对自己的学习内容加以总结，激发他们的探究精神。

3）课后阶段

在课后，教师通过混合教学对学习资料进行补充，拓宽学生的视野，加深学生对知识的掌握。当然，学生也可以在网上寻找一些复习材料，从而优化自己的学习效果。

二、构建英语智慧课堂

互联网教育创造了多种教育手段，智慧课堂就是其中的一种重要模式。智慧课堂即依靠智能化技术，发挥教师与学生的智慧，对传统课堂教学模式加以优化。

智慧课堂要求以智慧教学环境作为支撑，这些智慧教学环境包括智慧校园网、学习资源平台，核心在于通过网络或者移动终端，接入学习内容，展示学习活动，更新与共享学习内容等。智慧教学环境可以实现真实情境的创建，实现学习协作，还可以推动个性化的学习资源。

英语智慧课堂教学的设计框架如图 8-2 所示。

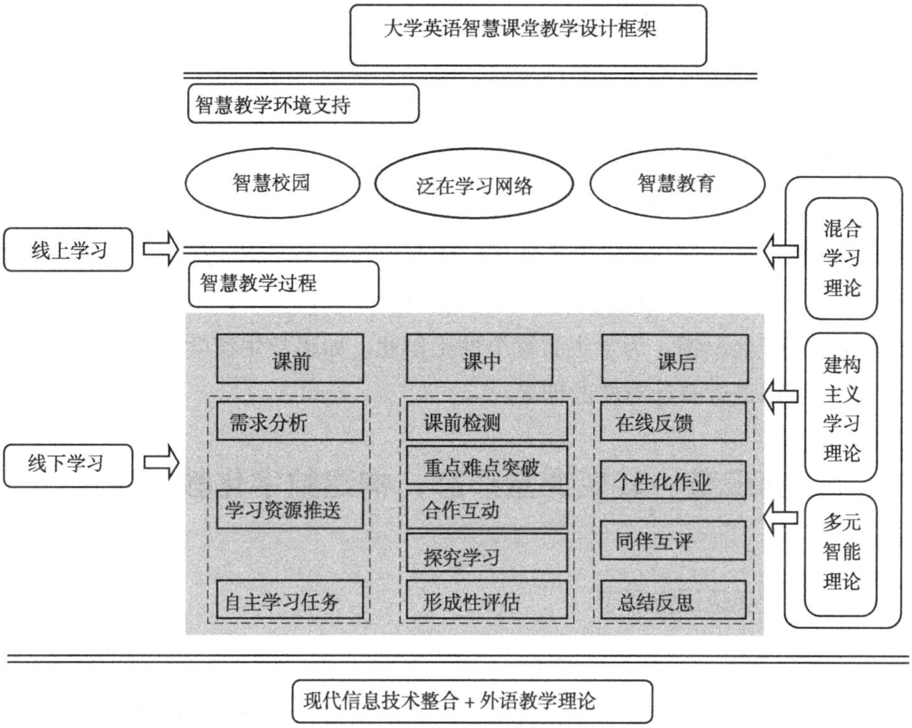

图 8-2　英语智慧课堂教学框架

（资料来源：厉建娟，2018）

（一）课前学习阶段

在课堂开始之前，教师可以通过网络问卷、测评等，对学生的学习需求加以了解，从学生的学习需求出发，为学生提供学习资源，制定学习任务。智慧英语学习不仅包括习得知识、获得技能，还包括提升学生的英语思维与文化素养。

例如，运用移动终端，如英语流利说等进行听说训练、利用喜马拉雅在线听等展开英语文化学习。对于学生的雅思托福考试，推荐学生使用一些网络学习平台，展开有计划的学习。

（二）课堂学习阶段

在课堂进行中，智慧课堂教学要求发挥教师的智慧，运用先进科技，让学生主动探究。在课前检测阶段，教师可以通过在线测评，对学生的学习情况进行评估，从而设置自己教学的重难点。教学的重难点需要教师给予一定的指导，同时可以组成教学小组进行协作学习。教师可以运用网络平台发布一些学习任务，如从影视人物的对话中分析中西思维差异等。

在智慧课堂中，教师可以运用在线网络和移动终端，对学生展开形成性评估。这是通过对学生学习过程的观察与记录，对学生的学习效果进行监测，激发学生对英语的学习兴趣。

（三）课后学习阶段

在课堂结束之后，教师需要评价学生的学习成果。基于放在网络学习平台中设置的“学习记录”模块，对学生的学习情况加以记录。随后，在评价的基础上展开个性化反馈，为学生布置个性化作业，如果学生在学习过程中遇到问题，教师可以进行有针对性的辅导。

第三节　转变课堂形态，构建数字化教学平台

一、转变英语课堂形态

（一）从独白课堂转向对话课堂

独白课堂是在英语教学中，教师拥有绝对话语权，对英语课堂教学的走向起着主导作用，学生则是失语者，英语课堂教学完全是教师的知识灌输过程。在这样的课堂上，教师与学生完全属于单边活动，学生并不是在主动地学习知识，而是被教师教会的。教师为了完成自身的教学任务，占据课堂的大部分时间，导致师生之间并没有过多的互动机会，学生也因此降低了学习兴趣和热情，产生了“虚假学习”现象。

互联网时代一个主要的特征就是使教学内容更为丰富。一方面，教师不再是学生获取知识的唯一途径，也不是课堂的权威，学生如果在课堂上有些知识没有掌握，他们可以在课下通过互联网展开自主学习。另一方面，随着网络技术的发展，网上交互平台逐渐增多，师生之间可以通过网络进行交流互动，打破了之前的单边活动的局面，师生之间可以实时对话，使得课堂形态从独白走向对话。

对话课堂是英语课堂教学主要以学生为本，将学生视作英语课堂教学的主体，通过对话手段，在师生之间建构平等互助的关系，最终提升教师的英语教学质量和学生的英语学习水平。对话课堂可以划分为三种对话形式：师生对话、生生对话、生本对话。其中师生对话是主要的组成部分，教师和学生通过

探讨某些问题，从而让学生掌握知识。生生对话是学生倾听其他同学的意见，与其他同学交流，对学生的个体差异加以弥补，共享他人的思维成果。生本对话是学生与文本展开对话，这是阐释性对话，是学生对文本的理解。

基于互联网的对话，英语课堂教学打破了现实课堂的束缚，使学生可以在任何时间、任何地方从自己的学习需求出发展开对话。教师在学习平台发布任务，学生可以直接在平台上提出问题，教师进行在线解答。除此之外，当学生在学习社区进行阅读时，也可以与其他同学分享自己的想法，实现思维共享。

（二）从封闭课堂转向开放课堂

封闭课堂不仅指的是英语课堂环境的封闭，更指的是英语课堂各个部分的封闭，主要表现在问题、经验、思维、教师交往等层面。

在互联网时代背景下，每个人都在通过网络获取信息，教师与学生也不例外。对于学生而言，互联网让他们接触了各种信息，逐渐提升了他们的知识认知水平，产生了更多的新思维。对于教师而言，互联网也让他们不断革新自己的教学方法，增加自己的知识储备，加强与其他教师的合作等。

开放课堂就是运用互联网资源，打破传统课堂的时空限制，将教师、学生从教材中解放出来，实现师生、学生之间的互动与合作，培养学生树立独立思维意识。开放课堂相比于封闭课堂，经验、问题、思维等都变得更为开放。现如今，学生可以从不同的渠道获取信息，实现自身新旧经验的碰撞。

（三）从现实课堂转向混合课堂

随着信息技术的发展，优质的网络平台逐渐建立和开放，为学生的多样化学习提供了更多选择余地，也不断促进英语教学的进步和发展。传统的现实课堂是单向灌输过程，在有限的时空内，学生不可能将教师讲授的内容全部消化，导致传统的课堂过分注重理论而忽视实践。虽然各种虚拟网络课堂发展迅速，为学生的英语学习提供了更为广阔的空间，但是由于学生缺乏学习主动性，对自己的管理也不严格，导致虚拟课堂也出现了很多弊端。因此，将现实课堂与虚拟课堂相融合的混合课堂才是首选。

混合课堂是融合了现实与虚拟、线上与线下的模式，能够拓展学生的英语学习时空，发挥教师的辅助与引导作用，让学生获取更为优质的资源，培养学生的英语实践能力。

在当前的英语教学中，混合课堂的应用主要有如下几个步骤。

第一，通过学习平台为学生布置任务，让学生通过观看短视频，对下一堂课所要学习的内容进行搜集。

第二，在课堂上，学生展示自己的学习结果，也可以提出学习中遇到的问题，在课堂上展开探讨。

二、搭建数字化英语教学平台

在英语教学实践中，如果能够合理利用新型资源，则有助于改善学生的英语学习结果。现代社会中的数字资源即新型资源，无论是电脑还是手机等，都可以运用数字资源，因为数字资源对于当代人来说是非常便利的，并且其资源非常广泛。但是，无论资源多么庞大，只有将其运用到恰当的领域中，才能彰显其价值。

英语教学应该充分借助数字资源的优势，进行教学创新，具体来说，可以从如下几点展开。

（一）积极搭建数字化教学平台

随着互联网的普及，现阶段的大学生都非常依赖电子设备和网络，因此可以借助信息技术来搭建数字化教学平台。数字化教学模式改变了传统的时空问题，能够为学生提供更为便利的平台。数字化模式不仅限于课堂的学习，英语教师还应该为学生搭建数字化平台，在搭建平台时，教师应该从社会的需要出发，制定高端的英语教学目标，建立科学的教学体系，实现数字化模式的创新。

另外，教师还可以创建微信公众号，定期发布一些学习内容，做好对公众号的维护工作，让学生在课堂之外能够感受英语学习氛围。当然，教师也需要做好监督的工作，帮助学生提升自身的自主学习能力。

（二）创新数字化教学手段与内容

1. 创新教学手段

在数字化背景下，英语教师应该充分利用数字化设备，借鉴不同的教学模式，为学生解释英语文化知识与内容。在教学手段上，教师可以采取线上体验式教学。传统的体验式教学大多是线下的，而现在加入线上设备，使得体验式教学的选择更为丰富，更具有探究性，同时激发学生对知识的探究意识。例如，教师可以选择一个电影片段，让学生体会语言的魅力，尝试让学生进行配音，这样不仅能够让学生体会到原汁原味的英语语言，还能够调动学生学习的积极性。

2. 创新教学内容

教师在开展教学之前，除了要梳理本节课需要传授的知识，还需要进行课外拓展。如果数字化设备仅仅是将书本知识搬到网络上，那么就丧失了数字化教学的意义。因此，教师应该对教学内容加以丰富，提升英语教学的趣味性与全面性。

第九章　胜任力提升策略七：专业发展能力

英语课程改革的深入，强烈冲击着传统的英语教学模式，同时也对英语教师提出了更严峻的挑战。英语教师自身素质的优劣直接影响着学生的英语学习发展。显然，英语教师的作用不可估量。要想保证英语教学的成功，英语教师本身必须是一个受教育的成功者，而锻炼自身成功的过程就是教师专业化发展的过程。因此，本章就来研究英语教师胜任力提升策略七——专业发展能力。

第一节　英语教师专业发展简述

一、教师专业发展的概念

关于教师专业发展的概念界定，因不同学者研究的逻辑结构与选用方法不同而呈现出不同的表述。有学者认为："教师专业发展就是教师的专业成长或教师内在专业结构不断更新、演进和丰富的过程。"① 也有学者指出，教师专业发展是指"教师个人在历经职前师资培育阶段、任教阶段和在职进修的整个过程中都必须持续地学习与研究，不断发展其专业内涵，逐渐达到专业熟练的境界。"② 从以上对教师专业发展内涵表述的比较中，我们可以看到教师专业发展的一些共同特征：第一，都强调教师专业发展要素的内生性和自觉性；第二，都重视基于教师专业发展过程理解的阶段性与动态性；第三，都承认教师专业发展状态的非终结性。

基于以上分析，笔者认为教师专业发展是指以教师专业自觉意识为动力，以教师教育为主要辅助途径，实现教师的专业职能素质和信念系统不断完善、提升的动态发展过程。

---

① 叶澜，白益民，王枬，等．教师角色与教师发展新探 [M]. 北京：教育科学出版社，2001.

② 朱宁波．中小学教师专业发展的理论与实践 [M]. 长春：吉林人民出版社，2002.

二、教师专业发展的特点

教师专业发展的特点主要包括以下几个方面。

（一）独特性

每个人都是独一无二的生命个体，每个教师都有自己的教育观念、情感倾向、认知风格和心理素质等，因此教师的专业发展带有明显的个人特征，具有独特性。这种独特性表现在专业发展的速度、程度、途径、方式和内容等方面。在教师专业发展过程中，有的教师这方面发展得好，有的教师那方面发展得不错；有的教师发展得快，有的教师发展得慢；有的教师喜欢通过这种方式来提升自己，有的教师则习惯于通过那种方式发展自身。每个教师在专业成长过程中受教学环境、知识经验、个性特点等多方面因素影响，会形成独具个人特色的知识观、学生观、教学观以及教学风格。

（二）自主性

自主就是自觉、主动地做事，即自己做主。教师专业发展的自主性主要表现在以下两个方面。

（1）发展的动力是内在的而非外在的，是“我要发展”而不是“要我发展”。教师能不能发展，通过什么途径发展，在哪些方面获得发展，以及发展到什么程度等，最终都取决于教师自身。如果教师缺乏内在的需求、情感和意志，就难以产生动力。

（2）教师凭借自主发展的意识可以增强对自己专业发展的责任感，不断寻求自我发展的机会，逐渐获得自我发展的能力，从而进行富有创造性的教育教学实践。

（三）阶段性

教师的专业发展过程具有明显的阶段性。在不同的发展阶段，教师会呈现出不同的发展动机、需求、水平和结果。教师专业发展过程的各个阶段不是彼此孤立、互不联系的，而是相互衔接且螺旋上升的。

（四）情境性

教师专业发展必须与教学实践、教育情境相联系，因为教师理解专业知识离不开对教育教学活动的感悟，增强专业技能离不开在教育教学实践中的历练，专业信念的巩固更是离不开教育教学情境的陶冶。教师对教育教学问题的识别，对能够做什么及需要怎么做等问题的判断，皆受制于特定的情境。教师专业发展是教师与工作情境互动的过程。教育情境具有不确定性，也富有挑战性，教师需要通过观察和反思复杂教育情境中各要素及其动态的关系，不断学习、迁移、重组、传承和转化知识，才能获得发展。

（五）终身性

教师专业发展是一个长期的、贯穿教师终身的持续发展过程。这主要表现在以下两个方面。

（1）生命个体的不确定性和生成性决定了教师专业发展具有终身性的特点。教师自身处于不断发展的过程中，教师的成熟只是相对的，发展才是绝对的，教师专业发展贯穿教师职业生涯的始终。生命不止，发展不息。

（2）知识的不确定性和高更迭性决定了教师专业发展具有终身性的特点。知识日新月异，教学环境瞬息万变，教师只有不断更新观念，以终身学习为基本理念，拓展知识面，完善知识结构，磨砺思想品格，沉淀人文底蕴，提升专业素养，才能适应不断变革的社会对教师职业的要求。

三、教师专业发展阶段

教师发展有两个层次：教师作为常人的发展；教师作为从事教育这一特殊行业的专业人员的发展。

人们对教师专业发展的认识大致经历了无人关注的教师发展阶段、实施职前培养的教师发展阶段、注重在职教育的教师发展阶段以及走向教师专业发展的教师发展阶段。

（一）无人关注的教师发展阶段

原始社会，在分工尚未出现前，教师还不是一个独立的职业。此时，家庭和氏族中的长者将生产劳动和社会生活的经验传授给幼小的氏族成员，包括长者为师、能者为师、以僧为师、以吏为师等。专门的教师和专门的教师培养机构都没有出现，教师的发展也无从谈起。

随着生产的不断发展以及社会分工的出现，教师逐渐变成一种职业。但是，在相当长的时期内，教师没有接受专门的培训，主要由并没有多少知识的男性担任教师的职责。这时，教师主要是作为社会的一种特殊职业而存在的。所以，该阶段表现为教师发展的集体无意识，教育科学研究多处于只言片语的圣人之说阶段，这些无法为教师的发展提供理论层面的支撑。再加上此时的教育主要为少数人享用的奢侈品，因此也没有出现专门培养教师的机构。

（二）实施职前培养的教师发展阶段

专门训练和培养教师的师范教育是现代国民教育的产物。随着公立学校的涌现，社会对受过良好训练的教师的需求越来越大。在此背景下，师范教育开始萌芽。师范教育的发展可以追溯到17世纪，但直到18世纪末，师范教育才开始在世界各国得到发展，并逐渐壮大起来。

1681年，法国“基督教兄弟”在兰斯创立了世界上第一所师范培训学校，人类教师的教育历史由此开始。之后，师范教育在西方国家得到快速的发展。在第二次世界大战前，西方发达国家基本建立起系统的教师教育体系。在这一阶段，最显著的变化是由专门的机构承担教师的训练和培养，为了确保师资培养的质量，国家陆续颁发了教师教育的法规，对教师培养机构的设置、教师资格证书的颁发、教师的地位等进行了规范，促使教师教育走向系统化和制度化。该阶段教师发展的任务主要由师范院校来承担，也就是关注和实施教师的职前培养，但是忽视了对教师的在职教育。

（三）重视在职教育的教师发展阶段

高素质的教师对于提升教育质量至关重要。20世纪60到90年代，全世界教师数量的增长超过了学生入学人数的增长，相应地，社会对教师素质也有了更高的要求，其主要表现为教师的高学历化、证书化、专业化和学习的终身化。在这一背景下，教师的在职教育受到了广泛的关注，教师的继续教育机构也逐渐建立起来。

为了提升在职教师的学历层次和继续教育的质量，我国建立了系统的教师进修机构和制度。长期的格局是：师范院校主要负责教师的职前培养，教师进修机构负责教师的在职进修，这一教师教育的体制有利于满足教师发展的基本要求，同时有利于提升教师的整体素质。但是，目前师范院校和教师进修机构相互封闭、各司其职，这一格局难以满足当前社会发展和教育改革对教师发展的要求，也造成了大量培训资源的浪费，达不到预期的培训效果。随着教师教育体系逐渐开放，综合性大学开始进入师范院校的领地，并承担教师教育的任务。终身教育理念的引入，要求对教师职前培训与职后培训的资源进行全面整合，对教师的在职教育给予关注，使教师的职前培养与职后培训实现一体化。

（四）走向教师专业发展的教师发展阶段

通过对教师发展的历史进行分析可知，由无人关注到有组织地促进、从外界推进到自我驱动的发展历程。教师专业发展的理念和实践是这一趋势的现实反映。

从17世纪师范教育诞生至今，促进教师发展的培养机构、培养内容、培养体系和培养制度一直不断向专业化迈进。1966年，联合国教科文组织发表的《关于教师地位的建议》中，就强调教师的专业性质，认为“教学应被视为专业”。1996年，联合国教科文组织第45届国际教育大会再次强调，教师专业化是一种改善教师地位和工作条件的重要策略。在我国，倡导教师专业化已成为教育理论和实践探索的重点，并且取得了大量的研究成果。

教师专业化是教师发展的未来趋势，所以研究未来教师需要具备的素养，促进教师的专业发展显得非常必要。未来社会充满着竞争与变化，这对教师的素质提出了更高的要求。在普遍意义上，未来的教师应注重提高以下素质：高尚的职业道德、先进的教育理念、合理的知识结构、全面的教育教学能力、健康的身体和心理等①。

如今，教师专业发展备受关注，教师专业发展在不同的动力推动下所呈现出的状况也有所不同。

政府推动下的教师专业发展，主要是为了提升教育教学质量。

教育研究人员推动下的教师专业发展，主要以高校和专门的教师进修机构的人员提供专业发展的指导，注重理论与方法的构建。

教师推动下的教师专业发展，目的主要是增加教师权利、提升教师社会地位、获取专业自主权。

总之，推进教师专业发展是一项十分复杂的工程，教师专业发展应立足教师和学校的发展，对校内外资源进行合理开发与利用，充分发挥政府、教育研究人员、学校和教师的作用。

第二节　英语教师的职前发展

一、英语教师职前培训

教师职前教育即新教师在正式任教之前，为了保证其成为有教师注册资格的具有较高个人素养、优秀理论基础、合格教学技能和良好工作态度的教师，在高校等具有相关教师教育办学资格的机构中，接受专业系统地提高教师各方

---

① 魏会延．教师学习共同体：促进教师专业发展的新途径 [M]. 武汉：武汉大学出版社，2014.

面素质的教育过程。在我国，教师职前教育既包括从业前的学历教育（即师范教育），也包括入职培训。这些活动的目的旨在使新教师掌握开展教育教学活动和班级管理所需的专门知识和能力，并最终促使教师个人教学技能的发展。

要理解教师职前教育的内涵，必须首先树立终身教育的教师教育理念，即教师职前教育与职后教育并非分割开来的两个阶段，对于教师的生涯发展来讲是一个紧密联系的有机整体。与此同时，教师职前教育作为教师专业发展的准备阶段，其基本任务是使准教师具备开展教育教学工作所需的基本知识和技能。当然，还有一点需要明确的是，培养先进的教育理念和培养对教师职业的热爱更是教师职前教育的核心任务和目标。

二、英语教师职前培训的流程

英语教师职前培训通常包括以下 3 个流程（图 9-1）。

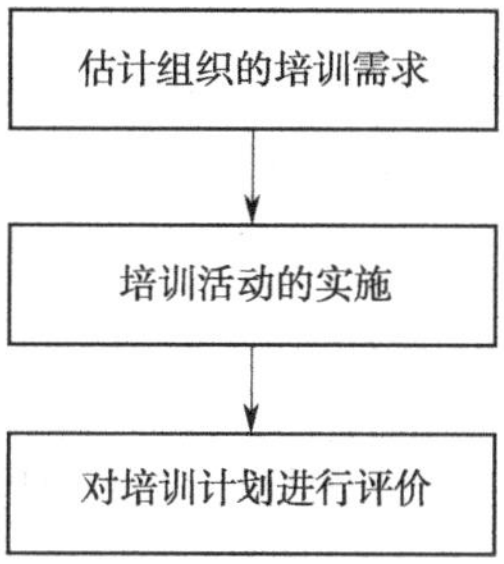

图 9-1　英语教师培训的流程

1. 估计组织的培训需求

在设计和实施培训计划之前要对组织的需求进行一定的分析，只有明确学校在人力资源方面的需求，才能有的放矢地安排相应的培训，否则会浪费教学资源。概括来说，组织的培训需求应该从组织、工作和个人三个方面来进行分析。

1）从组织方面进行分析

组织分析即需要分析整个学校目前和将来的培训需求，以发展的眼光去预测学校未来的发展状况，预估哪些教师需要在哪些方面进行培训以及这种培训所需的时间，以推测出培训提前期。

2）从工作方面进行分析

工作分析主要研究一个特定工作组或一个特定职位的培训需求，分析教师具体完成他们各自所承担的责任的过程，分析研究具体工作者的工作行为与期望的行为标准，找出其中的差距，从而知道他们需要接受什么培训。

3）从个人方面进行分析

从个人方面进行分析主要研究个人的培训需求，培训的重点就是使教师的个人行为发生其所希望的转变。缺乏经验的教师没有达到预期的绩效，其原因可能是其知识或者技能存在一定的欠缺；而经验丰富的英语教师如果没有达到其预期的绩效，其原因可能是其存在一定的不良习惯或者是原有的培训不当造成的。这些都可以从个人方面进行分析、找出原因。

2. 培训活动的实施

培训活动的实施需要组织者、培训者和受训者三方的密切配合。具体来说需要做到以下几点。

（1）在实施培训目标之前要有相应的宣传。

（2）在培训过程中，需要注意到受训教师的差异性。这些差异可能来自生理的、心理的、经验的，也可能来自学习能力与学习方式上的。应在英语教师培训中引入“多元课程”的概念和方法，使英语教师培训尽可能促进每个参加者的发展。

（3）在围绕解决英语教师问题为起点的培训中要开展英语教师反思活动。

（4）在实施过程中要及时进行检查，以便灵活地调整培训任务，保证培训任务能够顺利完成。

3. 对培训计划进行评价

在培训结束后，应及时对培训的效果进行总结和评价，这不仅可以总结出培训的经验和效果，还能及时发现培训的不足，以便为下次培训提供参考，使后面的培训可以取得更好的效果。具体来说，对培训进行评价应该在四个阶段中进行。

第一个阶段，培训和开发活动进行之前。

第二个阶段，培训和开发活动期间。

第三个阶段，培训和开发活动刚刚结束之后。

第四个阶段，工作一段时间之后。

评价培训活动有效性的最好方法是受控对照实验。在受控对照实验中，一个或多个小组接受培训（称为“实验组”），一个小组不接受任何培训（受控组）。搜集实验组和受控组在接受培训前后的相关数据，比较两个组的工作表现，以确定相关变量对培训结果造成的影响。

三、英语教师入职教育的革新策略

（一）完善英语教师职前教育的课程体系

科学合理的课程体系是影响英语教师职前教育效果的直接因素之一。当前，我国英语教师职前教育课程体系存在着结构失调、难以兼顾理论学习与实践技能训练等方面的问题。这些问题的存在往往是由于教育理念和教育模式不合理等因素所造成的，只不过是通过课程体系的设置直接反映出来。因此，今后的改进方向应是在英语教育理念的指导下，改革相对落后的英语教师职前教育模式，构建高层次、多元化及开放式的英语教师职前教育课程体系。具体包括以下两方面内容。一方面，增加人文类课程，拓宽公共基础课，加强通识教育。英语教师作为一种特殊职业，承担着教书育人的职责，良好的人文素养和开阔的视野对于保证其教书育人的质量至关重要，因此在开展英语教师职前教育时更应该重视通识教育。另一方面，适当精简学科类课程，合理分配专业比重，加强对教育专业课程的重视。在英语教师职前教育阶段，学生在进行学科英语专业知识学习的同时，多了解一些与教育心理、教育管理、教育评价、课程论等相关的教育专业基础知识非常必要。

此外，在英语教师职前教育中，探索和创设更多的一体化课程也很重要。一体化就是为了适应学习化社会的需要，以终身教育思想为指导，根据英语教师专业发展的理论，对教师职前和在职教育进行全程的规划设计，建立起英语教师教育各个阶段相互衔接，既各有侧重又有内在联系的教师教育体系。课程设置的内容既要注意不同阶段的针对性，也必须考虑区分不同教师的水平分层实施。最后，适当增加实践学习课程（教育见习、实习）的比重，强化教育实践环节。英语教育实践课程是英语教师职前教育课程中的重要组成部分，在教学实践中为学生提供大量的机会，帮助其运用掌握的知识和技能于实际教学中，通过自身的努力充分将理论与实践整合。

（二）丰富教师职前教育的实施途径

教师承担着为国家和社会培养未来建设人才的重任，对于任何国家和社会来讲都是具有长远战略意义的职业。因此，英语教育工作者都应该树立积极吸引最优秀人才加入英语教师队伍的目标。一直以来，依托于各级各类师范院校进行的师范生教育始终是我国英语教师（尤其是中小学英语教师）职前教育的主要实施途径。自 2007 年开始，国务院决定在教育部直属师范大学实行师范生免费教育政策，目的就是通过试点，积累经验，建立制度，鼓励更多优秀青年参与到国家的教育事业中，为培养造就大批优秀中小学教师和教育家奠定基础。这一举措可以说是对我国英语教师职前教育的师范教育途径所作的进一步推动和强化。通过前面对国际上英语教师职前教育实施主体和途径的分析可知，在其他国家（尤其是西方一些教育相对比较发达的国家），英语教师职前教育的设施途径其实相对比较丰富，除了专门的师范院校之外，综合性大学的教育学院以及其他各种相关的教育培训机构都可以作为英语教师职前教育的渠道。确实，由于长期的发展，我国的师范院校已经形成了比较完备的由教育部直属师范院校、省属师范院校和市属师范院校组成的三级师范教育体系。但是，伴随我国经济社会快速发展带来的人才需求的增加，传统的仅仅依靠师范院校来培养教师的单一渠道越来越难以满足国家对更高水平、更大规模人才的需要。高水平大学和其他非师范类高校可以发挥其学科优势、人才优势和多学科综合的优势，积极参与到英语教师职前教育体系中来，实现英语教师队伍来源的多元化，为英语教师队伍建设带来生机与活力。因此，今后如何推进师范院校转型，吸引和鼓励高水平大学和综合性高校参与到英语教师职前教育工作中来，丰富英语教师职前教育的实施主体和实施途径，形成英语教师职前培养市场的开放竞争格局，促进开放灵活的英语教师教育体系逐步形成，将是我国未来英语教师职前教育改革的重要方向。

（三）改进教师职前教育的评价体系

效果评价是英语教师职前教育工作中至关重要的一环。我国传统的英语教师职前教育对这一环节的重视往往不够。在对英语教师职前教育的效果进行评价时，很重要的一点就是培养的师范毕业生或“准英语教师”的能力素质水平是否能够满足英语教师职业的需要。然而，传统的英语教师职前教育对毕业生的能力素质进行评估时，往往过于侧重学科专业知识掌握程度的考查，而对更深层次的职业素养、态度和人格特质等重视不够。这样的直接后果就是造成对英语教师职前教育效果缺乏全面性的评估，不能准确地反映英语教师职前教育工作的真实效果。因此，在今后的改革和发展过程中，如何加强对上述深层次内容的考查和评估，将是我国英语教师职前教育评价体系改进的重要方向。

第三节 英语教师的职后培训

一、英语教师职后培训

（一）职后深化培训

职后深化培训的对象是具有中级岗位职务的英语教师，这批英语教师的年龄通常在30岁左右，正是知识和能力上升最快的阶段。在这一阶段，学校应该为这些英语教师提供大量的机会，让他们去参加各种英语学术会议，从中获得最新的科研信息，使他们的英语专业知识和科研能力等得到进一步提升。对具有中级岗位职务的英语教师进行职后深化培训，能够让他们感受到学校对他们的重视，从而对学校产生一定的信任感和依赖感，英语教师自身的自信心也可以得到提升。

（二）职后创新培训

职后创新培训针对的是具有高级职称的英语教师群体。他们承担的是教学与科研的双重任务。对于这一阶段的英语教师来说，学校要对其提出更高的要求，让这些教师在自身的实践中对自己的知识进行更新。当然，这需要学校为这些教师提供充分的物质条件，鼓励他们出国学习，为他们的学术研究奠定基础。

二、英语教师职后培训的革新策略

从英语教师个体的专业发展需求看，职后教育不仅要满足他们的学历教育需求，更要满足以新理念、新知识、新技能为主要内容的业务提高需求；不仅需要帮助他们更新知识与观念、提高技能与能力，还需要增强其科研、创新的意识与能力。具体来看，在专业发展进程中，开展英语教师职后教育可从以下几方面入手。

（一）开展多种形式的教师职后教育活动

从我国英语教师职后教育的情况来看，长期以来英语教师参与的职后教育活动都是统一制定的、单一式教育活动，但事实上，英语教师职后教育的需求各不相同，这些教育活动不可能满足不同层次英语教师的需求，这就要求根据他们的不同情况为其提供多元化的职后教育活动，以满足他们多样化的需求。

面对“多样化”的培训诉求，英语教师职后教育的组织者可按照具体培训对象的需求，研发项目、定制课程、设计活动。教学内容、教学方法和组织形式，要以工作需要为导向，为英语教师提供学校教学改革发展中所需要的内容，服务于学员专业生涯的持续发展，为他们的素质提升提供“增值”服务。

具体来看，在实践过程中，应从校园实践情况以及战略展开需求动手，依据英语教师职业岗位的实践需求和教师队伍的实践情况及各类人员的改变等特点，进行不同层次的教学和培育，在训练内容上做到“缺什么补什么，需要什么学习什么”，学以致用、学用联系。例如，不同职称的英语老师在培训内容和形式上就不应该“一刀切”。

（二）完善职后教育管理机制

英语教师职后教育首要是政府行动，教学行政部门应从英语教师专业以及全部教学工作展开的高度去认知英语教师职后教育的重要性，重视英语教师职后教育的准则。只要树立健全有用的运行机制，才能使这项工作继续进行。为此，应改变职后教育的运行机制，使职后教育的管理体系和管理机制不断地展开与完善，在法规、方针、经济、激励机制等方面清晰政府在英语教师职后教育中的责任。

同时，树立英语教师教学质量确保体系，包含树立英语教师资格认证考试和英语教师资格证书准则，对英语教师教学的培育者和训练者实施资格认证准则，树立专业培育及训练的规范，并加强证书颁布的质量监督与控制。英语教师的职后教育或在职训练应当理解为英语教师的资格认证更新的进程训练，而不仅仅是一种学历提升的进程训练。

第四节　英语教师学习共同体的构建

一、学习共同体

学习共同体的概念是基于共同体形成的，指的是在教育活动中，以共同愿景、情感、价值等为基础，以真实人物作为核心，教师与学生之间、学生与学生之间，进行深层的互动与合作，共同成长与进步的学习组织①。这一界定不仅将学习共同体看成一种组织与实体，同时还将其看成一种精神和意识。

① 潘洪建．“学习共同体”相关概念辨析 [J]. 教育科学研究，2013（8）：12-16.

我国学者卢强（2013）还从课堂教学的视角对学习共同体的内涵进行了重新审视，并从有形场和无形场两个层面构建学习共同体。课程教学视域下的学习共同体概念模型如图 9-2 所示。

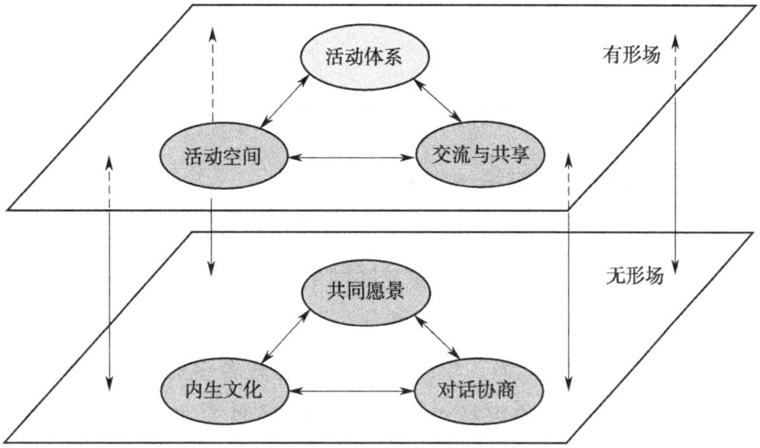

图 9-2　课程教学视域下的学习共同体概念模型

（资料来源：卢强，2013）

二、英语教师学习共同体

英语教师学习共同体是自发组织的相互促进、共同发展的学习型教师组织，从而促进英语教师专业能力的进步与发展，共同研究和探索各种学习模式，注重学习共同体内英语教师的经验交流。比如，教育部自 2022 年起，以现代信息技术为依托，探索建设新型基层教学组织——虚拟教研室，围绕创新教研形态、加强教学研究、共建优质资源、开展教师培训等重点任务，旨在打造教师教学发展共同体和高质量文化，提升教师的教育教学能力，为高等教育高质量发展提供有力支撑，完成教育立德树人的根本任务。其中包括多个英语教学类的虚拟教研室的创建，这打破了地域、校域的限制，使全国各地英语教师在网上的虚拟教研成为可能。因此，英语教师学习共同体是以共同发展为理念，是个人得到专业发展的重要渠道和阵地。英语教师专业学习共同体还能够帮助英语教师解决一些具体的问题。

英语教师学习共同体涉及两大内容。

（1）终极目标是共同发展。专业学习共同体中的管理者、教师以及其他成员通过合作、学习，提升自身的专业素养，从而推动英语教师学习共同体的整体发展。

（2）英语教师学习共同体运作顺利的关键是共同学习与合作。英语教师学习共同体中的成员之间相互平等、相互学习、相互支撑并且共同承担责任和学习任务。

三、英语教师学习共同体构建的指导思想

（一）要能促进学校的可持续发展

作为社会中的一大重要因素，教育的可持续发展也受到了人们的广泛关注。就一定意义而言，教育的可持续发展问题是社会结构优化的重要因素，其促进了政治民主化与经济发展的可持续化。

学校是展开教育的主阵地，学校的发展会对教育事业的发展产生直接的影响。因此，要想促进教学的可持续发展，必然需要关注学校自身的可持续发展。学校的可持续发展一般来说包含两大层面：一是学校内涵的可持续发展，二是学校外延的可持续发展。其中学校可持续发展的内涵是学校可持续发展关注的重点。具体来说，主要涉及如下几个内容。

（1）形成学校发展的目标。

（2）重视学校教育科研。

（3）建立良好的运行机制。

（4）进行课堂教学改革。

从上述学校可持续发展的内容中可知，建立高校英语教师学习共同体对学习的可持续发展起着重要的作用。

（二）要能提升英语教师的教学智慧

课堂教学是实现英语教学的重要途径，课堂是展开英语教学的主要场所。在英语课堂教学中，教师主要发挥了指导作用。如果没有了教师，英语课堂教学就没有了意义。正因为如此，展开英语教学改革就需要关注英语教师的素质，努力使英语教师的教育智慧得到提升。提升英语教师的教育智慧需要教育工作者从各个层面内化教师的培养目标，不断提升英语教师的教学水平。

具体来说，教师的教育智慧是在教学实践中体现出来的，如教学方法的选用、教学活动的设计、教学项目的安排等。这种教学智慧是教师能力与素质综合作用的结果，需要教师将自身智慧与教学问题进行有机融合，并对自身的教

学实践进行总结与反思。教师的教学智慧体现出了教师的多种素质。例如：

①教师的教育智慧是教师知识素养的反映。

②教师的教育智慧是教师教育机制的展现。

③教师的教育智慧是教师价值观的体现。

④教师的教育智慧是教师教育理念的体现。

⑤教师的教育智慧是教师教学风格的体现。

综上所述，培育智慧型英语教师也是进行英语教师学习共同体建构的重要指导思想。智慧型高校英语教师的培养是提升教师内在素质与行为修养的内在要求。通过英语教师学习共同体的建构，英语教师的知识结构会得到一定的优化，其教学实践智慧也会得到提升，自然其职业素养也会有所升华。

四、英语教师学习共同体构建的策略

英语教师学习共同体构建的策略主要可从宏观和微观两个层面进行分析。

（一）宏观策略

1. 专业指导

在英语教师学习共同体中，每个参与者都应为团队的建设而贡献自己的一份力量，总体来说，这是一种多边合作。在教师教育者的专业发展过程中，专业指导是一项不可或缺的重要内容，具有重要的指引意义。

2. 校本教研

校本研究是英语教师学习共同体建构的方向性策略，也是重要的宏观策略，主要涉及以下几个方面。

1）教师教育者文化

在教学中所建立起来的平等、开放、合作的相互依存与信任关系就是教师教育者文化。教师教育者文化的建立对教师教育者的专业学习起到积极的促进作用。因此，应倡导教师教育者群体对有关教学沟通与协调问题的专业对话。

2）将课题研究作为纽带

英语教师教育者专业学习共同体来自教育教学实践，教学和科研可从现有的研究中找到灵感，同时根植于学校的具体情况进行针对性探究。同时，还可以从现有的研究中找寻新的研究切入点，从而便于研究的发展。在较为困难的情况下，可以根据现有教学条件，分析总结实际情况，最终产生完整的研究效果。

3）教学和研究合作的基本形式

团队协作是教师教育者教学研究的基本形式，同时也是合作研究正常运行的重要前提。因此，积极进行教师教育者社区教学，就共同的问题展开讨论，也有助于教师教育者专业能力的发展。

（二）微观策略

微观层面的策略需要学校领导和教师教育者的双重努力，具体分析如下。

1. 学校领导应对英语教师教育者的专业学习共同体建设给予支持

1）学校领导积极从管理者转变为服务提供者

学校传统组织模式对教师教育者的专业发展以及教学活动的开展都有不可忽视的阻碍作用。因此，学校领导应对旧的关系模式有全面的认识，应转变观念，对自己肩负的基本任务重新定位，即创造积极的气氛，为教师教育者创造畅所欲言的条件，使他们积极参与教学活动，从而促进教师教育者的个人发展。

此外，学校要注意营造和谐融洽的人际氛围，努力将教师教育者个人的力量汇聚在一起，形成一股更大、更强、更有活力的力量。学校领导应与教师教育者进行真诚平等的沟通，对教师教育者之间的交流与合作予以鼓励。

2）协助教师教育者搭建英语教师教育者专业学习共同体的共同愿景

具有共同愿景是英语教师教育者专业学习共同体的重要的特点之一。当教师教育者具有共同愿景时，教师教育者的教学活动是与社会实践紧密相连的。换言之，缺乏共同愿景，学习型社区就难以建立，教师教育者的专业发展更无从谈起。

3）获得时间和安全空间

英语教师教育者专业学习社区要想得以存在，时间和空间都是不可替代的必要条件。一般来说，在校任教的教师教育者或多或少都会面临一定的教学压力，因此要求他们在专业学习社区活动方面进行积极探索是不太现实的。所以，学校领导应为教师教育者之间的讨论与交流安排一个相对固定的时间。

综上所述，学校领导在教师教育者专业学习共同体构建过程中起着重要作用，需要适度授权给教师教育者，帮助教师教育者建立一个共同愿景，又要充分发挥“服务”作用，建立科学合理的教师教育者评价机制，使专业的学习社区得到良性发展。

2. 提升英语教师教育者在建立学习共同体上所需的各方面能力

教师教育者是教师教育者专业学习共同体构建的主体，因此教师教育者也需要在学校领导创造的积极条件下，发挥自身的能力水平。具体来说，加强英语教师教育者在建立专业共同体上所需要的能力需要把握以下两个因素。

1）教师教育者有完整的共同目标

促进教师教育者专业的发展是英语教师教育者专业学习共同体的目标。需要特别说明的是，教师教育者自身的坚强意志是此目标的重要前提。要想形成学习型社区，就离不开雄厚的师资力量。因此，让教师教育者参与教学参观、教学演示等活动是帮助老师自我完善的好办法。

2）教师教育者要提高自己的沟通协作能力

英语教师学习共同体的构建是为了解决教师教育者专业发展以及具体教育教学中的问题，从而提升我国英语教学力量，为我国社会输送更多优秀的英语人才。在这个过程中，教师教育者的沟通协作能力发挥了重要的作用，需要教师教育者有意识地提升这种能力。

五、英语教师学习共同体构建的机制

机制构建是成功构建英语教学学习共同体的重要保障。概括来说，英语教师学习共同体的建构应采取关键机制、保障机制、协同控制机制与运行激励机制。这里主要对关键机制和运行激励机制进行详细介绍。

（一）英语教师学习共同体构建的关键机制

英语教师学校共同体构建的关键机制主要体现在以下几个方面。

1. 培养基石：创生文化

当今时代是一个各领域都不断向前发展、快速推进的时代，创新是一切事物发展的根基。在这样的时代背景下，不思变革只能被时代抛弃。

在教学领域，教学哲学观已由原来的“选择与淘汰”变为现在的“培养与发展”。新的教学范式旨在通过一种新型的学习文化的创造来实现发展。学习既是一种认知实践又是一种社会交往实践，还是一种自我反思实践，因而是多种实践的复合体，而不再是单纯的认知实践。因此，学习成为真实社会环境中的某一社会性活动方式，而不再是单独的行动。学习者只有得到特定文化与社会资源的支持以及他人的协作与帮助，才能进行真正有效的学习。在此基础上，有意义的认知建构才能实现，学习者也才能获得更好的发展与社会身份的认同。换句话说，真正的学习是一种社会性的意义建构，并不仅仅是一种个人行为。

任何成功都不容易，而是反复试验，反复在失败中汲取教训而形成的。一种新型学习文化的创生离不开冒险和勇于尝试的勇气，也离不开教师队伍对传统的教学方式的反思，因而不是一蹴而就的。所以，一旦选定某个方向就要坚持不懈。要想使文化生态型学习共同体得到可持续发展，就必须付出努力。

实践证明，单纯零散的新思想、新观念不能真正解决本质问题，只能是治标不治本。要想使学校教师学习方式产生真正的改变，并形成真正意义上的教师学习共同体，就必须使校园文化发生根本性的改变。

愿景可以把不同的人联结在一起，是最有激励性的因素，因为愿景是人们关于未来的美好憧憬。一个清晰明了的学习愿景可以有效调动所有人的积极性，并将他们的动力与热情激发出来。一旦群体中某位成员的个人愿景获得所有成员的认同，并当作共同体的共同愿景时，共同体内部成员之间就形成了共同体意识和荣辱与共的凝聚力。

只有开放的文化才允许观念的对话和交流，学习共同体的构建需要有共同体的意识。相反，一个真正的赢家不可能产生于一个充满极端竞争和个人主义的学习文化中。然而，集体中的每一位成员注定是输者。共同体意识的强弱决定了共同体发展的高度，因为责任感、承诺、忠实等这些共同体意识影响了共同体成员们的学习动机和努力程度。共同体意识越强，共同体成员对共同体成就的满意度就会越高，与共同体成员间的合作程度就越高，对共同体目标的认同度就越高，共同体成员间的信息交流就会越深入充分。所以，一个能够真正承担起责任和义务的学习共同体，是学校变革的目标和追求。

在学习共同体中，共同体内部成员围绕他们共同追求的价值观念，相互切磋协商。在此过程中，一种浓厚的归属感也自然而然地建立起来，建立在认同基础上的学习共同体使得学习由个人演变为学习共同体。共同体中的每个成员都坚信，我们是与有着同样意图的人们创建着我们的社会生活。因此，要想获得真正的成功，首先要确保其他人在学习上的成功。一旦共同体关系形成，教师群体成员更多关注他们共同享有的认同、义务和责任，从而使教师学习共同体成为一个高绩效的组织。

2. 动力源泉：赋予权利

当某一个群体的成员共同梦想着共同体的愿景时，学习共同体就开始生成了。在一个真正的学习共同体内部，所有的成员个体都是学习的主体，都处于学习的状态。在这个共同体内，每一个成员都有足够的动机去创建学习共同体，并乐于贡献自己的一份力量。因此，每位成员都应被赋予权利，这是英语教师学习共同体有效构建的动力源泉。压力伴随动力，权利意味着责任，只有对每一位成员进行授权，个体才会产生相当大的责任感，自觉承担其对自己、他人以及集体的责任。在对共同体成员进行授权时，需要注意把握以下几个方面的问题。

1）明确共同体的学习目标与任务

目标与任务只有得到共同体所有成员的认可，其才能成为共同体发展的指向灯，成为团结共同体成员的凝聚力，使每一位成员在今后的学习活动中能够“生生相惜”，从而为了共同的目标与任务而建立起一种相互依赖的关系。简单来说，有了目标和任务，成员在想问题做事情的时候就能自己用“我们”来代替“我”。

2）在共同体内部进行角色选择

为完成共同的任务，每位成员都要承担一定的职责和任务。因为每位成员都是学习共同体内部的主体，成员之间要相互遵循主体身份，通过各自体悟与智慧的分享来生成新的理解以及成员间的智慧。只有每位成员都参与到共同体的这一活动过程中来，每个成员才能顺利地化集体的成果为个人的成果，才能丰富成员自己的专长。

3）强调共同体中的个人责任和共享原则

作为学习的主体，共同体中的每位成员所享的权利与应负的责任是对等的。每个共同体成员都是共同体的一个重要部分，他们的专长既是共同体不可或缺的，但又不能代表整个共同体，每位成员都是在为共同体的知识共享做贡献的过程中获得了自身发展之所需。这就要求共同体成员之间应进行明确的分工，使他们在民主交流过程中分享知识和专长，进而探求问题的解决方案。

4）成员之间要懂得相互尊重

成员之间的互相尊重是学习共同体成长的必要条件。每个成员都有自己的个性特点，有不同于他人的独特优势，成员之间对于这种客观差异要给予充分的尊重。不仅如此，共同体内的每个成员要尊重任何为工作所做的贡献，既要尊重自己的贡献，也要尊重其他成员的贡献。具体来说，在生态学习观下，知识并非集中的，而是分布的，成员个体作为不同知识的携带者，都能够为共同体的共同成果贡献一份力量。共同体中的每位成员不仅是共事的同事，更是学习的伙伴。他们之间不仅进行情感上的交流与知识的共享，还能在不断的交往合作过程中建立起一种深厚的友谊，可以说既是知己，也是良师益友。因此，学习共同体内部的每个成员都应被当作知识的专家来尊重，其智慧和贡献应当被给予足够的重视，只有这样才能凝聚更多的教师学习共同体意识，才能生成自主发展的真正教师学习共同体。

需要指出的是，交流不是几个或一群人坐在一个房间里随意说说话、聊聊天，而应是发自内心的坦诚交流。当然，这样的交流也不是一两次完成的，而且可以是随时随地的、不受约束的。总之，充满归属感的学习环境应建立在成员相互尊重的基础之上。

3. 自动生成：协商对话

从本质上来看，教师学习共同体是一个对话共同体，它强调交互、包容、开放与平等。教师学习共同体还倡导自我调节、自我组织，重视自我意识，是一个有生命的学习系统。持续的协商、对话与讨论是学习共同体的主要活动方式。起初，共同体的组建就是在某个问题或某个共同的兴趣的基础上推进的。换句话说，群体成员共同决定群体活动的目标，再互相合作，共同实现目标。

当然，合作并不意味着对个体的彰显和对竞争的排除。相反，要想进行有效的合作，必然离不开个体的彰显。每个人都有不同于其他人的个性和专长，而只有个体愿意发挥自己的才能与专长，愿意与他人分享自己的经验与体悟，才能够推进共同体的进步。根据生态学习的观点，教师学习共同体应是充分开放的学习系统。不同情境下的系统内部之间以及系统内外部之间的对话交流是其获得发展的前提。共同体的情境导向使得共同体可以随着内外环境的变化及时准确地做出应对。

教师学习共同体的成长和发育与其他生命系统一样，也是一个自组织、自生成的过程。当传统的学校组织和课堂教学意识到自身的问题和局限并尝试突破时，学习共同体才得以出现。需要注意的是，学习共同体中的很多成员与支持者都受到传统教育模式的影响，他们的文化素养与思维方式还有待更新，尚不能要求他们很快就达到自觉构建教师学习共同体的高度。所以，来自系统外部的推力是十分重要的，它对于创设一个全新的学习情境，使其以更强的生命力走向我们期望的平等民主的教育环境下的共同体，具有不可替代的作用。应从学校内部渐进式地改变，尝试依靠共同体内外环境，以及现在和未来之间的张力，来促使教师学习共同体走向正轨，走向自组织。

具体来说，形成一个能够共同接受的知识基础是共同体的首要任务。讨论与协商是十分有效的方法。通过共享目标的引导作用，成员之间可以进行有效的学习与交流，并为了实现互利互助而贡献自己的一份力量。将所有参与者的贡献进行整合，就形成了共同体的集体实践，即语言、风格、活动、故事、信息、工具、观点、集体框架等由共同体成员所共有的内容。

进行有效的协商，即应当建立在平等基础上，进行富有建设性的对话，可以最大限度地促进有效的协商交流。要清楚地认识到，对话既不是辩论，也不是比赛，而是在对方的帮助下获得更深入的理解，了解新知识并改变自己的观点。只有在尊重每位成员的前提下积极地进行探索、交往、批判、参与，才有可能建立一个有生命力的教师文化生态学习共同体。

（二）英语教师学习共同体构建的运行激励机制

1. 激励简述

简单来说，激励是指激发人的行为的心理过程，它是组织通过设计适当的外部奖酬形式和工作环境，以一定的行为规范和惩罚性措施，借助信息沟通，来激发、引导、维持和规范组织成员的行为，以有效地实现组织及其个人目标的过程。可见，激励的主要目的是激发人的正确行为动机，从而调动人的积极性，充分发挥出个人的才智，促使其取得更好的成绩。

激励理论是研究如何调动人的积极性的理论。激励理论认为，人的工作效率与其工作态度有直接关系，而工作态度取决于需要的满足程度和激励因素。根据激励理论，学校管理者对教师进行激励时，就要首先对教师的各种需求、需求的程度及其行为动机的特征进行详细分析，进而通过对各种管理资源的配置来满足教师的需求，对其行为进行矫正、规范与引导，以保障教师学习共同体的预期目标的达成。要想为教师学习共同体源源不断地提供动力支持，就应积极促成激励机制的形成，并使其发挥持久的作用。

一般来说，激励机制由以下两个要素组成。

（1）激励标准，即对教师进行激励的方向和强度所作的规定。

（2）激励手段，即采用何种具体的激励方式。在选取激励手段时，应根据预期目的的不同而有所侧重。例如，为满足教师的物质需求，可采取功利型激励方式，如以实物形式给予教师相应奖励；为满足教师的精神需求，可采取伦理型激励方式，如认可、赞赏教师的价值观念与行为方式或者为教师授予某种具有象征意义的符号。

2. 运行激励机制的主要形式

运行激励机制是指学校为引导教师的学习行为和方式，根据一定的标准和程序给教师及其团队分配资源，以实现其认同的愿景。运行激励机制对于教师来说，可以有效激发其学习动力；对于学校来说，则是其引导教师行为方式和价值观念的过程。总体来说，学校在激励教师时要坚持“三不三多”的原则。“三不”即不抱怨、不批评、不指责；“三多”即多赞美、多表扬、多激励。贯彻“三不三多”原则有利于在奖励优秀者的同时，有效保障落后者的自尊心与自信心，发挥他们的潜力。

具体来说，激励的主要形式有以下几种。

1）目标激励

目标激励，就是将远、中、近的目标与大、中、小的目标有机结合在一起，从而使教师在工作中每时每刻把自己的行为与这些目标联系起来。目标激励可以有效起到鼓舞和激励的作用，采用该种激励方式，其关键在于制定切实可行、振奋人心的奋斗目标。

2）关怀激励

现代社会越来越重视人的作用，越来越突出人文情怀，因此关怀激励也是激励的重要形式之一。要想有效施行关怀激励，首先需要深入了解教师。具体来说，学校领导可以从“八个了解”和“八个有数”深入了解教师。

“八个了解”包括：教师的姓名、教师的籍贯、教师的出身、教师的家庭、教师的个性、教师的经历、教师的特长和教师的表现。

“八个有数”包括：教师的家庭成员及其状况、教师的身体状况、教师的兴趣爱好、教师的经济状况、教师的学习情况、教师的工作情况、教师的能力水平和教师的社会交往。

通过上述“八个了解”和“八个有数”，学校可以大体了解一个教师的基本情况。当然，如果想要对教师进行更为深入的了解，还可以辅以其他手段，如面对面交谈等。

3）奖励激励

奖励是一种重要的物质激励，通过教师可见的奖励激励，能有效促进其工作效率的提高。需要注意的是，在进行奖励激励时应注意方式的多样化，一方面要不断创新，另一方面应尽量将物质激励与精神激励有机结合。通常来说，重复多次的激励后，激励的作用就会减退，刺激也会减少。而通过不断创新，新颖刺激和变化刺激的作用则更为显著。

4）榜样激励

榜样激励是指通过榜样对教师产生刺激和激励，鼓励其不断进取，不断取得进步。通过选取具有典型性的事例与人物，可以使教师清楚地了解什么样的思想或行为是受到提倡或反对的。对于学校来说，要善于及时发现典型、总结典型、利用典型，通过典型示范效应来鼓励教师学先进、帮后进。

5）支持激励

支持激励是指学校的领导者应对教师的创造性建议表示支持，从而对教师的聪明才智进行更好的挖掘。具体来说，学校领导者可从以下几个方面入手。

首先要信任教师，对教师面临的困难应积极解决，从而有效提升教师的信任感与安全感。

其次要对教师的尊严、人格与首创精神给予充分尊重。

最后，如果教师出现工作差错，领导者不能一味将责任全部推给教师，而要勇于和教师一起承担责任，自己承担起自己的一份责任，并创造一定的条件，使教师能胜任工作。

6）领导行为激励

领导行为激励从某种程度上来说也是一种支持激励，只不过这种支持更多地是通过领导者自身的优秀特质体现出来的。具体来说，领导者应严于律己、以身作则，通过自己的示范作用给教职工带来信心和力量，从而更好地激励教职工朝着既定的目标前进。

7）集体荣誉激励

中国人向来推崇集体精神，并以能成为优秀集体的一份子而感到自豪。因此，可以通过集体荣誉有效激励教师。学校可以通过给予集体荣誉，培养教师树立集体意识，从而让教师产生自豪感和荣誉感，形成一股自觉维护集体荣誉的力量。

8）数据激励

数据因其具有很强的客观性与说服力，也是一种有效的激励手段。需要注意的是，应在条件允许的情况下对能够显示的各种指标进行定量考核。此外，应将考核结果定期公布出来，使教师能对整体数据以及个人在团队中的位置有一个清晰的认识，从而明确差距，迎头赶上，更好地激励教师的进取心。

参考文献

[1] 陈勇 . 新课程有效教学疑难问题操作性解读：高中英语 [M]. 北京：教育科学出版社，2008.

[2] 胡美高，王新 . 来自基础教育的研究：高中学生自主学习方式的培养 [M]. 上海：学林出版社，2007.

[3] 姜涛 . 大学英语写作教学理论与实践 [M]. 长春：吉林出版集团有限责任公司，2009.

[4] 柯林 • 比尔德，约翰 • 威尔逊 . 体验式学习的力量 [M]. 黄荣华，译 . 广州：中山大学出版社，2003.

[5] 刘明阁 . 跨文化交际中汉英语言文化比较研究 [M]. 开封：河南大学出版社，2009.

[6] 罗毅，蔡慧娟 . 英语课堂教学策略与研究方法 [M]. 武汉：华中科技大学出版社，2011.

[7] 马红宇，唐汉瑛，刘腾飞 . 中小学教师胜任特征研究及应用 [M]. 北京：教育科学出版社，2013.

[8] 牛端 . 高校教师胜任特征模型研究 [M]. 广州：中山大学出版社，2009.

[9] 邵培仁 . 传播学导论 [M]. 杭州：浙江大学出版社，1997.

[10] 孙慧敏，李晓文 . 翻转课堂，我们在路上 [M]. 杭州：浙江大学出版社，2018.

[11] 唐殿强 . 创新能力教程 [M]. 石家庄：河北科学技术出版社，2005.

[12] 王小柳 . 体验式终身学习探索 [M]. 上海：上海科学技术文献出版社，2016.

[13] 王哲 . 互联网环境时代背景下的初中英语教育形态 [M]. 哈尔滨：黑龙江教育出版社，2013.

[14] 魏会延 . 教师学习共同体：促进教师专业发展的新途径 [M]. 武汉：武汉大学出版社，2014.

[15] 文秋芳 . 产出导向法：中国外语教育理论创新探索 [M]. 北京：外语教学与

研究出版社，2022.
[16] 杨连瑞，肖建芳 . 英语教学艺术论 [M]. 南宁：广西教育出版社，2003.
[17] 叶澜，白益民，王枬，等 . 教师角色与教师发展新探 [M]. 北京：教育科学出版社，2001.
[18] 余华东 . 创新思维训练教程 [M]. 北京：人民邮电出版社，2007.
[19] 曾杰，张树相 . 社会思维学 [M]. 北京：人民出版社，1996.
[20] 战德臣，王立松，王杨，等 . MOOC ＋ SPOCs ＋翻转课堂：大学教育教学改革新模式 [M]. 北京：高等教育出版社，2018.
[21] 张瑞娟 . 初中英语课堂教学艺术 [M]. 北京：中国林业出版社，2005.
[22] 中华人民共和国教育部 . 教育部关于发布《教师数字素养》教育行业标准的通知 [EB/OL].http：//www.moe.gov.cn/srcsite/A16/s3342/202302/t20230214_1044634.html.
[23] 朱宁波 . 中小学教师专业发展的理论与实践 [M]. 长春：吉林人民出版社，2002.
[24] 刘吉良 . 我国高校教师胜任力评价体系研究 [D]. 长沙：湖南师范大学，2009.
[25] 向琦祺 . 高校教师胜任特征模型与测评研究 [D]. 重庆：重庆师范大学，2018.
[26] 徐建平 . 教师胜任力模型与测评研究 [D]. 北京：北京师范大学，2004.
[27] 祝佩瑶 . 小学英语教师胜任特征模型的构建与验证 [D]. 大连：辽宁师范大学，2021.
[28] 李昌庆，何木叶，姚元全 . 我国教师胜任力研究纵横 [J]. 牡丹江教育学院学报，2009（5）：73-74，128.
[29] 潘洪建 .“学习共同体”相关概念辨析 [J]. 教育科学研究，2013（8）：12-16.
[30] 时勘 . 基于胜任特征模型的人力资源开发 [J]. 心理科学进展，2006（4）：586-595.
[31] 王玉芬 . 关于教师胜任力的两种不同观点的分析 [J]. 呼伦贝尔学院学报，2007（5）：90-93.
[32] 薛琴，林竹 . 胜任力研究溯源与概念变迁 [J]. 商业时代，2007（31）：4-5，61.

[33] 吴竞 . 图式理论在商务英语翻译过程中的运用 [J]. 科技信息，2012（7）：38.

[34] 夏兴宜 . 运用图式理论提高商务英语翻译的水平 [J]. 科教文汇（中旬刊），2011（1）：130-131.

[35] 曾晓东 . 对中小学教师绩效评价过程的梳理 [J]. 教师教育研究，2004（1）：47-51.

[36] 于琦 . 信息化背景下高校英语教师胜任现状与提升——评《信息化语境下大学英语课堂生态研究》[J]. 中国科技论文，2021（5）：577.

[37] BOYATZIS R E. The competent manager：a model for effective performance[M]. New York：John Wiley & Sons，1983.

[38] TIGELAAR D E H，DOLMANS D H J M，WOLFHAGEN I H A P，et al. The development and validation of a framework for teaching competencies in higher education[J]. Higher education，2004（48）：258-268.

[39] DODD C H. Dynamics of intercultural communication. 5th ed.[M]. Boston：McGraw- Hill，1998.

[40] HALL E T. The hidden dimension[M]. New York：Doubleday，1966.

[41] MCCLELLAND D C. Identifying competencies with behavioral evente interviews[J]. Psychological science，1998（9）：331-339.

[42] MCCLELLAND D C. Testing for competency rather than for intelligence[J]. American psychologist，1973（28）：100-101.

[43] MEBRABIAN A. Silent message[M]. Belmont：Wadsworth，1981.

[44] OLSON C J L. Teachers need affective competencies[J]. Project innovation summer，2000（7）：741.

[45] SAMOVAR L A，PORTER R E. Intercultural communication：a reader[M]. Belmont：Wadsworth，1997.

[46] SANOVAR L A，PORTER R E. Communication between cultures. 2nd ed.[M]. Belmont Wadsworth，1995.

[47] SPENCER L M，MCCLELLAND D C，SPENCER S M. Competency assessment methods；history and state of the art[M]. Boston：Hay McBer Research Press，1994.

